7人의 男子가
그림으로 말하다

– 표현예술치료의 '치유적 창조성' 현상들 1 –

The 'Therapeutic Creativity' Phenomena 1 of Expressive Art Therapy

김 은 숙 지음

圖書出版 하나醫學社

머리말

저자는 2001년에 지인의 소개로 표현예술치료를 접하게 되었고, 喜怒哀樂의 과정을 거치면서 15년에 걸쳐서 표현예술치료와 인연을 맺고 있고 있다. 저자가 접한 표현예술치료는 1995년 6월에 한국표현예술심리치료협회(KEAPA)의 협회장이신 김진숙 교수님(명지대학교 주임교수 역임)에 의해 한국표현예술심리치료연구소가 개설되면서 한국에 표현예술치료가 시작되었다. 그리고 1998년에 동국대학교 평생교육원에 표현예술치료 교육과정이 개설되었고, 동시에 세계표현예술치료협회(IEATA) 한국지부 승인을 받았다. 그리고 1999년 2월에 KEAPA가 창립이 되었다. 이후 저자는 동국대에서 김진숙 교수님을 처음 뵙고 가르침을 받게 되었으며, 예술심리치료사 자격증을 따게 되면서 지금까지 예술심리치료사의 양성과 주변의 도움이 필요한 내담자들을 위해 일하게 되었다.

또한 김진숙 교수님과 이부영 교수님 그리고 명지대 학생들과 협회 회원들과 함께 국제표현정신병리 학회의 연수를 다녀왔다. 연수를 핑계 삼아 해외여행도 하게 된 영국과 포르투칼에서 열린 외국의 예술치료사들의 발표를 직접 경험한 것은 표현예술심리치료의 세계에 오래 머물도록 한 심리적 사건이 되었다. 이에 나는 단계 강의를 맡고 표현예술치료 교육생들을 가르치면서 늦은 나이에 박사과정을 공부하기로 선택을 하게 되었다. 성당에서 맡고 있던 단체장을 내놓을 때도 미련이 없었고 미사는 계속해서 볼 거라는 약속을 하고 성역을 떠났다. 새벽에 일어나 멀리까지 가야하는 강의와 임상들과 늘어나는 교육생들의 사후 관리들과 공부와 가사 일이 너무 벅찼지만, 내게는 너무 소중한 인연들이었고 삶을 살아가게 하는 원동력이 되었다. 임상이든 강의이든 그들이 곧 내게 가르침을 주었으며 그 너머로 어떤 후광들이 이어졌다는 생각이 들었다.

이 책에 소개하는 7인의 남자들이 예술매체를 가지고 활용하는 창작과정과 매체를 다루는 방법, 그리고 나눔을 하는 과정들은 머뭇거리던 나를 예술치료사의 길로 가게 하신 김진숙 교수님에게 배운 것들과 모든 임상과정에서 다듬어진 것들이다. 표현예술치료 과정을 교육받는 교육생들의 성별은 당연히 여자교육생들이 숫자적으로 우세하였다. 한 학기에 두 명, 혹은 한명 정도로 들어오는 남자 교육생들은 그래서 관심을 끌게 되었고 인기가 좋았으며, 그들은 그럼에도 불구하고 참여하는 동기가 있는 만큼 열의를 가지고 있었다.

남자들이 내적인 문제를 감추고 위장하며 감정을 공유하지 못하여서 자신을 잘 드러내지 않는 것은 그들의 정서적인 특징에 속하며 여러 가지 요인에 기인한다. 남자들의 이런 정서적인 문제들을 가장 건강하게 변화시키는 방법은 예술매체를 활용하여 그림을 그리면서 자신을 말하는 방법이라고 하겠다. 그들이 창작과정에서 드러나는 무의식의 상징이나 이미지를 대면하고, 그것이 주는 메시지에 대한 알아차림과 저항을 놓고 얼마나 진지하게 내면을 탐색하고 정직해지는지를 경험을 해본 사람은 이를 인정할 수밖에 없다. 남자들이 매체를 만지면서 자신이 느껴지는 시간을 갖게 되고, 형태와 색을 선택하고 구성하면서 자신의 정서를 이미지화하고, 형체를 가진 정서를 시각적으로 대면하게 되는 순간, 정서의 정체가 드러나고 침묵은 깨어지게 된다. 그 깨짐으로 인해 거대한 침묵의 사이클은 끊어지고 그들은 서서히 다른 사람과 감정을 공유하게 되고 그러한 정서의 늪에 깊이 휘둘리지 않게 된다. 남자들이 그림을 그리면서 얼마나 자유롭게 자신을 말하고 있는지를 이 책의 제 1부를 자세히 읽어보시면 알 수 있다. 7인의 남자들의 그림은 저자가 모두 동의를 받은 분들이며, 한 분은 저자의 전문 논문에 게재된 분이시고 여섯 분은 교육생들임을 밝혀 두며 동의 해주신 일곱 분에게 진심으로 감사드린다. 제 2부는 표현예술치료의 치유요인과 창조성에 관한 연구 자료를 실었다.

마지막으로 저자에게는 남동생이 3명이 있었는데, 한 명은 이미 40대에 하늘나라에 갔으며, 또 한 명의 막내 남동생이 작년에 하늘나라로 갔다. 2015년 1월 3일이 막내 남동생의 1주기가 되는 날이다. 내가 박사과정을 선택하면서 성역을 떠났고 임상과 강의와 공부와 가사 일 때문에 미사도 잘 보지 못했던 몇 년의 세월이 죽음 앞에서 모두 헛된 것으로 다가왔고 가슴이 아파왔으며 가장 마음이 가는 남동생 곁을 지키지도 못해서 울었던 시간, 기억들을 모두 이 책에 담고 싶었다. 막내 남동생의 삼우제를 지내는 동안에도 진행할 수 밖에 없었던 워크삽에서 울음을 삼키던 내게 슬퍼 보인다고 우려를 하던 남자 교육생도 7인의 남자에 속한다.

'막내야, 미안해...'라는 말을 나는 죽을 때까지 할 것 같지만, 이 [7人의 男子가 그림으로 말하다] 라는 책을 막내 남동생의 1주기에 바치면서 누나를 용서해주기를 빌고 싶은 마음이 간절하다. 그리고 나는 다시 신이 계시는 성역으로 돌아가고 있는 중이며 남은 남동생 한 명은 장수하기를 신께 기도드리고 있다.

또한 이 책이 좋은 책으로 나올 수 있도록 편집과 교정을 봐주신 소정영 전무님과 모든 분들에게 두손 모아 감사 드린다.

성북동 연구소에서 2015년 2월에

김은숙

차 례

부 록

• 제 1 부 •

표현예술치료가 7人의 男子의 마음을 열다

제 1부는 Jean Shinoda Bolen의 저서를 유승희가 번역한 [우리속에 있는 남성들](2011), Linda Brannon의 저서를 홍주연과 조성원이 공동번역한 [젠더 심리학](2012), Hermann Ehmann의 저서를 배진아가 번역한 [남자를 두렵게 하는 것들](2009), Michael Addis의 저서를 소대영이 번역한 [보이지 않는 남자](2011), Daryl Sharp의 저서를 류가미가 번역한 [생의 절반에서 융을 만나다](2008) 등을 참고하였으며, [표현예술치료 학술논문집 제 6권](2012, p.13~28)에 실은 저자의 전문논문자료를 재편집하였고. 여섯 분의 교육생들의 그림과 그림으로 말하는 내용들을 그대로 전하였으며 부분적으로 저자가 이론적인 뒷받침을 하였음을 밝힌다.

들어가기

어느 나라에서든 특히 남성에게 요구되는 역할이 있으며 남성들은 여성보다 지배력과 권력을 가지고 있다. 여성보다 유리한 고지에 있는 남성들이 그들의 특성상 불안이나 우울증에 많이 시달리며 때로는 알코올과 약물을 과다 복용하기도 한다. 이중에는 권력과 명성을 가졌고 평생 동안 이루려고 애쓰는 목표를 손에 쥔 성공한 남성도 해당될 수 있다. 이러한 남성들의 인생에서 어머니의 영향력은 매우 크다. 그들의 인생은 어머니와 시작해서 어머니를 떠나는 과정이다. 어머니를 닮아서도 안 되고 울어서도 안 되는 소년이 남성이 되어가면서 어머니와 가까웠던 자신의 내부를 단절한다. 급기야 소년시절에 절친한 친구와 단절하면서 이별을 슬퍼하는 자신의 일부를 또 단절하게 된다. 남성들의 서열에 동참하기 위해 청년의 감성적 요소를 희생을 한다고 하겠다. 가부장적 사회에서 성공한 남성들은 부와 전문직을 획득한 부류이고 그 외에 다양한 업종을 선택해서 일을 하게 되지만 반면에 일하는 것에 담을 쌓아버리는 사람들도 있다. 그렇게 그들은 중년에 접어들면서 슬픔, 분노, 외로움, 절망감, 무의미하다는 느낌이 들 때까지 실패를 거듭한다. 어떤 이유로든 억압되고 해체된 자기의 원형들은 남성의 내부에 존재하며 상응하는 자신의 일부이기 때문에 영향을 미치고 있다. 일부 남성들은 외부의 기대와 자신의 내부의 양식이 잘 들어맞아서 심리적 문제가 부각되지 않는다. 그러나 선천적 유형이 프로크루스테스 침대에 잘 맞지 않는 남성들은 위와 같이 자신의 여러 특성들 중에 안 맞는 부분을 잘라버리거나, 혹은 한 특성을 늘려서 외부의 기대에 맞추지만 내적으로는 상실감이 누적이 된다. 프로크루스테스 침대라는 말은 개인의 차이를 무시하는 순응하는 표준 남성상을 뜻하며, 이 표준은 남성들에게 불구가 되도록 폭력을 행사하는 것을 상징하고 있다. 이것에 의해 맞지 않은 원형들이 잘려나가는 것은 심리적인 해체이며 고유한 자기가 행방불명이 되는 것이다. 그럼에도 불구하고 많은 남성들이 삶에 되도록 순응하려고 맞추지만 진정한 생명력을 주는 원천으로부터 단절될 때 고통과 문제는 필연적으로 발생하게 된다. 동시에 첨예한 갈등에 의한 신경증이나 삶이 무의미하고 무기력하게 느껴지는 우울한 시간들을 맞이하게 된다. 이때에 남성들이 원형이라는 내부세계와 외부세계 사이에서의 불일치를 이해하고 알아차리게 되면, 현재 자신의 위치와 각자에게 맞는 길을 찾는데 도움이 된다. 동시에 남자들이 자신의 원형에 관해 알게 되면 행동이 뒤따라야 한다. 그래야 잘라버리고 행방불명이 된 자신의 부분이 다시 연결되고 귀향하기 위한 귀로를 찾을 수 있다. 자기 원형에로의 귀향은 자신을 있는 그대로 받아들이고 사랑하고 품어 안는 것이다. 내부의 원형적인 삶이 진정으로 외부에 표현이 될 때에 있는 그대로의 자신이 되면서 내부와 외부의 조화를 느낄 수 있다. 이어서 진실대로 살아가는 순간들과 자신의 원형적 깊이와 일치하는 순간에 행복과 기쁨이 찾아온다. 남성 자신이 빠져드는 일이 지극히 평범할 수 있는 일이라도, 자기(Self)와 만나서 행복과 기쁨을 얻는 순간에 인간 안에 존재하는 신의 상을 만나게 된다.

현대의 남성들이 자신의 내부와의 불일치를 이해하고 알아차리는 방법으로 심리치료 분야에서는 다양한 방법을 활용하고 있다. 그 중에서 성인 남자들이 그림을 그린다는 것은 흔한 방법이 아니다. 하지만 남자들이 우울, 두려움, 분노, 허망한 기분이나 혹은 기쁨 등의 말을 하지 않고 그림을 그리면 그리고 있는 사이에 무언가가 진행이 된다. 자신이 의도하지 않았음에도 불구하고 자신 안의 것들을 반영하게 되는데, 반드시 그림에 대해 설명할 필요도 없고 그 의미에 대해 정확한 해석을 할 필요도 없다. 단지 제 3자의 개입 없이 자신안의 인격들에게 외출할 기회를 주고 소풍을 나와서 그림과 함께 놀다가 알아차리게 된다.

융은 의식과 무의식이 의사소통을 하는 방법으로 적극적 명상을 권한다. 이러한 적극적 명상은 그림, 음악, 동작, 글쓰기 등을 활용해서 막혀있던 자신의 에너지를 원하는 방향으로 자연스럽게 흐르도록 통로를 제공한다. 에너지의 자연스러운 흐름이 깨지면 생명의 강은 오염이 되는데 어떤 매체를 사용하든 무의식을 형상화하는 창조 과정은 오염된 강을 정화시키고 다시 강물을 흐르게 한다. 그 중에서도 남자들이 자신에게 초점을 맞추고 정서를 살필 때에 구체적인 이미지로 내어놓을 수 있는 그림 그리기는 가장 안전하면서도 심층적인 방법으로 활용할 수 있다. 그의 늙은 현자를 그리면서 대화를 하게 되고 동시에 그의 아니마를 구체적인 형상으로 옮겨 놓으면서 그 정서에 의해 휘말리지 않게 된다. 이러한 치유요인이 내재하기 때문에 상징이나 이미지로 그림을 그리는 것은 남성의 심리치료에 매우 효과적인 방법이다. 정서가 이미지화 되지 않으면 무의식과 소통하는 적극적 명상에 의한 영혼의 치료가 될 수 없으며 한낱 백일몽에 불과 할 뿐이다. 이러한 이유로 저자는 30대에서 50대까지 남성 7인이 그림을 그리는 사이에 자신 안의 것들이 저절로 나오면서 내면을 반영하게 되고 치유가 되는 과정을 소개하고자 한다.

제1장

남성속의 남신들

1. 신화속의 남성 원형들

남성의 인격을 이루는 특질에서 가장 영향력이 있는 결정적인 요소는 그리스 신화속의 남성 원형들이다. 인간 존재가 하는 모든 것들은 원형적 깊이에서 발생하게 되므로 어떤 신들의 원형이 자기 안에서 활약하고 있는지를 알게 되면, 좀 더 자신을 인정하게 되면서 오만을 부리지 않게 된다. 동시에 자기 자신의 잘려나간 부분들을 재생하는 데 도움이 되며 자신들의 무의식 세계를 보다 의미 있게 이해할 수 있다.

현대의 많은 중년기 남성들이 위기를 맞이하게 된다. 그것은 모든 삶의 의미를 자신보다는 가족의 건강과 행복, 그리고 세상적인 목표를 이루는데 두고 살아온 순응적인 가치관에 회의를 갖게 되면서 혼란에 빠지기 때문이다. 공허한 성공은 남성들이 목표를 세우고 프로크루스테스 침대에 자신을 맞추게 되면서, 원형적인 자신의 측면은 잘라버리고 안 맞는 부분은 늘렸기 때문이다. 남성들이 자기 속의 원형과 외적역할에서 발생하는 불일치를 알아채게 되면, 자신을 스스로 구원할 수 있게 된다. 즉 남성들이 내면의 원형과 관련있는 일을 할 때에 의미와 진정성을 갖게 되면서 자신의 에너지를 온전히 발휘하게 되는데, 이러한 강력한 원형들은 그리스 남신들의 신화 속에 특성과 이미지를 지닌다. 3000년 전의 그리스 신화속의 남신들과 여신들은 현대의 문명 속에서도 살아있으며, 인간의 본성을 대변해 주는 거울이며 진실한 대변자이다. 그리스 남신들을 알게 되면 남성들이 자신들 속에서 활동하고 있는 정체가 누구이며 무엇인지 잘 이해하고 수용할 수 있도록 도울 수 있다.

융은 보편적인 원형들과 활성화된 원형들을 수정의 구조로 비유하였는데, 원형은 수정이 형태를 이룰 때에 영향을 미치는 보이지 않는 유형과 흡사하다. 이렇게 수정이 어떤 모양을 갖게 되면, 형태에 기여한 활성화된 원형으로 인해서 외부에서 보이는 수정의 유형이 된다. 출생 후부터 특정 원형을 드러내어 전 생애에 걸쳐서 그 원형의 특성대로 사는 남성들도 있고, 혹은 중년기에 어떤 원형들이 출현하기도 한다. 이와 같이 특정 남신의 원형들은 남성의 발달단계 중 어떤 단계에서 혹은 어떤 사건을 만나면서 정렬되어서 활성화될 수가 있다. 즉 개별적으로는 베트남 전쟁에 참전했던 남성들은 전쟁의 신 아레스원형이 출현했기 때문에 징병자가 아니라 스스로 자원을 하게 된다. 한편 한 남신이 한 세대 남성들 사이에 활성화되는 상황을 초래할 수 있는데, 1960년대에 디오니소스 원형의 남성들이 마약으로 자신을 실험한 상황이 발생한 것을 들 수 있다.

반면 개별 남성들은 여러 발달 단계를 거치면서 그를 활성화 시키는 한 남신 또는 여러 남신들을 가질 수 있다. 청년기에 헤르메스 원형과 결합되었다가, 특정 여성의 출현으로 헤르메스의 날개를 찢어버리고 아버지 제우스를 활성화시킬 수 있으며, 아내의 죽음 후에는 자기 속의 하데스가 출현할 수가 있다. 그러나 하나의 특정 유형에 강하게 동일시하는 남성들은 한 남신의 여러 측면의 단계를 보이기도 한다. 남성들이 이러한 남신의 특성들을 알게 되고 각각의 남신들이 자신의 인성에 미치는 순위를 통찰하게 되면, 자신들이 특별하게 느끼는 심리적인 어려움을 알고 받아들이는데 도움이 되며 인생의 길을 열어주는 지혜로운 선택을 할 수 있게 한다. 나아가 그리스 남신들의 원형을 기저로 남성들을 이해하면 인간 본성의 풍부함과 다양성을 반영하게 되고, 신성을 통하여 삶의 성스런 차원을 동일시로 느낄 수 있다.

이처럼 모든 남성들 안에 살고 있으며 여성들에게도 익숙한 아버지 원형은 제우스와 포세이돈 그리고 하데스가 있다. 다음으로 아들 원형들은 아폴론과 헤르메스 그리고 헤파이스토스와 아레스와 디오니소스를 남성들에게서 만나게 된다.

1) 제우스 원형

신통기의 저자인 헤시오도스에 의하면 태초의 공허에서 대지인 가이아가 탄생하였고 가아아는 산과 바다와 하늘인 우라노스를 낳았다. 가이아와 우라노스가 결합하여 12명의 티탄의 부모가 되었는데, 티탄은 그리스에서 숭배되던 원시적인 자연의 힘이며 티탄 족은 올림피아 신들의 부모와 조부모이다. 그리스 신화의 최초의 가부장제인 아버지 우라노스는 가이아가 막내를 출산하자 아이들을 지구의 거대한 몸에 감추어 버리고 빛을 보지 못하게 하였다. 신통기는 우라노스가 자식에게 저지른 폭력을 이후의 폭력을 낳은 최초의 죄악으로 보며, 이것은 천상의 아버지 남신의 원죄로서 다음 세대에서 되풀이가 된다. 가이아가 어른이 된 자식인 티탄 족에게 복수를 청하게 되었고, 이를 막내인 크로노스만이 대응하였다. 그는 가이아가 준 낫으로 무장하고 우라노스와 가이아가 잠자리에 들었을 때, 낫을 들어서 아버지의 남근을 잘라 거세하고 바다에 버렸다. 힘을 장악한 크로노스는 누이인 레아와 결혼해서 올림프스의 첫 세대를 낳았다. 바로 헤스티아, 데메테르, 헤라, 하데스, 포세이돈, 제우스이다. 그러나 크로노스도 자신이 자식에 의해 제거될 거라는 신탁 때문에 자식이 태어날 때마다 즉시 삼켜 버렸다. 레아는 마지막 아이만은 살리려고 크레타 섬에 가서 돌맹이를 포대기에 싸서 크로노스에게 돌맹이를 삼키게 하였고, 이때 살아남은 아이가 바로 제우스이며 성인이 될 때까지 숨겨져서 요정에게 양육되었다. 제우스는 올림프스 이전시대의 첫 아내인 메티스의 도움으로 아버지 크로노스가 삼킨 올림프스의 형제들을 토해내게 하였다. 이렇게 승리를 거두어서 제우스는 하늘을, 포세이돈은 바다를, 하데스는 저승을 제비뽑기로 가지게 되었다.

제우스는 가부장제 문화의 지배 원형이며 심리적으로는 권력, 의지, 사고 같은 의식과 정신의 세계이다. 제우스 원형을 가진 남성의 가장 중요한 특성은 남들에게 자기의 의지를 강요할 수 있는 권위와 권력을 갖고 싶어 하고, 고용되어 일하기보다는 현대판의 전쟁터인 경제 영역에서 대 실업가의 원형으로 존재한다. 또한 벼락과 독수리는 제우스의 주요 상징물로써 멀리서도 재빠르게 내리치는 결단력의 원형들이다. 독수리는 전체를 보는 큰 안목과 중요한 것을 자세히 보는 눈을 다 가졌으며, 벼락은 멀리서 단호하게 들이치는 징벌의 힘과 자기의 목표를 낚아채고 획득하는 관리 능력의 상징이다. 아서왕은 제우스 원형을 지닌 전설적인 인물이며, 현대에 이르러 권력이 공고화 되면 대저택과 사령관

저 같은 아서왕의 카멜롯이 세워진다. 또한 이 원형은 경쟁자들이나 관계당국이나 제보자들과 동맹을 맺어서 자신의 지위를 강화하며, 결혼을 통해서도 동맹을 맺는다. 제우스의 결혼은 마음의 결합이 아니라 영역을 확립하고 공고히 하는 것이 목표였기 때문에 헤라와 갈등이 많았다.

제우스 유형의 유년기는 손에 움켜진 것을 빼앗기고 싶지 않을 때 자신의 강한 의지력을 보이며, 놀이터에서 대장노릇을 하는 아이이며 그렇게 될 수 없을 때는 심하게 좌절감을 느낀다. 무서운 두 살배기 시간을 거치면서 이러한 성질과 타고난 재질을 살리기 위해 가정과 학교에서 공평과 정의를 배우고 실행할 수 있도록 한다. 제우스 청년은 권위적인 남성들에게 자신감을 갖고 있지만 때를 기다리고 협력할 줄도 알며, 이길 수 없는 권력 싸움에는 가담하지 않는다. 또한 영리하지만 지적이지는 못하고 실용주의자이며 세상을 있는 그대로 받아들이며, 자신이나 타인의 감정을 깊이 생각하지 않고 성적으로 적극적이다. 그는 과거를 생각하거나 남의 감정을 배려하는데 시간을 보내지 않고 그가 생각하기에 자신은 괜찮은 사람이며 인생을 살아볼만 한 것으로 생각한다. 중년기의 제우스 남성은 큰 감정적 난관을 맞는 시기일 수 있다. 소외시켰던 자신의 부분과 관계들이 극적으로 나타나게 되며, 한계를 모르는 오만한 태도로 인해 고통스러운 교훈을 얻게 된다. 중년기에 접어들면서 자기 점검을 하는데 일시적으로 의욕상실을 겪을 수 있으며, 안식을 취하거나 큰 변화를 일으킬지도 모른다. 출세한 제우스가 되는 것이 반드시 억만장자가 되어야 하는 것이 아니며, 자기 인생에서 자신이 정한 의미 있는 목표를 설정하고 성취감을 느껴야 한다. 그러면 중년기는 전망을 즐기며 휴식을 취할 수 있다. 인생 전반기에 제우스를 많이 닮았다면, 후반기에는 그가 맺고 있는 대인관계를 통해서 성장하게 된다. 그가 관심을 갖고 있는 사람과 시간을 보내고 싶어 하고 사람들을 가르치거나 우정을 돈독히 하고 싶음을 발견하게 되면서, 그들이 얼마나 귀한 존재인지를 깨닫게 된다.

제우스 원형의 심리적인 문제는 하늘의 세계와 같은 영역과 잘 어울리기 때문에 하늘인 정상에 오르는 과정에서 자신과 남들에게 감정적 대가를 치르게 되는 것이다. 제우스 남성은 권력을 잡는데 신경을 쓰다가 또 다른 측면의 인성이 성장하지 못할 수 있다. 구체적인 한 인간을 감정적으로 직접 체험하는 것보다 전체적인 숲을 보는 원형이다. 즉 한 아이를 책임지고 사랑하지 않으면서 자녀 양육 전문가가 될 수도 있지만, 멀리서 내리는 명령

이 가져올 수 있는 재해를 일으킬 수 있다. 이 원형은 힘이 정의를 만든다는 잘못된 생각으로 권력을 쥐기 때문에, 자신이 법 위에 있는 것으로 느끼고 행동한다. 그러나 한편으로 남들이 너무 강해지지 않을까 두려워하여 그들의 성장을 방해하고 부하들을 의심한다. 그 결과 그들을 견지하기 위해서 그들의 적을 만드는 어두운 아버지 유형이기도 하다.

또한 자기를 돌아볼 줄 모르고 감정이 없는 제우스 남성은 엄청난 사건이 터져야 자신이 남들과 극단적으로 의절하고 산다는 것을 알게 된다. 그를 머리에서 끄집어내고 포세이돈 원형을 활성화 시키면 감정의 영역을 열게 되고, 제우스 남성은 엄청난 상실감으로 아픔을 알게 되면서 정상에서 내려와 좀더 인간답게 변화할 수 있다. 성배의 전설처럼 상처 입은 왕이 치료가 되려면 왕자신이 어디가 아픈지 인정을 해야 하는 것과 같이, 순진한 어릿광대가 새로운 생명이 탄생할 수 없는 왕국의 환경과 왕의 심성에 들어가야만 치유가 될 수 있다. 권위로 치장해온 제우스 남성이 위기가 닥쳐서 감정을 무시할 수 없을 때에 자신이 어리석게 보이는 것을 무릅쓰는 겸손과 용기로 자신의 약점을 깨닫게 되고 성숙해지기 시작한다.

2) 포세이돈 원형

포세이돈은 바다의 신이며 심리적으로는 감정과 본능의 영역을 말한다. 포세이돈 원형은 여러 마리의 말이 끄는 전차를 몰고 바다를 가로지르며 두 세대에 걸친 무의식의 세계의 상징물인 말과 물을 구현한다. 바다의 바로 표면 밑에는 개인적인 감정과 기억이 있고 심연에는 정체를 알 수 없는 원초적인 집단 무의식이 있다. 말은 신체적 본능이 지닌 힘과 아름다움이며, 포세이돈이 대지의 아버지 신이었음을 입증한다. 포세이돈의 유명한 일화 중 하나는 아테나를 모시는 신전에서 메두사와 정을 통해, 여신들이 메두사를 머리에 뱀이 달린 괴물로 만든 것이다. 또한 크레타 섬의 미노스 왕이 황소를 바치지 않아서 그의 아내 파시파에를 황소와 연애를 하게 만들었고, 이로 인해 머리가 황소인 미노타우로스를 출생하게 하였다.

포세이돈 원형은 제우스에게 패배한 아버지 원형으로 매사에 통제하려고 하며 전략적 사고와 의지력이 부족하다. 그는 턱수염을 기르고 삼지창을 쥔 힘센 남성으로 그려진다. 삼지창은 대지의 남편으로써 세 갈래의 남근을 상징하는데, 처녀, 어머니, 할머니의 모습인 세 여신의 짝으로서의 직능을 나타내는 성욕과 출산력을 나타낸다. 반면 적에게 가차없는 포세이돈 원형은 자신의 외눈박이 괴물 아들의 눈을 멀게 만들어버린 것을 노여워하여, 눈에는 눈이라는 응보로 자신의 것에 행해진 해악을 복수로 되갚는다. 한편으로 깊은 잠수부 원형인 포세이돈 유형은 집단적인 인간의 심연을 두드리는 바다의 잠수부 같은 시인, 희곡, 작가, 소설가, 작곡가, 음악가, 정신과 의사에게서 찾아볼 수 있다.

야성적인 남성원형인 포세이돈은 본능적이며 여성들에게 길들여지지 않는 자연과 화합하는 남성상의 상징이다. 이런 힘과 근원은 의식 세계와 문화에 기여될 때까지 존경을 받지 못하고 두려움을 낳게 한다. 마치 웅덩이 바닥에서 야성을 거부당한 포세이돈의 남성 이미지는 무의식 세계에 존재하는 억압된 원형이기도 하다. 거부당하고 억압된 야성적인 남성 원형은 소년에 의해 감금 상태에서 벗어나게 되고, 그 야성적인 남성은 힘과 권력의 근원으로써 소년이 위험할 때 도울 수 있는 원형이 된다.

유년기 포세이돈은 감정이나 행동으로 즉각 반응을 보이며 원하는 것을 당장 가질 수 없을 때, 좌절감과 분노에 차서 울부짖고 얻게 되면 목청껏 기쁨을 나타낸다. 포세이돈 청년은 감정적이고 격정적이며 성적으로 매력이 있는 여성들을 쫓아다니고, 머리가 좋아서 부지런히 일을 하고 끝을 잘 마무리하긴 하지만 학교에 적합하지는 않으며 좋은 점수를 받는 것에는 관심이 없다. 중년기의 이성애자 포세이돈 남성은 대개 가정이 감정적인 생활의 중심지이다. 그래서 아내와 자녀로 인해 큰일을 겪게 되면 중년의 위기가 오게 된다. 반면에 동성애적인 포세이돈은 출세하는 데 정신이 팔려 감정을 억제하다가, 타고난 감정의 심연에 다시 이르려는 무의식적인 소망은 동성애로 인해 내적인 위기감을 가져올 수 있다.

포세이돈 남성은 제우스의 그림자와 같아서 포세이돈 남성 속에 묻혀있는 제우스를 활성화시키면 심리적인 어려움을 감소할 수 있다. 또한 감정과 본능적인 포세이돈의 남성적인 면이 대인관계나 창조 행위를 통해 표현 방법을 찾고, 관찰하고 반성하고 객관적으로 사고하는 능력을 계발하면 심리적으로 성숙할 수 있다.

3) 하데스 원형

하데스는 저승의 신이며 남신들 중에서 가장 알려지지 않고 가장 인간적이지 않은 눈에 보이지 않은 신이다. 하데스의 세계와 익숙해지려면 하강을 해야 한다. 지하 세계로의 하강은 영혼의 어두운 밤을 가져 올 수도 있으며, 심각한 우울증이 지닌 어스름하고 차갑고 시린 암흑을 느끼면서 일상 세계와 단절되기도 한다. 대부분의 사람들이 페르세포네처럼 자신의 의지와 상관없이 저승으로 가서 하데스를 만나게 된다. 반면 프시케는 에로스와의 재회를 위해서 오르페우스는 아내를 찾아서, 디오니소스는 어머니 세멜레를 찾으러 하데스의 세계로 간 경우도 있다. 그리스인들은 하데스를 무자비하고 냉랭하고 잔인한 자로 여겼지만 악마나 사탄으로 여기지 않았다. 또한 하데스는 제우스나 포세이돈처럼 턱수염을 기른 성인 남성으로 그려졌으며, 키클로페스에게 받은 눈에 보이지 않은 모자를 가지고 있으며, 풍요의 신일 때는 염소의 뿔이나 풍요의 뿔을 가진 것으로 그려졌다.

하데스 원형 중에서 원형적인 인성은 색깔이 없는 홀로그램처럼 생생하고, 비실체적인 이미지인 망령들과 함께 하강한 세계 안에서만 존재한다. 은둔자 원형인 하데스는 생명력을 잃어버린 채 살아가기도 하지만, 좋은 조언자 원형이기도 한 하데스는 주관적 인지의 원천으로 생애에서 개인적 결정을 내려야 할 때 중요한 영향을 미친다. 하데스의 원형적인 세계는 지하자원의 원천으로써 풍요로움을 나타내는 부자의 원형이기도 하다.

하데스 유년기는 내성적이며 강한 인상을 주지 못한다. 그가 느끼는 괴로움의 감각이나 체험하는 인상들은 주관적이어서 남들이 헤아리지 못한다. 그래서 하데스 소년은 외부 세계에서 환영받지 못하면 내면세계를 도피처로 삼는다. 하데스 청년은 유행이 뭔지 모르며 많은 사람들보다 한 두명의 친구를 사귄다. 하데스 남성의 문제는 자신에게 진실하면서 동시에 바깥 세상에 맞추어 갈 수 있는 방법을 찾는 것이다. 하데스 남성이 잘 활성화 된 헤르메스를 가진다면 심층 자원을 세상으로 내놓을 수 있다. 두 원형이 활성화되어서 영화, 심층 심리학, 문학, 임종을 지키는 간병사업, 신학의 분야에서 함께 기능을 발휘한다. 하데스 원형은 수도자처럼 독신생활을 해나갈 수 있지만 페르세포네를 납치하여 강간을 한 것처럼 악명을 드높일 수 있다. 하데스 남성의 중년기는 자기 생을 외부 환경에 의존시키며, 다른 원형적 유형들을 활성화시키는데 주력한다. 반면에 값싼 호텔방에서 사는 은둔자나 만성적인 정신병자 또는 침묵을 유지하는 트라피스트 수도회의 수사가 되기도 한다.

제우스 세계에서 하데스 남성은 백인사회에서 흑인이 겪는 것과 같은 어려움이 있다.

하데스 남성이 이러한 열등감과 고립감을 활성화하면서 쉽고 뚜렷한 페르소나를 계발하고 자기 내면의 경험을 드러낸 방도를 찾아야 성장할 수 있다. 하데스 남성은 세상과 자신을 연결시켜주는 수용적인 여성인 페르세포네를 찾아야 하며, 하데스의 세계를 넘나드는 유일한 신인 헤르메스를 활성화 시켜야 하며, 사랑을 하고 사랑을 받는다면 정서의 영역도 같이 성장을 하게 된다.

4) 아폴론 원형

아폴론은 제우스 다음가는 신이며 태양과 예술과 궁수의 신이자 예언의 신이다. 아폴론은 사내다운 힘을 지녔으며 금발의 잘생긴 젊은이로 수염이 없는 모습으로 그려졌다. 태양은 그의 가장 중요한 상징이며 그가 탄생할 즈음에 아폴론에게 바친 백조가 델로스 섬을 일곱 바퀴를 돌았으며, 제우스는 그에게 백조가 끄는 전차를 선물로 주었다. 델피신전에는 '네 자신을 알라'와 '중도를 지키라'는 경구가 있으며 활과 수금은 그가 아끼는 물건이며 월계수는 그를 기리는 나무이다.

아폴론 원형은 인생 전체를 보는 눈으로 세부적인 사항을 지켜볼 수 있으며, 활과 화살로 목표물을 겨냥하여 그것을 반드시 맞춘다. 또한 정의를 원하는 인물이며 기술에 정통하고 질서와 조화를 존중하며, 외양의 밑바탕을 이루고 있는 것보다 겉모습을 본다. 그는 느낌보다는 생각을 친밀함보다는 거리감을 두고 주관적인 직관보다는 객관적인 평가를 선호한다. 총애 받는 아들의 원형으로 고통과 갈등을 겪지 않았으며, 자신을 남들의 고통으로부터 떼어놓고 자신의 감정의 평형을 유지한다. 그만큼 아폴론의 음악은 육식 동물마저 길들이는 절제와 아름다움으로 음악의 정수이자 효과를 지닌다. 아폴론 원형은 분별력을 중요하게 여기고 신체적인 위험을 피하고 감정에 휩싸이지 않으며 관찰자가 된다. 그러므로 군대를 이끌고 전쟁에 나가는 것보다 머리를 쓰는 사령관 원형이다.

아폴론 남성은 남들의 인정을 받아내고 성공을 거두게 하는 특성을 지니고 있다.아폴론 유년기는 전형적으로 외향적이며 명랑하다. 그는 자기 주변의 정보를 수집하며 상상된 괴물에 사로잡히지 않으며 시계처럼 정확하며 오늘 일은 내일 일로 미루지 않는다. 아폴론 소년은 전통적인 아버지에 의해 있는 그대로의 자신을 인정받는다. 부모의 긍정적인 반영물이자 성공작이며 성취에 가치를 두는 문화에서 업적을 달성한 자이며 부모의 기대와 사랑을 한 몸에 받는다. 청년기의 아폴론은 자기가 지향하는 목표물에 도달하는데 탁월한 능력을 발휘하며, 시간을 잘 관리하고 좋은 성적을 거두며 반드시 아르바이트 자리를 가지고 있다. 한편 아폴론 남성은 쉽게 사랑에 빠지지 않지만, 독립적이고 매력적인 여성에게 끌리며 원형적인 맞벌이 부부나 전문직 부부의 상이다. 중년기의 아폴론은 억압과 일의 페이스가 완화 될 수도 있고 아폴론 원형의 지배를 덜 받게 된다. 반면에 자신의 한계에 부딪칠 때이며, 더 이상 금발의 소년이 아니며 자신이 정상의 자리에 오르지 못한다는 것을 알게 되면서 우울증에 걸린다. 또한 가족의 기대와 자신의 목표 지향성과 잘 맞아서, 자신이 살아보지 못하고 깨닫지 못하는 심리적인 대가를 치르면서 헌신적이다. 아폴론의 중년기는 심한 우울증이나 불화의 위기가 온다 하더라도 아폴론의 배는 흔들리지 않는다. 그러므로 격렬한 감정적인 동요를 일으키기보다는 만성 우울증에 걸린 채로 버틸 것이다.

아폴론 남성의 심리적인 어려움은 의사소통의 문제나 친밀감의 문제이다. 감정적으로 냉랭하고 자기도취적이고 오만하기 때문에 어려움이 따른다. 이러한 아폴론 남성의 과제는 합리적이고 논리적인 정신의 경계를 넘어서는 것이 성장하는 것이다. 분명한 사고와 현실을 보는 그는 왼쪽 두뇌의 작용이 크며, 영혼의 합일이나 무아경의 신인 디오니소스는 오른쪽 두뇌의 작용이 크다. 그래서 아폴론은 순간을 살아가고 감각이나 느낌 그리고 내면의 상상에 빠져드는 경험을 찾아야 디오니소스가 출현할 수 있다. 한편 아폴론 남성은 여성을 특히 자기 속에 있는 여성을 지배하지 않고 풀어 주어야 하며, 상실감으로 괴로워해 보고 슬픔을 느껴봐야 겸손을 배워서 성장을 하게 된다. 그래야 사랑으로 결정을 내릴 수 있으며 그를 제한하는 원형과 동일시하는 것을 극복하고 성장을 할 수 있게 된다.

5) 헤르메스 원형

헤르메스는 전령의 신이며 영혼의 안내자로서 전달자와 책략가이다. 헤르메스 원형은 사물이 고정되어 있고 움직이지 않는 것 같을 때에, 유동성과 새로운 시작과 새로운 시작에 선행되는 혼동을 끌어 들인다. 헤르메스는 돌무덤을 뜻하며 신들의 전령으로써 양쪽에 작은 날개를 달고, 두 개의 흰색 띠나 뱀이 감겨있는 구부러진 지팡이 즉 신성불가침의 마술지팡이를 들었다. 남신들 가운데 가장 우정이 돈독하고 행운을 가져다 주는 신이다. 헤르메스는 갓 태어난 첫 날에 요람에서 세상으로 나가다 거북이를 발견하였고 그 거북이로 수금을 만들었다. 그 다음에 갓난아이 헤르메스는 이복형제 아폴론의 소 두 마리를 훔쳐서 큰불로 구워버린 장본인이며 최초로 불을 발명한 신이다. 연금술에서 헤르메스는 의사소통자이다. 그는 은유를 통해서 남성적인 요소와 여성적인 요소가 결합하려 애쓰는 신비로운 여행으로, 영혼들을 인도하고 영적인 금을 발견하는 길을 보여줄 수 있는 자이다.

헤르메스 원형은 긍정적인 가능성과 부정적인 가능성을 둘 다 가지고 있다. 그는 원만한 대인관계와 민첩한 사고력과 행동력으로 일을 완수하거나 세상을 속이는데 창조적인 특성을 소유하고 있다. 또한 그는 의미의 전달자로써 페르세포네와 디오니소스와 아레스를 구해낸 어린이의 구조자 원형이다. 그는 올림프스와 이승과 저승의 경계를 빈번하고 날쌔게 넘나들었다. 책략가인 헤르네스는 거짓말을 하거나 원하는 것을 갖는데 양심의 가책을 느끼지 않는다. 반면 책략가 같은 사고는 마음을 이해하는데 도움을 주며, 능력을 십분 발휘하고 독특한 방식이나 창조적인 방식으로 문제를 해결하게도 한다. 또한 그는 영혼을 안내하는 중요한 행로의 신으로 중년의 과도기나, 과도기의 공간에 출현하는 경계의 신이다. 헤르메스 원형은 정신과 인간 생활과 영혼의 세계의 의미와 그것을 통합하려는 개인을 안내하며 가르쳐 준다. 안내자 헤르메스는 지성의 의식과 올림프스인 정신세계와 자아가 결정을 내리고 행동하는 지상세계와 지하세계인 무의식의 세계 사이를 이해하고 교류하고 통합하려고 애를 쓴다.

헤르메스는 가장 친절한 남신으로써 운동선수, 장사꾼, 여행자, 음악의 신이다. 그는 다양한 부류의 남성들과 어울리지만 내심으로 집단 속에서 외톨이다. 또한 양성의 신인 헤르마프로디토스의 아버지인 헤르메스는 자신의 성적 지향과 관계없이 양성애적인 태도를 가진다. 반면에 헤르메스는 끊임없이 활동 중이면서도 구속되지 않는 가장 붙잡기 어려운 독신 남성이다. 헤르메스와 헤스티아의 결합은 독립적인 영혼의 결혼을 뜻하는데, 이는 일과 남자친구들을 중시하는 헤르메스가 왔다가 가기 때문이다. 그리스 가정에서 헤르메스를 상징하는 헤르마 기둥이 문간에 있고 헤스티아의 불이 활활 타오르는 화로가 있는데, 집을 가정으로 만드는 것은 헤스티아의 불인 것이다.

헤르메스 남성은 직관대로 약삭빠르게 행동하며, 활동 중인 신체적인 특징을 가지고 있다. 헤르메스를 속박하는 것은 수은을 붙잡는 것만큼 어렵다. 이같이 헤르메스는 납을 황금으로 둔갑시키고 변형시키는 연금술의 아버지이며, 융은 헤르메스의 이런 원형적인 면을 로마식 이름으로 메르쿠리우스 기질이라고 한다. 유년기의 헤르메스는 조숙하게 활동적이며 창조적이고 속임수의 특성을 나타낸다. 어린 헤르메스는 천진난만하고 매력적인 모습으로 나이와 성격을 막론하고 많은 사람들과 잘 어울린다. 하지만 그의 문제점은 천진난만하게 변명거리를 만들어내고 진실이 받아들여질 때에도 습관적으로 거짓말을 하는 것이다. 청년기의 헤르메스는 출세에 대한 규범에 아랑곳 하지 않으며, 원하는 것을 얻는 것에 관심을 갖지만 가고 싶은 곳에 무엇을 타고 가는가에 대해서는 걱정하지 않는다. 그는 한계를 테스트하는 젊은이로써 금지된 특정 파일에 접근하거나 통행금지 시간에 도전한다. 또한 학교를 중퇴하기도 하고 직장을 이리 저리 옮기기도 한다. 반면에 성적을 잘 받기 위해서나 인정을 받기 위해서 노력하지 않지만, 자신을 열광시키는 상업성이 있는 일을 하게 되면 성공한다. 헤르메스 중년기는 전에 없던 선택의 자유를 제공 받으며, 내면세계를 탐구하는 성장과 변화의 기회를 갖게 되고 여행의 기회를 갖게 된다. 반면 반사회적인 헤르메스의 중년은 저지른 행동의 결과로 이리 저리 도망을 다닐 수도 있다.

헤르메스 남성이 성장할 수 있도록 도울 수 있는 원형은 아버지 제우스 원형과 형 아폴론 원형을 활성화 하는 것이다. 아폴론의 혜안과 추리력을 활성화하는 남성은 합리화하는 성향을 가지고 도망치지 않으며, 모호한 태도를 용납하지 않고 변명이 통하지 않는 제우스 원형이 도움을 준다. 또한 금방 가질 수 없는 아프로디테 원형과 사랑에 빠지게 되면 정서적 생활을 활성화시키는데 도움이 된다. 반면에 영혼의 안내자와 이승과 저승의 전령자의 원형을 활성화 시킬 수 있는 디오니소스원형이나 페르세포네 원형을 만나게 되면 영적으로 성장이 가능하다.

6) 아레스 원형

아레스는 전쟁의 신이며 로마를 세운 쌍둥이 형제인 로물루스와 레무스의 아버지이다. 그는 투구와 방패와 칼과 창 그리고 갑옷을 걸친 난폭한 남성으로 그려진다. 한편으로 정의의 사자인 아레스로 불리기도 하고, 반면에 살육과 유혈을 가져오는 무자비한 기질을 갖고 감정적으로 반응하는 신으로 평하기도 한다. 아프로디테의 연인으로 그 사이에 자식을 두었으며, 제우스 아버지가 아레스가 전쟁터에서 싸우는 동안에 벼락을 떨어뜨릴 만큼 박대를 했던 아들이다.

아레스 원형은 열정적이고 격렬한 반응을 보일 때 나타나고 이러한 반응은 신체적 행동을 불러 일으킨다. 람보류의 영화 속의 주인공들에게서 아레스 원형인 충성심과 난폭성과 복수심이 잘 나타나고 있다. 심리적으로 아레스는 제우스의 그림자이며, 남성 안에 아레스 원형이 억압되어 있다면 구체화된 느낌들로 영향을 미치지 못한다. 청동 항아리에 갇혀있는 소년 아레스의 이미지는 자신을 안아 준 적이 없는 아버지와 신체적인 접촉을 하고 싶은 열망을 나타낸다.

아레스 남성은 신체적으로 자신을 맘껏 표현하고 갇혀 있는 소년이 활발한 기운을 느낄 수 있을 때에 구원이 가능하다. 아레스 남성의 특성은 확신에 차 있고 활동적이며 감정적이어서 행동하기 전에 생각하지 않는다. 이러한 아레스 유년기는 식욕이 왕성하고 상태가 괜찮으면 애교를 부리고 감동을 잘하고 즐겁게 잘 논다. 그러나 배가 고프거나 다치면 팔다리가 뻣뻣해지도록 울어대고 매우 강렬하게 저항한다. 그는 일반적인 아이보다 일회용 반창고를 더 많이 붙이고 다니며 늘 직접적으로 경험하면서 배우기 때문에 몸이 성할 날이 없다. 청년기의 아레스는 충동성과 공격성 그리고 감정과 성욕 같은 특질을 증대시키고 학교를 중도에 그만 둘지도 모른다. 또한 자신의 학문이나 음악과 스포츠 생활을 갑자기 끝내버려서 기회를 놓칠 수 있다. 중년기의 아레스가 중산층 집안에서 태어났다면 제우스의 경멸대상 같은 운명이 될 수 있으며, 중년기에 행복하다고 느낄 수 있는 전문직 집안 출신이면 아버지나 자신의 사회계급과는 다른 리듬을 탄다는 것을 인정할 수 있어야 한다. 그는 본래의 자기가 되기 위한 감정적 지지를 자신에게 중요한 사람으로부터 받아야 하며, 중년기까지 안정을 찾고 자기 자리를 찾기 위한 싸움을 해야 한다. 집안이 노동계급 출신이면 중년기는 안정되고 만족스런 경지에 이르기가 더 쉽다. 또한 자신의 기질과 신체적 특성을 직업적으로 여러 방도로 드러내는 것이 허용된다.

아레스 남신이 올림프스 신들 가운데 가장 지쳐있고 수치심과 상처를 받은 것처럼, 어린 시절과 사춘기 시절에 학대받고 버림받은 아레스 남성들은 심리적인 문제점 때문에 어려움을 겪는다. 순수한 아레스 남성 원형은 선택이라는 것을 모르며 행동을 반성하고 능력을 계발하지 않는 충동적인 덩어리 자체이다. 아레스 남성은 가정에서 격노한 남신 원형으로 활성화 되어서, 가족 구성원에게 학대를 자행하게 되는데, 학대 박던 자기의 내면 아이를 대신하여 주먹을 휘두르게 된다. 술은 억제된 무의식과 감정을 풀어주어 아레스를 긍정으로든 부정적으로든 자유롭게 한다. 아레스 남성이 성장하는 길은 자제심을 활성화 시키는 길이며, 반동적인 인간이 되지 않는 대응법을 선택하는 것이다. 헤르메스가 항아리에 갇힌 아레스를 구조한 것처럼, 싸움 대신에 의사소통하는 법을 배우도록 돕는다면 성장한다. 또한 아폴론의 특질인 원칙과 자제심과 장기적인 목표 설정의 원형과 동맹을 맺으면 도움을 받게 된다. 나아가 아레스가 감정적으로 반응하고 행동하려 할 때에 적극적 상상으로 아테나를 불러 들일 수 있다. 그리스의 영웅 아킬레스의 분노를 막은 아테나를 상상하고 내면의 목소리로 대화하고 활성화시키면 성장을 하게 된다. 이렇게 되면 한 남성의 아레스 기질은 공동체의 수호자인 로마의 마르스로 발전하게 된다.

7) 헤파이스토스 원형

헤파이스토스는 대장간의 신이며, 그의 창조적 재능은 대지에 근거를 두고 있으며 생산한 것의 장대함은 마력이 있다. 올림프스 산에서 박대당한 그는 권력과 외모만 중시하는 제우스의 세계에서 진가를 인정받지 못하였다. 그는 튼튼한 목을 가졌고 가슴에 털이 많고 큰 체구에 발이 기형이어서 뒤뚱거리며 걷는 모습으로 그려졌으며 창조적 재능을 소유한 자이며 노동을 한 유일한 남신이다.

헤파이스토스 원형은 헤파이스토스 남신이 올림프스에서 버려진 것과 같이 영웅적 태도와 지적이고 고상하고 정신적인 가치와 권력 그리고 적응력과 예견력에 가치를 두는 문화에서 박대당하는 원형이다. 유아 때 헤파이스토스는 제우스와 헤라에게 버림을 당했지만, 자신만의 활동 영역인 대장간의 영역에서 불과 도구들을 이용하여 원재료를 아름다운 것으로 바꾸었다. 이렇듯이 내던져진 존재로부터 나오는 부상을 당한 창조자를 회복시키고 드러내는 창작 원형이다. 이런 의식화는 내적 통찰력과는 달리 내면의 요소가 눈에 보이게 되면서 의미를 깨닫게 되는 것이다. 이 원형은 제임스 조이스가 '젊은 예술가의 초상'에서 은유적으로 사용한 '영혼의 대장간'에 나오는 창작 원형과 흡사하다. 한편 그는 올림프스의 주요 신으로 유일하게 신체장애를 겪고 있는 불완전한 신이며, 그의 장애는 부모가 준 감정의 상처와 떼어 놓을 수 없기 때문에 그 상처를 치유하고 싶은 본능의 원형이 된다. 그래서 가정평화의 수호자이기도 하다. 이 원형을 살려내려면 자신 속에 가두어진 무언가를 직관적으로 알아채고 바꾸고 표현하고 변형시킬 수 있는 일하는 과정에 몰두해야 한다.

헤파이스토스 남성은 타인들이 속을 잘 알기 힘들어하며, 격렬하지만 내성적이기 때문에 자신도 감정을 직접적으로 드러내기 힘들어 한다. 유년기의 헤파이스토스는 격렬한 에너지와 신체적인 움직임에 대한 감수성을 가지고 있어서, 어머니가 돌보기 쉽지 않다. 학교에서도 어울리지 못하고 중심에 있지 못하지만, 그가 자기의 개성과 있는 그대로 사랑과 격려를 받는다면 자존심을 살릴 수 있다. 청년기의 헤파이스토스가 자기의 기술 및 예술가의 안목을 키우게 된다면 자기만의 창조적인 작업에 착수하게 된다. 내성적인 헤파이스토스는 가족을 떠나서 그를 닮아 손수 일하는 사람들을 찾아 집을 떠나기도 한다. 헤파이스토스를 닮은 외과 의사를 옆에서 보조하는 것은 예술가를 보고 있는 것과 같으며, 화가, 건축가, 금속 공예가는 전형적인 그의 원형이 된다. 그에게 일은 직업이나 지위나 생계 수단을 넘어서 온통 그를 사로잡아서 끊임없이 창조력을 발휘하고 역작을 내도록 몰아가는 본능을 충족시키는 수단인 것이다. 그는 제우스의 명으로 최초의 여성 인간인 판도라를 만든 최종적인 창조자였다. 그러므로 중년기의 헤파이스토스는 시작부터 내면세계를 지향하였기 때문에 중년기에 격렬한 감정을 표현할 필요가 없었다. 그래서 그가 직업과 가정을 가졌다면 인생 후반기는 더 행복하다. 그러나 남을 적대시하고 움츠러들고 화내면서 일도 없이 중년기에 이르면 위기를 겪게 된다.

헤파이스토스 남성은 일을 통해서 자신이 가치 있고 창조적인 사람이라는 것을 알게 될 수도 있지만, 사교술이나 의사소통 기술이 부족하기 때문에 심리적인 어려움이 따른다. 이러한 헤파이스토스 남성은 그가 받는 대접이 뭔가 잘못 되었다는 생각을 가질 때 성장이 시작된다. 그가 스스로 권위를 가진 존재가 되어 다른 면들을 활성화하기 위해 헤파이스토스 원형을 넘어설 때에, 자신이 누구인지를 발견하고 가치를 인정받게 된다. 한편으로 헤르메스 원형의 의사소통하는 기술과 객관적으로 접근하는 아폴론적인 원형을 활성화하는 것은 직업 세계에서 효과적으로 제 기능을 발휘하고 성장하도록 돕는다.

8) 디오니소스 원형

디오니소스는 술의 수호신이자 가장 축복받은 황홀경과 사랑의 신이며 구출의 신이다. 그는 올림프스의 막내 신이면서 유일하게 인간을 어머니로 둔 남신이다. 그는 담쟁이 덩굴이나 포도 덩굴로 만든 관을 머리에 쓰고 짐승가죽으로 된 옷을 걸치고 티르소스라 불리는 지팡이를 든 젊은이로 그려졌다. 그는 제우스와 인간 여성인 세멜레의 아들인데, 세멜레가 제우스의 벼락불로 죽자 제우스가 디오니소스를 그녀의 자궁에서 꺼내서 자신의 허벅지에 집어넣고 키웠다. 그는 테세우스에게 버림받은 아리아드네를 구해서 아내로 삼았으며 어머니 세멜레를 구하러 저승으로 내려가 함께 올림프스 산으로 올라왔다. 이와 같이 디오니소스는 소멸해가는 여신들을 강간하거나 지배하지 않고 구출해 내고 되살려 놓은 유일한 남신이다.

디오니소스 원형은 강력하게 긍정적이고 부정적인 잠재력을 동시에 가지고 있고, 고상한 감정과 천박한 감정을 모두 건드리며 갈등을 야기한다. 신비주의자와 살인자 모두에게 있는 원형이며, 황홀경과 그와 상반되는 모순적인 충동을 모두 경험하게 하는 원형이다. 신동과 영원한 사춘기 소년에 머물 소지가 강한 원형으로써, 신동 원형은 인성과 신성을 동시에 갖춘 특이성을 보이며, 영원한 청년 원형은 록 스타와 록 문화로 구체화 되었다. 어린 시절 소녀로 키워졌던 디오니소스는 두 세계의 중재자인 샤먼의 원형과 아주 반대되는 대극적인 면을 같이 갖고 있는 이중성격의 원형이다. 이러한 자기 내면의 반대 세력과 화해할 줄 몰라서 야기되는 심리적인 해체나 시련을 겪을 수 있기 때문에 해체의 원형이기도 하다.

유년기의 디오니소스는 오감을 사용하는 것을 좋아해서 여성들이 하는 일에 끌리기 때문에 계집애 같다는 소리를 듣는다. 소년 디오니소스는 자기 세계를 감각적 경험으로 꽉 채우고 싶어서, 실크와 모피의 촉감을 좋아하며 색깔과 향기에 빠져서 부엌을 차고보다 더 선호한다. 극장은 야구장보다 매력이 있고 컴퓨터보다 옷에 넋을 빼앗긴다. 청년기의 디오니소스는 다른 십대들 보다 감정의 기복이 심하다. 성적 정체성의 혼란으로 소녀나 소년들과 혹은 둘 다와 열렬한 사랑에 빠지고 술이나 마약을 복용하여 황홀경을 추구한다. 동시에 튀게 보이는 옷을 입고 학교 점수에는 무관심하다. 중년기의 디오니소스는 커다란 위기를 겪을 수 있다. 알코올 중독이나 마약 중독에 빠질 수 있고 직장생활과 대인관계를 잘 맺지 못할 수 있다. 적지 않은 수의 디오니소스가 중년을 잘 버티지 못하였는데, 예를 들면 약물 과다 복용인 록 스타 짐 모리슨과 존 밸러쉬가 중년기에 죽음에 이르렀다.

디오니소스 남성은 지나치게 여성적이고 신비적이고 반문화적이고 위험하고 매력적이어서 편안하지 않다. 그가 사람들을 술자리에 불러낼 뿐만 아니라 세속적인 삶을 잘 살아내지 못하게 함으로서 혼란을 야기한다. 디오니소스 남성이 감정을 나타내고 행동을 해야할 때에는 큰 심리적인 어려움이 뒤따른다. 청교도적인 사회에서는 디오니소스 원형을 매우 강력하게 부정적인 메시지로 여긴다. 그가 자기에 대해 양극단을 오르내리며 왜곡된 인식을 하고, 그의 추종자들을 미치게 하기 때문이다. 동시에 디오니소스의 숭배는 신과의 합일의 경지에 이르기 위해 포도주를 마시고 성찬식에 마약을 복용하는 것을 수반하기도 한다. 이러한 디오니소스 남성이 성장하는 길은 무의식과 연루된 것에 과감하게 대면하고, 주의 깊고 수용적인 자아를 활성화시켜야 한다. 나아가 긍정적인 아버지 상인 제우스 원형을 협력자로 활성화 시키면 있는 그대로 살아가도록 도움을 받을 수 있고, 헤르메스 원형을 활성화 시키면 자기감정을 말로 표현하고 나누게 할 수 있다. 한편 아폴론 원형을 활성화시키면 왼쪽 뇌의 기능인 합리적이고 명료하게 객관적인 거리를 두고 보는 면을 협력자로 계발을 하게 되면서 성장을 할 수 있다.

제2장

남성의 특징

1. 일반적인 남성의 특징

일반적인 예상과는 달리 남자들이 사랑과 결혼에 대해 여성보다 더 낭만적이며 더 전통적인 생각을 한다. 남자들은 '여성들이 집안을 돌봐야한다'라는 생각을 더 지지하며 전통적인 생각을 할 가능성이 더 많다는 것이다. 이런 기혼 남자들은 미혼 남자보다 신체적으로 정신적으로 더 건강하지만, 여자들이 이런 전통적인 생각을 하는 남성들과 의사소통을 할 때에는 스트레스를 더 많이 경험할 수도 있다. 존 그레이(1992)의 저서 [화성에서 온 남자, 목성에서 온 여자]에서 그는 남녀가 의사소통을 할 때에 서로 다른 행성에서 온 사람이라는 생각을 하고 대하라는 제안을 하고 있다. 남자들은 여자와 다른 행성에서 사는 사람이라는 것을 숙고해 보는 의미에서 남자들의 세 가지 주요특성을 살펴보고자 한다.

첫 번째는 남자들을 성적 이형태성 측면에서 숙고해 보고자 한다. 남자는 수정되는 순간부터 성적 이형태성을 가진다. 이것은 유전, 생식, 호르몬, 내부 생식기, 외부 생식기 단계의 5단계에서 나타난다. 남자는 23개 쌍의 인간 유전자 중에서, 어머니로부터 X염색체 한 개를, 아버지로부터 Y염색체 한 개를 받아서 23번째 염색체가 XY형태가 된다. 반면에 여자는 어머니와 아버지로부터 X염색체 한 개씩을 받아 XX형태가 된다. XY염색체 패턴을 가진 태아는 안드로겐의 관여로 볼프계의 발달을 가져오고 테스토스테론과 남성 형태의 발달을 자극하게 된다. 반면 XX염색체 패턴을 가진 여자는 뮬러계가 발달하여 여자의 생식기가 형성된다. 태아기 안드로겐의 영향은 뇌 구조에도 잠재적으로 영향을 주며, 뇌의 성적 이형태성의 근거는 뇌하수체의 성적 이형핵에서 명확하게 나타난다. 남자는 여자보다 성적 이형핵 부분이 크며, 여자는 그 세포수가 감소하지만 남자는 감소하지 않기 때문에, 성인 초기와 중년기에 들어서 여자와 극적인 차이를 보이게 된다. 사춘기가 시작되면서 뇌하수체는 생식자극 호르몬인 소낭자극 호르몬과 황체형성 호르몬을 혈액에 방출하게 된다. 남자에게 있어 소낭자극 호르몬은 정자의 생산에 관여하고, 황체형성 호르몬은 테스토스테론의 생산을 자극하여 2차 성징이 나타나고 내부 생식기가 성숙한다. 반면 여자는 부신의 성숙으로 에스트로겐 호르몬이 생산되면서 성적 호기심이 생기고 황체형성 호르몬과 소낭자극 호르몬으로 난자를 성숙시키고 방출하며 임신이 가능해진다. 테스토스테론 호르몬은 남자를 남자답게 하고 공격적이 되도록 하기도 하지만, 남자를 양육적으로 행동하게 하기도 한다. 즉 테스토스테론이 남성을 전사로도 아버지로도 만들고 있다. 남자들의 경쟁과 도전은 테스토스테론의 수준을 증가시켜 공격적 행동을 야기하지만, 자녀를 돌보게 되면 테스토스테론 수준이 감소하게 되고 양육성이 증가하게 된다. 최근 들어서 이 연구의 모형을 인간에게 적용하였는데, 이 연구의 모형은 테스토스테론의 복잡한 역할에 통합적 설명이 가능하다고 한다.

두 번째는 남성들을 정서적인 측면에서 숙고해 보고자 한다. 다른 문화권도 마찬가지이지만 한국 사회에서는 특히 남자의 눈물을 터부시해 왔다. '남자는 태어나서 세 번만 울어야 한다'라는 속설이 있을 정도이다. 그러나 심리학뿐 아니라 철학적인 측면에서도 정서는 비논리적인 개념으로 보았으며, 현재까지 이성과 정서의 이분법적 형태로 보고 있다. 그러나 모든 정서에 해당되지는 않고, 행복, 우울, 공포, 놀람, 혐오감 등의 특정 정서에 국한시키고 있다. 예를 들면 분노와 권력은 남자와 관련이 더 많은 정서이고 무력감은 여자의 정서와 관련이 더 많다. 사람들은 정서를 경험하면서도 자신의 내적 경험을 외적으로 전혀 드러내지 않을 수 있다. 폴 에크만(1984)은 표현 법칙의 개념을 '어떤 감정을 누구에게 언제 보여줄 수 있는지에 대해 과잉 학습된 습관'이라고 한다. 이러한 학습된 표현 법칙에 의해 사람들은 내적으로 경험하는 강한 정서를 다른 감정으로 표현하거나 아무런 내색을 하지 않을 수 있다. 이러한 표현 법칙의 차이는 개개인과 혹은 문화에 따른 정서 차이, 그리고 여자가 남자보다 왜 많이 우는지에 대한 설명을 제시하게 된다. 이렇듯 남성에 대한 심리학적 연구가 활발해지면서 1995년에 남성 심리학적 연구가 미국 심리학회의 51번째 분과가 되었다. 이 분과의 목적은 남성들이 인간으로서 자신의 완전한 잠재력을 경험하며, 남성의 발달을 억제하고 다른 사람들의 억압에 기여한 남성성의 정의를 수정하는 것이다.

세 번째는 남성운동 측면에서 숙고해 보고자 한다. 남자들이 농업사회에서 산업사회로의 전환을 경험하면서 교육의 필요성과 여성의 사회 참여로 인해 자신의 남성성에 도전을 느끼게 되었다. 이에 남성 운동은 19세기에 여성 선거권 운동 때에 시작 되었고, 전통적인 젠더 역할이 여성 운동에 의해 파괴 되었다고 믿고 회복하는데 관심을 두는 '남성을 위한 연합', 공동 양육권을 주장하는 '남성권리 집단', 대안적인 남성성을 형성하면서 전통적인 남성성과는 다른 '상이한 남성성을 찾는 집단', 신적인 남성다움을 추구하며 남성이 가족의 기둥으로서 지위를 되찾는 '약속을 지키는 사람들'의 남성 집단 등이 발생하였다. 한국의 남성 운동에는 1990년대 이전의 '메타 맨 운동'이나 '약속을 지키는 사람'등의 남성 집단 움직임이 있었다. 이를 기저로 해서 중년 남성의 과로사나 아버지 부재 현상들의 사회적 문제와 함께 아버지의 지위와 역할이 실추되는 것을 해결하기 위해서 1992년에 발족한 '좋은 아버지가 되려는 사람들의 모임'이 생겼다. 뒤를 이어 '한국 아버지 모임 전국 연합'과 '딸 사랑'등의 남성 집단들이 생겨났다. 이러한 집단들은 아버지 운동에만 한정하지 않고 남성 문제도 함께 다루고자 하였다.

위와 같이 남자들을 세 가지 특징적인 측면에서 숙고를 해보면, 남자들을 상대로 심리치료를 할 경우에 자신의 문제와 취약점을 감추는 것이 이해가 된다. 남자들은 자신의 문제를 드러내기 보다는 감추고, 정서적으로 해결하기보다는 인지적으로 해결하려고 한다. 반면 심리치료 과정은 정서를 드러내고, 약점을 표현하며, 도움을 요청하는 과정이기 때문에 남자들의 특성을 숙지해야 할 필요가 있다.

2. 남성의 정서적인 특징

현대 사회에 접어들어 남자들은 사회에서나 가정에서나 눈에 보이는 성과를 달성해야 한다는 심리적 압박감이 상승하게 되었다. 그럼에도 불구하고 일반적으로 남자들은 분노하고 권력을 휘두르고 술을 마시며 자신을 달래기는 하지만 손을 내밀어 도움을 요청하는데 큰 어려움을 느낀다. 더욱이 가부장적 사회의 관습으로 남자들은 자신의 감정을 다른 사람과 공유해서는 안 되며 슬퍼하거나 눈물을 보여서는 안 된다는 기대감이 존재한다. 이런 관습 속에서 현대의 남성들이 나타내는 주요한 정서적인 특징들은 두려움과 침묵하는 양태이다.

남자들이 느끼는 두려움에는 네 가지 형태가 있다. 첫 번째는 자기희생에 대한 두려움으로써 자아 상실과 종속성의 형태로 체험되고 있다. 두 번째는 개별화에 대한 두려움으로써 보호받지 못하고 있다는 느낌과 고립감의 형태로 나타나고 있다. 세 번째는 변화에 대한 두려움으로써 무상함과 불안감의 형태로 드러나고 있다. 네 번째는 필연성에 대한 두려움으로써 모든 것이 확고하게 결정되어 있다는 느낌과 부자유의 형태로 경험되고 있다. 이러한 두려움에 대한 방어기제로 잘 사용하는 것이 축출하는 행위이다. 자신을 힘들게 하는 것을 무의식에 억압해 두었다가 나중에 처리하는 것은 살아가는데 도움이 되지만 계속적인 축출행위는 자신의 영혼을 해치게 된다. 이러한 두려움들은 가부장적 사회에서 존재해 왔던 남자들의 자의식이나 수호신 역할이 여자들에게 뒤흔들리는 상황이 도래하면서 남자들을 공황상태로 밀어 넣고 있다. 남자들은 타인을 폄하하면서 자신안의 잠재적인 두려움을 나타내거나, 자신이 선택되지 않고 버림을 받는 상황에서는 여자보다 더 크게 두려움의 강도를 느낀다. 인간은 어머니의 자궁을 떠나는 그 순간부터 마지막 시간까지 이별과 버려지는 것에 대한 두려움이 한 순간도 떠나지 않는다. 이런 두려움이 어떤 상황에서는 불안감으로 변하면서 자신의 삶 전반의 모든 사람과 대상에게 전이시키게 된다. 특히 남자들이 불안감을 느끼게 되는 순간에는 자연스럽게 공격적인 성향이 고개를 들고 나오게 된다. 이때에 남자들은 자신을 보호하기 위해 공격하거나 도피하거나 둘 중 한 가지를 선택하게 된다. 특히 남자들은 삶의 현장에서 새로운 경쟁심과 불확실성으로 이러한 불안감이 계속적으로 쌓여갈 수 있다. 이중에서 가장 절실하게 남자들이 느끼는 생존에 대한 두려움에는 일곱 가지가 있다. 직업적인 실패에 대한 두려움, 실직에 대한 두려움, 젊은 경쟁자에 대한 두려움, 특권 상실에 대한 두려움, 새로운 기술에 대한 두려움, 은퇴에 대한 두려움, 돈에 대한 두려움 등이 존재하고 있다. 마지막으로 남성들은 질병과 죽음에 대한 두려움을 가지고 있다. 남자들은 몸이 아프다는 것을 남자답지 못한 것으로 간주하고 남들 앞에서 빈틈을 보이기 싫어한다. 이런 사실들이 남자들로 하여금 질병과 죽음에 대해 극단적인 두려움을 불러일으키게 된다.

다음으로 남성들은 침묵 속에서 내면적인 투쟁을 벌이고 있다. 남자의 침묵은 3가지 형태로 나타난다. 첫 번째는 개인적인 침묵으로써 자신이 고통을 겪고 있다는 사실조차 모르고 있다. 어린 시절부터 오랜 기간에 걸쳐서 '감정 표현 불능증'이라는 심리적 상태로 길러진다. 그래서 평균적인 남자들은 자신의 느낌을 말로 표현하기 어려워한다. 남성의 내면적 삶이 너무 침묵에 싸여서, 무지가 다행이라고 생각할 수 있지만, 자각하지 못한 원래의 감정은 문제가 되거나 그 이상의 증상으로 튀어나오게 된다. 두 번째는 사적인 침묵이다. 이는 개인적 침묵과는 달리 자신의 내면에서 일어나는 일이 무엇인지 알지만 사적으로 간직하는 경우이다. 사적인 침묵이 매우 적절한 선택일 수 있지만, 스스로의 선택이 아니고 강요에 의한 것일 때에 문제가 될 수 있다. 세 번째는 공적인 침묵으로써 주변의 사람들이 자신의 약함에 대해 듣기를 원하지 않는다는 것을 알게 되면서 나타난다. 이러한 공적인 침묵은 개인적 침묵이나 사적인 침묵을 높이는데 일조하고 있으며, 어려움에 부딪쳐 도움을 요청해야 할 필요가 있는 성인 남성들에게서 흔히 나타나고 있다. 남자는 내적 고통을 남들에게 내보여서는 안 된다는 오랜 학습과정 때문에 개인적 침묵, 사적 침묵 및 공적 침묵의 사이클이 단단하게 굳어지게 된다. 즉 공적 침묵을 경험하다가 자신의 문제를 사적 침묵 속에 감추는 것이 더 안전하다고 생각해서 간직하게 된다. 또한 자신의 정서적 삶을 오랫동안 사적 침묵 속에 두게 되면서 개인적 침묵에 빠지게 된다. 남자들이 이러한 침묵의 사이클 속에 자신을 방치하면, 진정으로 자신을 자각할 수 없게 되고 만나지 못하게 되면서, 타자와의 진실한 소통은 기대할 수 없게 된다. 어디에서든 이 사이클이 시작되면 멈추기 어렵기 때문에, 다른 사람들이 잘 알아차릴 수 없게 된다. 또한 이런 침묵의 사이클이 오랜 시간 지속이 되면 위기의 상황이 도래되고, 마치 빠져나올 수 없는 늪 같은 상태가 이어지면서 위험하게 된다. 이와 같이 남자들이 침묵을 유지하고 문제를 드러내지 않는 경향성의 원인이 유전자, DNA 혹은 남성의 뇌와 같은 단일 원인에 의한 것이 아니라고 하면, 사회적, 문화적, 역사적, 심리적인 원인들에서 찾아야 한다. 또한 남성 스스로가 사회적 요인에 반응하는 방식에 따라 효과가 다르게 나타날 수 있다. 한편으로 남성이 사회적 요인에 반응하는 것은 뇌가 진화한 방식에 의존 할 수도 있다. 이렇게 남성의 사회적 행동은 선천적인 요인과 후천적인 요인이 복합적으로 영향을 미친다고 본다. 남성들이 어떤 요인이든 문제를 속으로 감추고 삭이는 방법은 건강하지 못하며, 한 가지 접근 방법만으로 고집을 부려서 적절하고 지혜롭게 대처하지 못하기 때문이다. 이런 남성들은 생의 초기단계에 이미 학습된 침묵 때문에, 자신에게 무슨 일이 일어나는지를 아무도 눈치채지 못하는 허구 같은 삶을 살다가, 침묵 속에 외롭게 죽음을 맞이할 것 같은 두려움을 느끼게 된다.

남자들의 이런 정서적인 문제들을 가장 현명하고 건강하게 변화시키는 방법은 융통성을 발휘하여 균형을 유지하는 마음 상태라고 하겠다. 남자들은 자신이 조금 완벽하지 않아도, 조금 수치스러워도, 조금 바보같이 보일지라도, 조금 작아 보이더라도 다른 사람과 감정을 공유하여 문제를 나누는 쪽이 아무도 눈치 채지 못하는 허구 같은 삶을 사는 것보다 나을 수 있다는 것을 알아야 할 것이다.

3. 중년기 남성의 특징

발달심리학에서 인생의 주기를 아동기, 청소년기, 성인기, 중년기, 노년기로 분류한다. 20세기 중반까지는 아동과 청소년기를 중요하게 다루었지만, 그 후부터는 의학의 발달로 인간의 수명이 연장되어서 중년기와 노년기를 중요하게 다루게 되었다. 이와 같은 추세는 발육 촉진으로 인하여 아동기와 청소년기가 짧아졌으며, 중년기와 노년기가 길어지는 사회적 현상이 일어나면서 여러 가지 사회 문제가 발생하게 되었다. 그리하여 인간의 발달이 전 생애에 걸쳐 발달된다는 인생주기 이론으로 중년기에 대한 심리적 문제와 그에 대한 이해, 그리고 치유의 이론들이 제시되었다. 연령으로 중년기를 설정 할 경우에 크게 두 가지 견해가 있다. 중년기의 지속기간을 15년에서 20년으로 보는 길게 보는 견해와 중년기를 10년으로 보는 짧게 보는 견해이다. 길게 보는 견해로는 중년기를 30세에서 48세, 34세에서 51세, 40세에서 60세, 50세에서 64세로 보며, 짧게 보는 견해는 35세에서 45세, 40세에서 50세로 중년기를 정의하고 있다.

1) 중년기 남성의 위기감

현대 사회를 바쁘게 살아가는 중년기 남성들은 다양한 원인으로 심리적 불안감을 경험하고 있다. '중년의 위기'란 말은 20세기 초반까지는 거론되지 않다가 인간의 수명이 연장된 오늘날에 그 중요성을 절감하면서 중년기 위기에 관한 연구가 활발하게 증가하고 있다. 일반적으로 인생의 전 주기에서 40세를 인생의 전환점으로 보고 있으며 이 시기에 위기로 나타나는 모든 심리적인 원인은 마음의 심층에서 일어나는 변화로 볼 수 있다. 중년기의 위기에 나타나는 일반적인 특징은 자녀 세대와 부모 세대에 낀 세대적인 의무감, 가장으로서 존재 이유에 대한 불확실성, 미래에 대한 불안감과 상실감, 동료나 후배의 승진으로 오는 좌절감 등을 극복하지 못하여 심리적인 혼란과 방황을 겪는 것으로 나타난다. 결과적으로 자신을 비하시키고 무기력해져서 어려운 문제를 직면하기보다 회피해 버리고 자신의 정체성에 대한 회의와 의문을 갖게 된다. 그러나 다른 한편으로 중년기는 인생의 정체성과 가치에 대해 새로운 확립의 시기가 되는 진정한 황금기가 되기도 한다.

우리나라 중년기 남성들은 사회구조의 빠른 변화와 핵가족화, 여성의 사회참여 등으로 업무상의 부담과 함께 가정에서의 역할이 증가되어 정신적, 신체적 긴장과 스트레스 수준이 상당히 높은 것으로 나타나고 있다. 이로 인해 개인적으로는 우울, 불안, 질병, 과로사, 알코올 중독 등이 생기고 가족과는 고립과 소외감이 발생하며 사회적으로는 가정폭력, 아동학대, 별거, 이혼 등이 나타난다. 대부분 중년기에 접어들면 인생의 수레바퀴가 헛바퀴를 돌면서 내면을 분열시키는 어두운 생각과 우울한 기분 때문에 정서적인 위기감을 느끼게 된다. 기혼자에 비해서 미혼이나 사별이나 이혼한 경우에 중년의 위기가 크게 다가오며, 직장에 대한 불안이나 불만족을 보이는 중년기 남성들은 정서적 위기감을 더욱 크게 느끼게 된다. 중년의 위기감이 클수록 자아정체감은 낮아지고 신경증이 생기고, 죄의식과 불안감과 공허함과 무력감 등으로 우울증을 초래하게 되고 급기야 자살에 이르기도 한다.

불행을 초래하는 분열되는 인격을 치유하기 위해서는 완전히 붕괴되는 경험을 해야만 자기를 유지하려는 건강한 욕망이 나타나 저항할 수 있다. 한 개인이 심리적 위기에 도달할 때에는 의식의 편향된 태도로 인해 자동적으로 무의식이 활성화 되는 것이 일반적인데, 중년기에는 상반되는 두 세력이 야기하는 심리적인 갈등이 위기로까지 느껴지게 된다. 따라서 중년기의 위기를 극복할 수 있는 심리적 발달은 내적인 갈등을 견디는 능력이 가장 중요하며, 이렇게 상반되는 내용들을 화해시켜야만 하는 과제가 대두된다. 한편 내적 갈등이 심해질수록 의식과 무의식의 소통이 절실히 필요하며 필연적으로 내적 갈등과 투쟁하는 자기를 발견하는 개성화 과정이 요구된다. 한편 갈등과 같은 신경증은 콤플렉스 때문에 발생하는 인격의 분열이며, 의식과 너무 상충되는 콤플렉스의 부분이 무의식으로 들어가면서 간접적인 방법으로 자신을 표현하는 신경증으로 나타난다. 그러나 중년의 정서적 위기감으로 머리와 가슴이 따로 놀면서 여러 가지 정서적인 갈등이 생기는 것은, 심리적인 시스템이 균형을 이루고 자신을 치유하려는 시도로 본다. 다시 말하면 한 곳으로 모인 에너지가 흐르지 않게 되면, 심혼 안의 에너지에 등가의 원리가 적용이 되면서 흘러가야 할 곳을 찾게 되는 것이다. 즉 죄의식과 불안감에 너무 에너지가 몰려있게 되면 특이한 증상이 생기게 되고, 무력감이나 우울증처럼 에너지가 다른 곳으로 사라져버렸다면 다시 사용할 수 있도록 활성화시켜야하는 것이 치유의 과정이다. 융의 에너지 모델이 개인의 심리적 발달이론을 설명하는데 매우 적절하다. 인간의 심리적 발달은 개인의 의도와 의지만으로 성취되지 않으며 상징의 견인력이 있어야 한다. 상징이 리비도를 끌어들이는 힘은 원인을 능가하며, 그러한 상징이 형성되기 위해서는 오랜 시간 기본적인 사실에 대해서 고민하는 과정이 필요하며, 이러한 상징은 삶의 외적인 필요성이나 내적인 필요성이 에너지를 변형시키기 전까지는 형성되지 않는다고 한다. 이러한 에너지 변형에는 엔트로피의 원리가 작용이 되면서 발생하게 되는데, 심혼 속의 한 쪽에 있는 에너지가 다른 쪽으로 이동하여 에너지의 차이가 사라지게 하는 것이다. 즉 마더 콤플렉스는 자신의 어머니에 대한 감정적 연상의 축적이며 뒤에는 모성 원형이 존재하고 있다. 개인의 어머니에서 태고부터 존재해 왔던 공생의 모성 상징으로 변형이 일어나게 되면서 개인의 심리적 발달이 촉진되는 것이다.

중년기의 위기감을 이해하고 해결하기 위해서는 막혀있는 에너지가 흐를 수 있도록 경사를 만들어야 한다. 물이 높은 곳에서 낮은 곳으로 흐르듯이 개인의 의지로 에너지의 흐름을 조정 할 수 없으므로 자연스럽게 원하는 방향으로 흘러가도록 내버려두어야 한다. 의식과 무의식의 양 극단 사이의 긴장에는 필연적으로 에너지가 존재하는데, 이러한 긴장이 있으려면 억압된 무의식의 내용이 의식화가 되어야 한다. 한 개인의 인생 주기에서 억압된 심리적 내용을 알아차리고 의식이 무의식을 깨닫지 못한다면 심리적 발달은 정체가 되고 만다. 의식과 무의식이 서로 소통할 수 있고 에너지가 다시 흐르게 되면서, 리비도의 흐름을 새롭게 수정할 잠재력이 활성화되기 때문이다. 이로서 중년기에 당면하여 실패한 심리적 과제를 수행하고 현실에 잘 적응하기 위한 힘을 얻는다. 동시에 무의식의 내용을 통합하면서 본연의 자기 심리에 익숙해지는 개성화 과정이 뒤따르게 되는 것이다.

2) 중년기 남성의 심리적 과제

융은 인생을 전반기와 후반기로 나누었으며 그 시기에 알맞은 심리적 과제가 있다고 본다. 이 과제를 잘 해결하지 않았을 때 심리적 문제가 발생하며, 그 심리적인 문제는 일반적으로 관계에서 드러나게 된다. 이같이 밖의 세계와 안의 세계가 조화를 이루어야 심리적으로 건강하게 살 수 있다고 본다. 인생의 전반기 과제는 밖의 세계에 잘 적응해야 하는 것이고, 후반기 과제는 안의 세계에 잘 적응해야 하는 단계이다. 개인의 자아가 밖의 세계인 집단 의식에 이르게 하는 다리는 페르소나이고, 안의 세계인 집단 무의식에 이르게 하는 다리는 심혼이다. 여성의 심혼은 아니무스이고 남성은 아니마이다. 자아 의식의 분화와 더불어 의식 영역이 점점 확장되면서 의식은 정신의 주인으로 행세하려 한다. 이때 신화는 인간의 정신적 삶의 노정에서 자아 의식이 뿌리를 상실하지 않도록 집단 무의식의 원형적인 것들과 관계를 맺도록 한다. 이는 궁극적으로 개인의 전 인격화를 목적으로 하는데, 전 인격화의 주제들은 창조 신화와 영웅 신화와 그리고 신성혼 신화의 주제로 나눈다. 중년기의 심리적 과제로는 영웅 신화와 신성혼 신화 주제에 해당한다고 볼 수 있다. 중년기 남성의 심리적 과제를 네 가지 범주로 나누어 보면 페르소나 문제와 심혼인 아니마의 문제 그리고 내면의 여행을 떠나서 겪게 되는 영웅의 투쟁 문제와 자기실현의 과제이다.

첫 번째 심리적인 과제는 적합한 페르소나를 찾는 것이다. 개인의 자아가 외부와 관계를 맺을 때에 쓰게 되는 역할이 바로 페르소나이다. 이러한 페르소나는 많은 설명이 없이

도 자신이 누구이고 어떤 역할을 하는지 분명하게 알릴 수 있다. 따라서 페르소나는 바뀌게 되고 수도 늘어나는데 상황에 따라 적절한 페르소나를 쓰는 일은 밖의 세계에 잘 적응하는 방편이 될 수 있다. 반면 페르소나를 쓰지 못하거나 적절하지 못한 페르소나를 쓸 때에는 밖의 세계와 관계를 맺는데 어려움이 생기게 된다. 대부분의 사람들이 사회에서 성공적으로 평가받는 페르소나를 얻기 위해 많은 노력을 하게 된다. 삶의 방향을 밖으로 설정하게 되면 생의 에너지인 리비도가 과도하게 밖으로만 흐르게 되어서 균형이 깨지게 된다. 또한 자아가 페르소나와 자신을 동일시하는 경우에도 오히려 밖의 세계와 적절한 관계를 갖지 못하고 심리적인 어려움이 따르게 된다. 페르소나가 심리적 문제를 야기하게 되는 데는 여러 가지 원인들이 있다. 가부장적인 남성 위주의 사회에서 남성의 페르소나는 삶에 많은 이득을 가져오기 때문에 동일시하게 되기에 이르며, 자신이 누구인지 알기 힘들어지고 불안해지면서 불안감을 해소하기 위해서 더 강한 페르소나로 채워나가면서 집착하게 된다. 나아가 직업을 잃거나 이혼과 사별 등의 주변의 환경적인 상황에 의해 페르소나의 변화가 생겼을 때 심리적인 위기감의 원인이 된다.

중년기가 되어서 나타나는 페르소나의 문제는 그동안 안간힘을 다해 애써 얻은 페르소나가 무가치하게 느껴지면서, 삶의 의미를 찾을 수 없는 공허감과 무기력감이 찾아들고 의욕이 상실되면서 우울증에 걸리게 된다. 이러한 중년기에 만나게 되는 생소한 내적 세계의 만남은 유아적인 상태이거나 원시적이며 한편으로는 병든 모습일 수도 있기 때문에, 문명화된 외적 인격이 대면하는 방법을 몰라서 배척하거나 대립할 수 있다. 이렇듯 중년기 남성의 에너지가 안으로 들어 갈 때에는 길을 안내해 줄 수 있는 다양한 치유의 방법들을 제공해 주어야 한다. 반면에 페르소나가 야기하는 심리적 문제는 내면의 세계에 관심을 갖아야 한다는 무의식의 신호로 받아들여야 하며, 내적 인격의 발견에로 심리적 에너지가 흐르기 시작한 것으로 볼 수 있다.

두 번째 심리적 과제는 성숙하고 생명력 있는 아니마를 획득하는 것이다. 중년기의 남성이 자신의 무의식속에 있는 심혼인 아니마를 발견했을 때는 여성이 아니무스를 만날 때보다 훨씬 더 당혹감을 느끼게 된다. 심리학적으로 아니마는 남자의 심혼 안에서 감정적인 기능을 담당한다. 남자가 생명력이 넘친다면 생명의 원형인 아니마가 작동하고 있는 것이고, 아니마와 연결되지 않은 남자는 생기를 잃게 되어 우울해지게 되는 영혼의 상실을 겪게 된다. 한 남자가 변덕스럽고 요사스럽게 감정적인 태도를 보이면 심혼의 아니마를 소유하지 못하고 그 아니마에 사로잡혀서 휘둘리고 있는 상태이다. 개인의 심혼은 한 쪽 방향으로 치우치는 것을 싫어한다. 의식의 태도가 지나치게 한 방향으로 치우치면 균형을 맞추기 위해서 심혼 안에서 수정하는 작업이 자동적으로 발생한다. 남자의 아니마는 순차적으로 4단계의 발달 단계를 거친다. 1단계의 아니마는 이브이며 철저하게 어머니상에 묶여 있다. 여기의 어머니상은 변함없이 양분과 안전과 사랑을 제공해주는 아니마이다. 이 아니마를 갖은 남자는 자신을 돌봐주는 여자의 지배를 받거나 다정히 돌봐주는 여자가 없으면 활동하지 못한다. 2단계의 아니마는 헬레네로서 섹시한 여성의 상이다. 이 아니마 상을 갖은 남자는 매우 변덕스럽고 감정이 쉽게 변한다. 또한 이런 남자는 성적인 모험을 하지만 일정한 관계를 유지하지 못한다. 3단계의 아니마는 마리아다. 이 아니마를 가진 남자는 투사하지 않고 그 여자의 있는 그대로의 모습을 보게 된다. 따라서 성욕과 사랑을 구별하여서 관계를 오래 지속시킬 수 있다. 4단계의 아니마는 지혜의 소피아이다. 이 아니마는 무의식을 의식에 전달해 주어서 남자로 하여금 자기 내면의 삶을 이해하게 한다. 이 아니마 상은 남자의 심리 속에서 늙은 현자의 원형과 짝이 되어 나타난다.

중년기에 접어든 남성이 어떤 아니마 상을 갖고 있는 가와 자신의 심혼의 무의식적 문제와는 많은 상관관계가 있다. 자신의 잠재력이 모두 소모가 되고 안의 세계에 가치를 두게 되는 중년기는 자신을 내부 환경과 외부 환경에 새롭게 적응시킬 필요가 있을 때이며, 다음 단계의 아니마를 발달시킬 필요가 있을 시기이다. 한편으로 의식의 태도가 한 쪽으로 편향되어 있을 때에 무의식은 의식의 결핍된 부분을 보충하는 아니마 상을 자연적으로 발생시킨다. 이와 같은 이유로 중년기의 심혼의 과제는 보다 성숙하고 분화 된 아니마를 찾아야 하는 것이다.

세 번째 심리적인 과제는 내면 여행을 하는 영웅이 용과 투쟁하는 과정이다. 심리학적으로 인격의 발달사는 이미 자아 의식이 주어져 있고 나이가 들면서 저절로 획득하게 되는 인격의 변화를 말한다. 반면에 신화적 주제를 유비하며 제시하는 의식의 발달은 의식과 무의식이 공동으로 만드는 작업으로써 집단 무의식이 제시한 신화적 심상을 이해하고 그에 따라 의식의 태도를 바꾸어 하나의 통합적 인격체가 되는 것을 의미한다. 자아 의식이 무의식과 저절로 동화하게 되는 신화적 심상에서 가장 알려진 것이 영웅이다. 자아 의식의 발달사는 의식의 획득에 해당하는 창조신화 단계와 의식을 획득한 정신의 자기 정립과 성장을 나타내는 영웅신화 단계 그리고 분화하고 성장한 의식의 자기 귀환과 재결합으로 이루어진 신성혼 단계로 나타난다. 창조신화 단계는 의식의 획득과 더불어 인류는 대상 세계를 발견하고 동시에 '내가 있다'는 것을 경험하게 된다. 의식의 여명기에는 집단 무의식이 지배적이기 때문에 어떤 정서적 충격이나 변동에 의해서 의식이 다시 무의식에 의해 잠식당하기 쉽다. 의식을 획득한 정신이 완전히 개별적으로 분화되고 정립되기까지 여러 번 영혼의 상실(loss of soul)이 있다. 홍수신화는 무의식의 침입으로 의식이 등장하기 이전 상태로 되돌아가는 것과 관련이 있으며 홍수에서 살아남는 부모상은 다시 의식의 획득이 가능하다는 것을 시사한다. 이 단계에서는 의식과 무의식이 서로 위협적인 대상이 된다. 영웅신화 단계는 개인이 집단 의식의 새로운 변화나 개혁이 이루어져야 하는 시점이나 혹은 한 집단 의식의 삶이 본성과 너무 떨어져버렸을 때에 근원적 정신성과 가교를 놓기 위해 새로운 인물상의 탄생이 이루어진다. 또한 모성의 지배적인 영향력에서 벗어나려고 투쟁하는 동안 더욱 더 강력한 개별적인 인물상으로 성장해간다. 영웅의 인물상은 고유한 정신의 과제에 부합하게 발탁되고 그것을 철저히 수행하는 인물상으로 길러진다. 실제로 영웅은 무한정한 인간의 자유 의지를 갖고 있지 않으며 정신의 내재적인 목적에 따라 주어진 임무를 수행하므로 머슴의 특징을 갖는다. 신화에서 중심 인물상을 위협하는 괴물의 형상은 영웅의 자유 의지에 대한 견인력을 가지며 한 개체로서 가장 강력한 존재가 되도록 한다. 동시에 영웅을 행동하게 하고 성취한 강력한 힘은 자신을 위한 것이 아니라 외부의 다른 목적에 수행되도록 선택되고 길러졌음을 폭로하는 것이다. 싸움이 성공적으로 이루어지면 자아의 힘으로 성숙한 영웅상을 볼 수 있다. 영웅은 더 이상 괴물을 정복할 필요가 없게 되고 심성 속에 숨어있는 힘이 인격화가 될 수 있는 시기가 되면 여성적인 요소는 용이 아니라 이제는 여인으로 나타난다. 신성혼 단계는 의식을 획득한 정신 영역이 개별적 특성을 완전히 정립하면서 더욱 더 근원적 정신과 대극을 이루게 된다. 이러한 모든 대극이 되는 인물상이 통합되는 주제의 신화를 신성혼 단계라고 한다. 이 단계는 융이 연금술에서 주제의 비유를 가지고 왔다. 신화는 이제 더 이상 중심 인물상을 지지하지 않고 투쟁하던 대상의 힘에 전적으로 복종하고 공동으로 작업을 시작한다. 대극의 합일을 나타내는 왕과 왕비의 결합은 한 쌍의 남녀의 결합의 원형이며 내적으로 자기 분열적 상태에 있는 이중적 정신구조를 하나로 통합하기 위해 선취된 심상이다. 분석심리학적으로 대극의 합일을 나타내는 신성혼은 의식과 무의식의 결합을 의미한다. 의식을 획득한 정신 영역이 독자적인 활동을 펼치게 되면서 근원적 정신은 더 이상 의식 영역에 지지를 보내지 않게 되어서 전체 정신의 이중적 분열이 극대화 된다. 이에 영웅의 태도 변화가 나타나며 영웅은 머슴으로 전환되고 분열 상태를 해소하기 위해 자기희생을 한다. 영웅 신화에서 영웅은 용과의 투쟁으로 모성을 극복한 후에 신성혼 신화에서 자기를 희생하여 모성에게 삼켜지지만 먹히지 않고 그 모성에 의해 다시 태어나게 되는 것이다. 이러한 관계회복은 정신의 재결합을 말하는데 모자간의 근친상간적 결합으로 그려진다. 신성혼 신화에서는 모자 관계보다 오누이의 결합을 비유적으로 그리는데, 분석심리학에서는 이 여성을 아니마라고 부른다. 이러한 결합의 결과로 탄생한 아들에 의한 왕의 교체를 목표로 삼으며, 이것은 한 개인에게 전인격적인 자기실현의 결과이며 한 집단에서는 새로운 집단 의식의 상징이다. 이것은 보편자적인 인간인 안트로포스(Anthropos)이며 자기(Selbst)이다. 이렇듯이 개인의 전인격적 실현은 의식을 획득한 잘 분화된 의식을 통해 집단 무의식의 내용을 의식에 수용하게 됨으로써 의식의 확장이 일어나는 것이다.

중년기에는 내면의 여행을 떠나는 영웅의 모험이 필요하다. 우울, 불안, 두려움, 죄책감 등의 신경증적 증상이 형성되고 자아와 활성화된 무의식과의 사이에서 생긴 긴장 등을 극복하기 위해서 영웅의 여행을 통한 자기 조절을 과제로 등장시켜야 한다. 이 시기는 의식의 발달사에서 투쟁하는 영웅신화가 필요한데 가능하다면 괴물을 극복한 영웅이 태도를 변화시켜서 정신의 재결합을 지향할 수 있게 되면 더욱 이상적이라고 하겠다.

네 번째 심리적 과제는 개성화로 향하여 자기(Self)를 찾는 것이다. 의식과 무의식을 통합한 인간 정신의 모든 현상을 자기(Selbst)라고 한다. 자아 의식은 전체 정신의 일부이며 전체 인격의 모습과 크기는 그 사람이 무의식을 의식화하면서 알 수가 있다. 유아기 때에 신비적 참여에 머물러 있다가 자아 의식이 싹이 트기 시작하며 청소년기에 페르소나가 형성되고 의식이 강화 되면서 무의식과의 단절이 되는 위협을 겪는다. 중년기 이후에는 페르소나와 자기를 구별하고 그림자와 아니무스와 아니마의 의식화로 자기 인식이 촉진 되어서 자기실현의 길로 가게 된다. 그러나 무의식은 끝이 없고 넓고 깊어서 남김없이 의식화 한다는 것은 불가능하며 다만 전체 인격에 가까이 가려는 것 뿐이다. 전체 정신의 중심은 자기 원형으로서 그 자체로 존재하며 자율적으로 정신 기능을 조절하는 질서와 지남력을 가졌으며 전체 정신을 실현시키는 원동력이다. 자기는 대극의 합일이며 모든 관계에서 명제와 반명제 그리고 종합 명제를 나타내기 때문에 역설적인 논리로 남는 것이며 이율배반적이다. 이러한 대극의 존재와 대극의 갈등을 삶 본연의 요청으로 받아들이고 대극을 철저하게 체험함으로써 정신의 전체성인 자기에 이른다. 이것은 대극간의 적당한 타협과 양보가 아니라 대극을 뛰어넘는 하나의 경지인데 초월적 기능에 의한 새로운 의식성의 탄생인 것이다. 자아가 이미 집단 무의식 속에 존재하는 자기를 의식적으로 체험하면 다음에는 자기가 주도권을 차지하게 되며, 이러한 무의식의 세계를 의식화하는 방법은 꿈의 분석이나 많은 그림들의 상징이나 이미지의 분석으로 가능하다. 이러한 과정을 통해서 개인은 자신안의 세계에 잘 적응하게 되면서 전체적인 삶을 찾는 자기실현에 도달하게 된다.

중년기에는 청년기와 달리 심혼의 상실을 상처 없이 견디기는 어렵기 때문에 의식의 중심인 자아는 아니무스와 아니마의 의식화로 자기 인식을 촉진시켜서 전체 정신의 중심인 자기에게로 다가가야 한다. 이처럼 인류 사회에서 어른이 되는 과정을 촉진한 예나 원시사회의 성인화 과정(initiation), 특수한 치료자가 겪어야 하는 시련, 고통, 죽음, 재생의 이념과 수련 과정과 고등 종교의 수행 과정이 자기실현의 선행 방법에 해당된다. 이와 같은 전체성을 향한 올바른 길은 곧은 길이 아니라 대극을 이어주는 구불구불한 길로써 미로처럼 혼란스럽고 경악할 수밖에 없는 오솔길을 지나는 것이다. 다가가기 힘든 체험을 통해서 본연의 자기를 찾고 실천하는 것은 가장 윤리적인 일이며 자기를 찾아 타고난 전체가 되는 것은 본연의 개성을 발휘하는 것이 된다.

제3장

7人의 男子가 그림으로 말하다

그림으로 말하는 男子 1

중년남성이 그리는 자화상과 불안 감소

1. 자화상의 심리학적 함의

자화상으로 자신을 표현한 화가 중에 100여 편의 자화상을 제작한 렘브란트가 있다. 스타인은 원형적인 변형과정에 대한 주제로 렘브란트의 말기 자화상을 해석하였는데 그에 의하면 말기에 그린 렘브란트 자화상 머리에서 나오는 빛은 융이 말하는 신성화로 향하는 시그널로서 아름다움과 끝없는 절망과 삶의 환희를 알고 있는 화가의 모습을 보여준 작품이다. 한편 신디셔먼의 작품은 모두 자화상인데 연출을 통한 사진 촬영으로 자신의 의도를 전하였다. 자화상에서 화가는 언제나 변함없이 위장하는데 신디셔먼은 자신의 얼굴을 이용하여 만들어 내는 이미지와 매스미디어가 만들어 낸 위장된 현실을 심리학적인 차원에서 해체시키며 여성의 불안, 욕망, 노출 등의 연출로 충격을 주었다.

위의 두 화가들이 자화상을 제작한 동기와 자화상에 나타난 다양한 상징들의 심리학적 분석을 살펴보아도 자화상과 화가의 내적 정체성은 밀접한 관계가 있음을 알 수 있다. 이와 같이 자화상은 진정한 자기의 생명력으로 탄생되며 화가의 내면의 변화과정을 그대로 보여준다고 확신할 수 있기 때문에 새로운 정체성과 새로운 가치를 찾아야 하는 중년기 남성의 발달단계에서 자화상 제작은 발달과업을 위해 매우 필요한 예술치료 방편이라 할 수 있겠다. 동시에 내면의 가장 깊숙한 곳에 있어서 말로 표현될 수 없는 것을 드러내고 자신의 생명력을 표현하는 자화상에 나타나는 상징의 변화와 중년기 남성의 불안의 감소와는 필연적인 상관관계가 있다.

1) 자화상의 선행연구

국내에서 최초로 김시습이 자화상을 그렸으며 렘브란트와 같은 시대에 살면서 17세기 전반에 걸쳐 활동한 윤두서의 자화상은 심리적인 성격을 띠었다고 할 수 있다. 박선민(2008)은 윤두서와 렘브란트의 인물화 비교연구에서 안면에 집중한 시선 처리는 강렬한 내면세계를 표출하고 있고 감상자에게 과오를 모두 이실직고하라는 무언의 심리적인 압박감을 주고 있는데 눈의 강조가 성스러운 것의 대표적인 상징으로 볼 수 있다고 서술하였다.

국내의 자화상의 선행연구를 살펴보면 자신의 작품을 중심으로 한 연구가 많은 비중을 차지하고 있었다. 이들 연구자들은(강수경, 2002; 정수진, 2002; 이성희, 2004; 김미현, 2005; 김태연, 2007; 안현숙, 2007; 우경주, 2008; 정승진, 2008; 서선희, 2008; 설의, 2009; 김현경, 2009; 김민, 2010; 조혜원, 2010; 김지영, 2010; 서지선, 2011; 임란희, 2012) 등으로 자기에 대한 관심과 자기애, 그리고 자의식과 자기정체성에 대한 규명과 열의와 집착이 자신의 작품을 중심으로 자화상을 연구하게 된 동기라고 서술하고 있었다. 자화상 그리기를 활용하여 효과를 연구한 선행연구를 살펴보면 이수영(2007)은 자화상그리기 프로그램이 고등학교 1학년의 자기개념과 자아존중감에 미치는 영향에 효과가 있다고 밝혔고, 장윤정(2010)은 자화상그리기가 초등학교 저학년의 자아존중감 향상에 도움이 되었고, 임은영(2010)은 자화상 표현은 위축 아동의 긍정적인 자아 형성에 효과가 있음을 밝혔다. 성인을 대상으로 한 연구로 송영미(2007)는 정신분열병과 조울병 환자를 대상으로 한 성인 자화상 비교연구에서 DAP를 분석 도구로 사용한 결과 그림의 크기, 선호색, 신체부위 생략, 뇌손상 지표 변인도 분석에서 유의미한 차이가 있었지만 성인 환자 90명의 성비가 여성으로 편중되어서 결과를 일반화시키는데 어려움이 있다고 밝혔다.

이와 같이 자화상은 자의식과 자기정체성의 확인 그리고 자기에 대한 연민과 자기애 때문에 자화상을 그리게 되며, 자화상그리기를 치료 도구로 사용한 결과 자기개념, 자아존중감, 자기정체성 확립과 위축된 자아개념 향상에 효과가 있음을 알 수 있었다.

2) 자화상을 통한 중년기 남성의 예술치료

개인이나 집단의 안녕을 위한 예술 활동은 고대 사회로부터 시작되었다. 구석기 시대의 동굴벽화, 암각화, 무속화, 부적 등은 인간의 안녕을 위한 다양한 상징화를 통해 내면의 정서들을 표출하고 그로 인해 치유에 이르는 효과와 의미를 지녔다고 할 수 있다. 이처럼 예술의 창작과정은 무의식의 창조적인 기능을 촉진시키고 보다 넓고 높은 차원의 의식의 변화를 가져올 수 있다. 그것은 무의식의 내용을 예술로 표현하면서 내면의 콤플렉스와 원형 이면에 있는 자신의 유용한 힘을 자유롭게 사용하게 됨으로 자기 형상화와 자기치유의 과정이 될 수 있기 때문이다. 예술을 통한 심리치료가 가능한 것은 우리 마음속에 창조성을 지닌 내면의 신성이 있다는 관점에서 볼 때 예술치료에서 사용되고 있는 예술이 남과 구별되는 개인의 고유한 정신을 탐구하는 도구로서 본래의 자기를 찾아가게 하는 방편이 되며 초월적인 차원에 이르게 하여 각박한 현대인의 정신 건강에 중요한 영역이 될 수 있다. 예술치료에서 치료라는 의미는 증상이 경감되도록 돌보아 주는 것이라고 할 수 있다. 구체적인 방법은 그들의 문제나 호소하는 내용을 성실히 들어 주는 것과 적당한 시기에 적당한 창작 방법을 활용하여 증상의 치유와 호전이 되도록 유도하여 전인격적인 개인이 되도록 도와주는 것이다. 그로 인해 정신의 성장과정과 남의 감정에 대한 이해심이 증진되고 건전한 성격으로의 전환이 뒤따르게 된다. 예술치료가 어떻게 정신의 성장을 촉진하느냐의 문제는 예술치료의 여러 가지 기법이 가져다주는 치료적 효과를 이해해야 하며 개인의 성격과 문제성에 따라 달라진다. 자화상 제작은 화가에게 자기인식과 탐구, 자아성찰에 대한 고민과 존재에 대한 근원적 문제에 도달하기 위한 방법 중 하나이다. 자화상 안에는 한 인간의 삶을 통해 경험하고 이룬 축적된 내실의 모습이 고스란히 내재되어 있는 것이다. 이런 맥락에서 예술치료의 여러 가지 기법 중에서 자화상그리기는 자의식, 자기개념, 자기인식, 자기연민, 자기애, 자아정체성의 탐구 등 다양한 자기에 대한 내면의 이미지를 상징적 요소와 함께 표현하면서 개인의 정신 성장과정을 촉진하게 도와주는 방편이라 할 수 있다. 자화상의 창작과정을 살펴보면 자기에 대한 관심과 사랑으로 시작되어서 본인만이 알고 있는 모습을 표현하게 되고 그로 인해 혼란과 정체성의 모호함을 직면하게 된다. 이런 불완전한 모습의 자기 확인은 자기 성찰을 가져오며 변화하고자 하는 개인의 진정한 생명력으로 나아가게 하는 힘을 발견하게 하는 창작과정이라 할 수 있다.

그러므로 다양한 예술치료 기법 중에서 자화상 제작은 자신을 새롭게 찾게 하는 무의식적인 메시지에 반응하고 자기의 내면세계와 관계 맺게 된다. 그로 인해 다양한 상징과 방법들을 통해서 자의식과 자기개념을 향상시키고 자기정체성을 재확립하여 성장과정을 도와줄 수 있는 유효한 방편이라 할 수 있다.

한편 중년기 남성의 심리적인 주요 과제는 인생의 전반부에 가지던 기존의 가치와 삶의 목표가 바뀌게 되고 정체성이 재확립 되어야 하는 시기이다. 안의 세계에 가치를 두게 되는 중년기의 발달적 특성 때문에 자화상을 통해 내면의 자기를 계속적으로 확인하는 작업인 자화상그리기 기법이 치유적인 효과가 있다고 할 수 있다. 그 중에서도 자발적으로 중년기 남성이 자화상을 제작하는 동기는 불안하고 두렵고 모호한 상태의 인생 단계에 도달해서 그런 자신의 모습을 시각화해서 확인하고자 하는 심리상태라 하겠다. 이제껏 열심히 살아왔지만 중년기에 접어들면서 경험하게 되는 자기 존재에 대한 불안감 등으로 '나는 누구인가?' '나는 이제껏 성실히 살아왔는데 지금 나의 모습은 어떤 모습일까?'라는 의문을 가지게 된다. 그래서 자신의 모습을 직접 그려보고 싶어하고, 또한 눈으로 보고 확인하고 싶어하기 때문에 자신만의 특별한 관점으로 자신을 그리게 된다고 할 수 있다. 이렇게 중년기의 불안과 우울 등의 다양한 정서를 드러내는 자신의 모습에 대한 탐구가 자화상 제작으로 계속되어지면 자신의 내면과 대화를 하게 되고 자기 성찰을 하게 된다. 그 결과 자기 변화를 시도하게 되면서 다양한 상징과 상이한 방법을 찾게 되고, 변화할 수 밖에 없는 내적 요소와 합세하게 된다. 그래서 자화상은 현재의 상황에서 보다 더 바람직하고 긍정적인 모습으로 변화하기 시작한다. 그러므로 자의식, 자기개념, 자기인식, 자기연민, 자기애, 자아정체성의 탐구 등이 내재되어 있는 자화상 제작은 중년기 남성들의 발달단계상 필요한 자기인식, 자기성찰, 자기변화를 시도하게 되어 중년기의 정신 성장과정을 촉진할 수 있는 유효한 방편이라 할 수 있겠다.

두 번의 승진 탈락으로
불안을 호소하는 중년의 헤파이스토스

토스님은 1966년생의 남성으로서 3남 3녀 중 넷째이다. 중학교 1학년 때 부친이 돌아가시고 모친이 6남매를 키우셨다. 토스님의 모친이 교육열이 높으셔서 그의 큰형은 사법고시에 합격해서 판사이며, 남동생은 한의사이다. 위로 누나가 둘이고 여동생이 한 명이 있다. 남자 형제 중에 그만이 상업고등학교를 졸업해서 취직을 하였고 27세에 지금의 아내를 중매로 만나서 결혼을 하였다. 슬하에 13세의 딸과 10세와 7세인 아들이 둘이 있다. 토스님의 초등학교 6학년생인 딸과 유치원생인 아들이 저자에게 예술치료를 받고 있는 중에 아내의 권유로 예술치료를 시작하였다. 아내에 의하면 그의 형과 동생이 공부를 잘해서 모친에게 인정을 받는 것에 대한 자신만의 대처방법으로, 그는 모친의 말씀에 무조건 순종하는 것 같다고 하였다. 모친이 자식을 셋을 낳았으면 좋겠다는 말씀에 형과 동생은 따르지 않았는데, 그는 자식을 셋을 두어야 한다고 아내를 설득하였다고 한다.

이런 배경에서 중년기의 심리적 불안을 호소하는 42세의 토스님은 회사 일에 무척 성실하고 책임감 있게 일했는데, 진급에서 계속 누락이 되자 자신의 학벌과 능력에 더욱 더 열등감을 느끼게 되었다. 지금 회사에서 팀장이지만 진급의 기회를 두 번 놓치게 되면서 자신이 더욱 무력하게 느껴졌으며, 이번 진급 대상에서 누락할 경우에 명퇴를 생각해야 할 거라는 불안감이 상당하다고 하였다. 급기야 아내와 자식들에게 화를 내고 짜증을 내는 일이 많아졌고 휴일에는 잠만 자거나 가족과 상호소통을 하지 않고 있으며, 특히 자신과 닮은 둘째인 맏아들을 유난히 싫어하는 상태다. 또한 신입 사원들의 학벌이 높아져서 심리적인 부담감이 크고, 영어에 자신이 없어서 해외 출장을 회피하게 되었는데 그 후로 열등감과 무기력감이 가속되는 것 같다고 하였다. 집에 와서는 휴식을 취하고 싶은데 아내와 자식들이 몰라주는 것 같아서, 급기야는 화가 나서 가족과의 외출을 피하고 있다. 자신은 회사와 집만 오가는 개미 같은 존재였는데, 아무런 보상도 못 받는 현실때문에 회사와 가정 양쪽에서 존재감에 위기를 느끼고, 자신의 미래에 대한 모호함과 불안감을 매우 크게 느끼고 있었다.

중년기의 심리적 불안을 호소하는 42세의 토스님에게 주 1회 50분씩 비지시적인 방법으로 총 42회기에 걸쳐서 예술치료를 시행하였다. 매회기의 치료일지와 예술치료 회기 중 자발적으로 그린 상이한 자화상들을 분석심리학적 이론으로 접근하여서 자화상을 중심으로 중년기 남성의 불안감소를 살펴보았다.

〈초기단계〉 1회기 - 10회기

초기단계에서 토스님은 상당히 모호하고 부정적인 자기상에 휩싸인 모습을 보였다. 두 번의 승진 탈락으로 직장에서의 좌절감, 그 여파로 인한 가정에서의 존재감에 대한 불안감 등을 표현하였다. 직장에서의 수직적인 페르소나가 자신을 비하시키게 되고 자존감의 뿌리를 흔들어 놓았으며, 가정에서는 이상적인 아니마의 부재로 심리적인 균형을 잃게 되었다. 이 시기에 자화상 1인 머리에 뿔 달린 자화상이 나타났다. 머리에 뿔이 돋고 눈을 꾹 감고 입을 굳게 다문 자화상은 금방이라도 폭발할 것 같은 얼굴이었다. 또한 먹물난화에서는 수직으로 된 험난한 산길과 독버섯과 비상이 나타났다. 사회적으로나 가정에서나 소외당하는 것과 같은 존개감의 위기를 느끼고 있는 자신과 위기적인 그림자를 표출한 시기였다. 또한 직장에서나 가정에서나 긍정적인 상호소통이 거의 없는 빈한한 정서적 상태였다.

〈중기단계〉 11회기 - 17회기

중기단계는 모친의 죽음으로 삶과 죽음에 대면하는 시기였으며, 그로 인해 새롭게 가족에 대해 책임의식을 느끼는 듯 도전과 성공에 대한 그림들을 그렸다. 어린 시절의 아니마는 중년이 되어서도 영향을 받고 있는 듯, 아직은 수동적인 자세이지만 이상적인 아니마를 소망하고 있었다. 이때에 자화상 2가 나왔다. 자아의 나뭇가지에는 돈과 먹을 것이 주렁주렁 달려있는 무거워 보이는 자화상이다. 토스님은 대지의 자궁인 동굴 그림을 그리면서 조금씩 무의식의 메시지에 접근하고 있었다. 강력한 무의식의 동굴로 내려가는 길은 조심스러운 계단 길로 표현되었다. 남성이 자신의 남성성만 강조 한다면 아니마는 무의식으로 밀려나고 이러한 아니마는 직업과 남녀 인간에 대한 모든 정서적인 관계를 강화, 과장, 왜곡, 신화화한다. 동굴 그림과 지하수는 이러한 여성성에 대한 메시지를 만나게 되는 시점이라고 이해되었다. 초기단계에 나타난 험한 산길이 중기에서 완화된 길로 나타났는데, 이것은 현실에서 가족과 새로운 관계를 시도해 보려는 자아의 노력이 완화된 길의 이미지로 나타나는 것이다.

〈후기단계〉 18회기-30회기

후기단계에서는 대극적인 양면성에 관한 그림들이 나왔다. 놀람과 안정, 이해받지 못한 감정과 분노와 사랑 등 대극적인 정서에 대한 그림들이 많이 나왔다. 후기단계에서 자화상 3과 자화상 4와 자화상 5가 나왔다. 자화상 3과 자화상 4는 하이드와 지킬 박사처럼 대극적이고 이중적인 양면을 표현하였다. 자화상 3은 어두운 악의 얼굴이며 자화상 4는 고집스럽지만 순응하고 타협할 줄 아는 이웃집 아저씨 같은 얼굴이었다. 그림자를 인격의 일부분으로 받아들이면 그림자는 긍정적인 영향을 미치게 되며 겸손해진다. 자아는 의식의 밝은 면만을 생각하며 살아오다가 어두운 부분까지 자신의 인격으로 통합시켜 성장하게 된다. 이러한 의미에서 후기단계에서 나타난 자화상 3, 4는 긍정적으로 지각된다. 자화상 5는 무감각한 상태의 얼굴이다. 현실의 어떤 상황이 무척 벅차고 놀래서 무감각한 모습인데 삶속에서 당한 감당하기 힘든 상황을 의식화를 시킨 단계였다. 후기단계에서 조용한 오솔길이 오른쪽 방향으로 등장하였다. 현실에서의 변화는 아내의 앞치마 두른 모습에 사랑스러움을 느끼게 되었고 휴일에 가족과 여행을 즐기게 되는 것으로 변화되었다.

〈종결단계〉 31회기 - 42회기

종결단계의 그림에서는 자신이 가고 있는 길에서 확실한 의지를 보인 그림들이 나타났다. 자신과 동일시한 거북이 그림은 지지적인 자기 이미지로 내사시킬 수 있었고, 골인 지점에 먼저 도착하겠다는 의지를 보인 긍정적인 힘을 생성시키는 계기가 되었다. 이때에 자화상 6이 나왔고 그런 후에 다시 오르는 길이 나타났고, 가족의 품으로 돌아가는 그림과 돌아오고 있는 모녀가 그림 속에서 상징화 되었다. 길에 앉아서 기다리는 중년기의 남자에게 돌아오고 있는 아니마상은 의식에 통합되어 심혼이 회복될 수 있는 징검다리가 될 수 있었다. 39회기의 그림에서 터널 끝의 빛 그림이 나타났다. 터널의 암흑 속에서 보이는 작지만 경이로운 빛은 대극의 합일로부터 나타날 수 있는 신의 원형이다. 이 시기에 자화상 7과 자화상 8이 나왔다. 가장 간결하게 정리한 명쾌한 모습의 자화상은 지금 여기의 상황에서 중년기의 토스님이 선택한 지혜로운 페르소나였다. 인간의 정신 안에 있는 원형으로 내재하고 있는 신의 형상과의 만남은 현실에서 평범한 가장의 행복으로 구현되어 나타났다. 평범한 가장의 모습은 42회기의 마지막 그림으로써 청개구리 같은 장남이 학사모를 쓰기를 바라며 기도하는 그의 모습으로 나타났다.

자화상 1

[뿔 자화상]

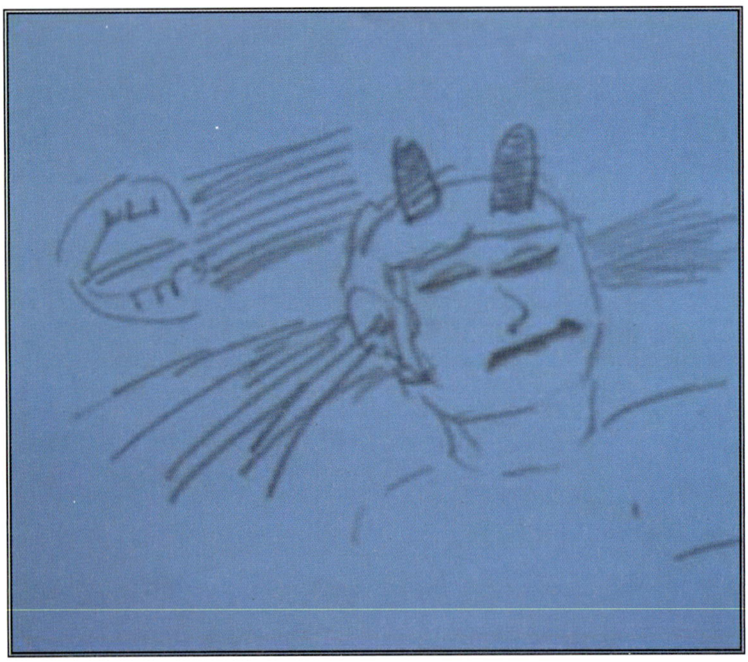

[그림 3-1]

토스님의 지금 정서 상태는 인생 곡선 그래프에서 자기 인생이 두 번째로 하향된 지점에 위치하고 있었다. 두 번째로 승진에서 탈락된 상태여서 자신의 미래가 긍정적으로 예상되지 않았고 모호하면서 감지가 되지 않는 매우 불안한 상태였다. 자신이 승진에서 탈락된 원인들을 생각하고 생각하면서, 사회에서 인지도가 있었던 직장명이 주었던 자존감도 매우 낮아졌고 낮은 학벌로 인한 열등감으로 무기력한 상태이다. 휴일에 집에서 잠만 자게 되고 아내와 다정한 시간을 보내거나 자녀들에게 아빠로서 함께 보내는 시간이 없는 상태로 지내고 있었다. 이 시점에서 그가 자발적으로 그린 머리에 뿔이 난 자화상 1이 나왔다. 뿔은 인간에게 있을 수 없는 형태인데, 거꾸러 핀 붉은 독버섯이 이렇게 기형적인 인간 형태를 탄생시킨다고 볼 수 있다. 그는 잔소리하는 아내를 먹물난화에서 [여자와 버섯]으로 상징화 하였다. 붉은 독버섯의 독이 그의 귀로 들어와 머리에 뿔이 돋아나고 눈을 감게 하여 길을 찾을 수 없게 되면서 입을 꽉 다문 자화상이 나오게 된 배경이다.

[그림 3-2] 여자와 버섯

[그림 3-3] 산길

무의식의 의식화 작업인 먹물 난화에서 찾아낸 이미지가 '여자와 버섯'과 '산길' 그리고 '비상'이다. '여자와 버섯'에서 버섯으로 동일시하고 있는 여자는 부인이었고 색깔은 붉은 색이었으며 전혀 안정감을 주지 못하는 거꾸로 된 상태였다. '산길'에서 분석할 수 있는 것은 '길'이란 상징이다. 가파르게 수직선인 매우 위험해 보이는 길에는 사람의 존재가 어디에 있는지 조차 분간할 수 없다. 토스님의 지금 여기에서의 심리적인 실제이며 어떻게 올라야 할지 모를 것 같은, 어쩌면 오를 수 없는 산길일 것 같아 막막하고 어렵지만, 그는 위험한 나선형의 길을 보고는 있다. 지금 이런 인생의 길에서 또 다시 부딪히게 되는 요소가 붉은 독버섯인데 예쁘기까지 한 이 독버섯의 독은 눈을 감고 뿔이 돋아나게 하는 신경증 발생의 주요 원인이다. 그는 계속되는 승진 탈락으로 회사에서 위기감을 느끼고 집에 와서 휴식을 취하는데, 그것을 방해하는 여자의 역할이 뒤집힌 상태로서, 겉으로 보기에는 예쁘지만 마비시키는 독을 가지고 있다는 상징성이다. 그는 10장의 먹물난화에서 3장을 선택하였고, 심상과 연결된 이미지 3장을 찾아서 색을 칠하였다.

[그림 3-4] 비상

비상하는 새는 지금의 토스님에게 있어서 부정적인 아니마에서 빠져나오는 상징인 동시에, 하늘은 영원하고 순수한 정신적인 형태로 위에 있으며 보편적이고 원형적인 이미지이다. 새가 하늘을 높이 날면 날수록 위에서 보게 되므로 시각이 웅장해지고, 실제의 불안과 조금 멀어지면서 지각한 현실에 덜 영향을 받게 된다.

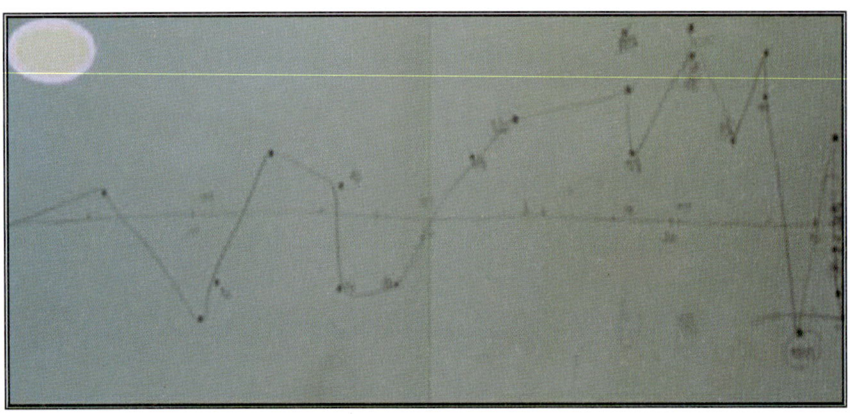

[그림 3-5] 인생그래프

토스님의 인생그래프에서 두 번째 하향점이 현재의 시점으로써, 그는 첫 번째 승진이 탈락되었던 시점을 선으로 그어서 비교해 보면서 불안을 조절하였다.

자화상 2

[나무 자화상]

[그림 3-6]

토스님은 회사에서 비굴한 자신의 모습과 술에 지는 자신의 모습을 그리면서 자기안의 그림자를 형상으로 대면하였다. 자신을 대지의 생명이 없는 위기의 나무토막으로 표현하였는데, 죽은 어머니를 찾으러 하늘의 옥황상제를 만나러 가면서 에너지가 순환하는 순간을 갖게 된다. 모친의 죽음은 그의 정신상의 변환을 가져왔고, 가족에 대한 소중함을 재인식하면서 가족들을 지키려는 의지를 보이기 시작하였다. 이 시점에서 나온 것이 화분에 심어져 있는 나무 자화상 2이다. 숲속 길에 있는 버려져 있는 나무토막을 '위기안의 나'로 지각하던 자의식이 생명이 있는 화분속의 나무로 변하였다. 두 번째 자화상의 얼굴 표정은 눈을 뜨고 앞을 보고 있었으며, 입은 말을 하듯이 벌린 상태이다. 지붕 위의 새와 집안의 새는 대극의 마음을 잘 나타내고 있다. 머리위의 집과 나뭇가지에 주렁주렁 달려있는 열려야 할 것들 때문에 나무 자화상은 무거워 보였지만 자기가 있어야 할 자리를 찾은 듯하다.

[그림 3-7] 그림자

자화상 2가 나오기 전의 그림들이다. 토스님은 상사 앞에서 무릎을 굽히는 자신의 태도와 부하 직원 앞에서 자신의 모습, 그리고 술에 또 다시 지는 자신을 말했지만 긍정적인 자신의 자원도 말하고 있다. 개인은 자아와 그림자의 만남과 충돌을 통해 전일성을 획득하게 된다. 또한 자신의 자질을 거부하고 그것을 다른 대리인을 통해서 찾기 때문에 영웅이 등장하게 된다. 그래서 자신 안에 숨어있는 상사를 인정하는 순간에 자신이 거부했던 특질을 발휘할 수 있게 된다고 본다.

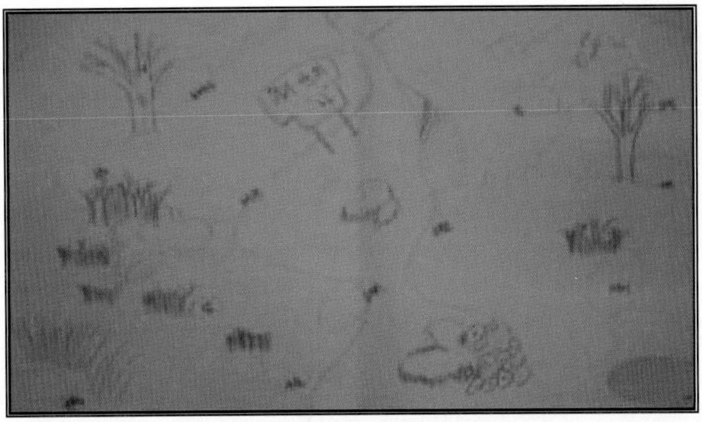

[그림 3-8] 위기안의 나

토스님은 초식동물과 육식동물이 공존하고 있는 숲속의 길에, 생명이 없는 나무토막으로 존재하는 자신을 상징화하였다. 앞을 향해 걸어가야 할 그 길에는 장애물이 가로막고 있으며, 숲속의 위협적인 존재들에게 표적이 되고 있는 자신을 '위기 안의 나'로 말하고 있다. 사방에 적들이 있는 위험한 환경 속에서 나무토막의 그는 나아가지도 못하는 무기력한 관객의 모습으로 길 바닥에 꽂혀져 있다.

[그림 3-9] 보고 싶은 어머니

토스님은 모친상을 치른 후에 영혼의 세계로 가서, 옥황상제 앞에 서 있는 보고 싶은 어머니를 그리면서 모친이 이곳에 계실 것 같다고 말하였다. 대상 상실이 주는 애도의 과정에서 이정표로 존재하던 그의 육신은 영(Spirit)이 되어서 이동을 시작하였다.

[그림 3-10] 가족

토스님은 모친의 죽음으로 인해 다시 가족에게로 관심을 돌리게 되었다. 그는 모친이 죽은 후에 그린 가족 그림에 '행복한 삶을 위하여 무엇이든 최선을 다하는 이가 되자' 라는 문구를 썼다. 자신은 일밖에 모르는 개미로, 부인은 매사에 엄격하고 자식교육에 집착하는 호랑이로, 큰 딸은 책을 많이 있어서 이해력이 뛰어나지만 2% 부족하여 공부에 대한 열정이 없는 코끼리로, 칭얼거리는 장남이 짜증이 난다며 어린 망아지로, 쾌활하여 주먹으로 잘 때리는 막내를 토끼로 표현하였다.

[그림 3-11] 성공

[그림 3-12] 과일이 많이 달린 나무

그는 미래지향적인 그림으로 농장 속에 부부의 모습과 검은 자동차로 성공을 이미지화 하면서 꿈을 드러내고 에너지를 보였다. 한편 [그림3-8]에서 [그림3-11]에 해당하는 이러한 일련의 그림으로 자신을 말하면서 그의 정서가 순환되었다. 그림으로 말하는 치유적인 창조성은 지혜롭지 못한 삶의 태도를 해체하고 재구성하는 치유적인 과정으로써 기꺼이 버리고 새롭게 발견하게 하는 죽음 및 재탄생을 뜻한다. 이로 인해 리비도가 변환이 되면서 위기의 나무토막은 대지에 뿌리가 내리고 과일이 많이 열리는 나무로 재구조화가 되었다. 그 나무 옆에서 자라고 있는 세 그루의 작은 나무는 아이들을 의미한다. 그는 [그림 3-12]인 '과일이 많이 달리는 나무'를 그린 후에 화분속의 나무 자화상 2를 제작하였다.

자화상 3

[두 얼굴 1]

[그림 3-13]

토스님은 눈을 감고 적극적 명상을 한 후 동굴 속에 들어가 흐르는 지하수를 보는 환상을 그렸다. 동굴은 매우 영향력이 큰 모성원형으로써 모성원형의 특성은 성장하게 하고 풍요롭게 하고 영양을 공급하는 제공자이며 마술적 변용의 터고 재생의 터다. 자화상 1이 나타났던 시점에서 보였던 자신의 존재를 확인 할 수 없었던 가파른 산길과 자화상 2시점에서 나타났던 대극의 숲길은 적극적 명상 후에 [그림3-15]에서 자신이 혼자서 걸어가는 오솔길로 변하였다. 이 시점에서 제작한 것이 자화상 3이다. 얼굴의 반은 입 꼬리가 내려갔고 눈매가 사나웠으며, 얼굴의 반은 약간 웃음을 머금은 얼굴인데 전체적으로 어두운 얼굴이다. 어두움 속에 있는 또 다른 어두움의 이중성을 나타내고 있는 얼굴이다. 그는 자신의 마음속에 그림자를 의식적으로 드러내고 싶었고, 그렇지 않으면 매우 견디기 어려운 심정이었던 것 같다. 마치 가면무도회에서 자신이 선택한 가면을 쓰고 자신의 이중성을 흠뻑 노출시키면서 그림자를 세척했던 작업과 흡사하다. 이러한 어둠의 자화상을 그리는 데는 그의 정신의 무의식적인 자율성과 목적성에 기인한다. 전율과 경악으로 자신의 그림자를 인식하면 자신이 나쁜 사람이 되는 것 같지만, 궁극적으로 어둠을 통한 빛을 찾는 것만이 이상에 머무르지 않고 현실에 발을 붙이게 하기 때문이다. 자신 속에 존재하는 낯선 타자를 인정하는 것은 정신의 해리를 극복하고 객관적으로 다르게 하고 싶은 것을 인정함으로써 대극의 통합에 이르고자 함이다.

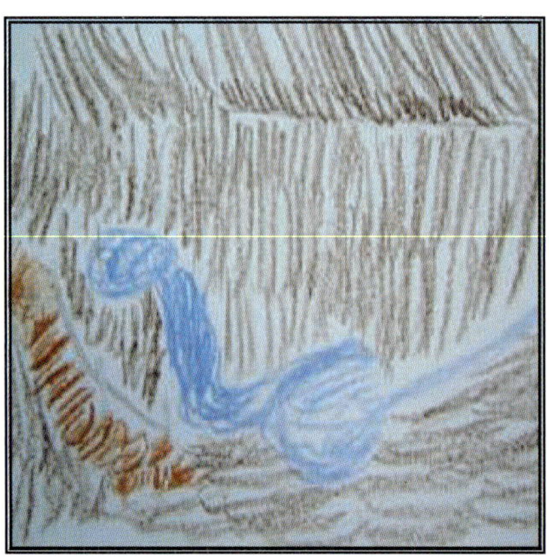

[그림 3-14] 동굴 속 지하수

[그림 3-15] 오솔길

토스님은 적극적 명상의 한 방법으로 동굴명상을 한 후에, 동굴 속에 선명하게 흐르는 지하수를 환상으로 보고 시각화하면서 정신적 변용과 재생의 과정이 시작되었다. 뒤이어 일련의 그림으로 그는 조용한 오솔길을 혼자 걷는 종이 조각화를 제작하였다. 명상과정에서 그는 자신의 그림자를 대면할 수 있었고 동굴을 통과하는 자아의 하강 과정에서 파란 지하수를 보면서 자기정화의 시간과 근원적인 생명력을 느꼈다. 그는 자신안의 존재하는 악을 인식하면서 오만에서 성찰하는 겸손한 마음이 되었다. 자기성찰의 경과에 따라서 무의식은 의식의 태도를 보상해 나갔는데, 무의식은 개인에 따라 또는 때에 따라 여러 다른 과제를 제시할 수 있었다. 이 시점에서 그의 자화상 3이 제작되었던 것이다.

자화상 4

[두 얼굴 2]

[그림 3-16]

토스님이 그린 자화상 4는 고집스럽지만 만만하고 순응적이면서 타협할 줄 알고 끈기를 가지고 있는 편안한 이웃집 아저씨 모습이다. 목젖을 강조하고 아래로 처진 눈매에 입술

끝을 올려서 웃음을 머금고 있는 남성적이며 밝은 표정의 모습이다. 자화상 3과는 전혀 다른 대극의 모습으로써 서로 완전히 다른 성질, 또는 모호한 양면성의 경계 속에서 서로 밀접하게 떨어질 수 없는 불가분의 관계를 가지고 있는 두 얼굴이다. 그림자와의 갈등은 대극자체로는 해결이 되지 않으며, 대극을 넘는 어떤 커다란 의지, 강력한 어떤 것에 의해서 해결된다. 자아에게는 오직 성실하게 변함없이 악의 횡포를 받아들이는 자세가 권장된다. 자화상 4에서 보이는 푸근하고 밝고 편안한 이웃집 아저씨의 얼굴은 대극을 물리치는 힘을 가진 보편적인 법칙의 얼굴이라고 할 수 있겠다. 흥부와 놀부에서 악을 물리치는 보편적인 법칙은 새의 부러진 다리를 보살피는 마음이 결정적인 해결책으로 제시된다. 자연 그대로의 인간의 본성인 '자연스러움'이 도깨비를 물리치듯이 마음에서 우러나오는 자연스러운 태도는 본능이라는 정신의 기능이다. 본능에서 나오는 선은 흉내내어서 나오는 것이 아니라 마음에서 우러나오기 때문이다. 그는 자화상 3으로 인해 감당할 수 없는 충동이 의식의 질서를 무너뜨릴 때, 의식 밖으로 축출하는 대신에 그림자를 극복하는 씨앗으로 삼았다. 그는 가장 자연스럽고 평범한 이웃집 아저씨인 자화상 4를 본능적으로 창조한 것이다.

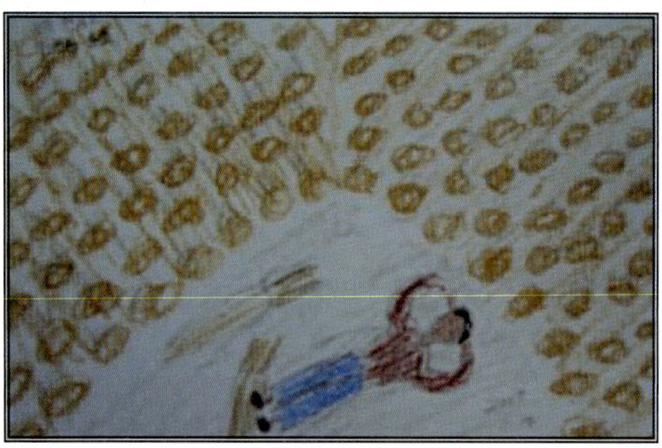

[그림 3-17] 가장 편안하고 안전한 장소

토스님은 자신이 가장 편안하고 안전하게 생각되는 장소는, 아무에게도 방해받지 않고 쉴 수 있는 볏단이 둘려 쌓인 곳이라고 한다. 그는 어릴 적에 가끔 볏단이 쌓인 중앙에 그림처럼 팔베개를 하고 누워있었던 적이 있었는데, 그렇게 편안하게 숨을 수 있었던 그 때의 경험이 아직도 생생하다고 하였다. 마치 둘려 쌓인 공간은 자궁의 역할을 의미할 수도 있고 나아가 황금색의 볏짚이 주는 치유적이고 자연적인 소재와 함께, 이곳은 한 아이가 자신의 가장 근본적인 본능을 회복시킬 수 있는 시공간의 장소가 되었음에 틀림이 없다. 자화상 4는 어릴 적의 경험에 귀속되어 있던 토스님의 본능에 의한 보편적인 법칙의 얼굴로써 자연스럽게 제작되었다.

자화상 5

[무감각한 얼굴]

[그림 3-18]

두 얼굴 1과 2인 자화상 3과 4가 제작되고 나서 토스님은 자신의 감정들에 대해 알고 싶어 하였다. 감정파이를 그려보면서 자신 안에 감정과 그것에 대한 강도 그리고 자신에게 미치는 영향력 등을 살펴보았다. 자신이 경험한 다양한 감정들을 표현하는 과정인 이 시점에서 자화상 5가 제작되었다. 마치 반 고호의 터치를 연상케 하는 자화상 5의 얼굴은 감정이 너무 벅차서 무감각한 상태이며, 검은 동공은 놀라서 아주 작았으며, 콧구멍을 매우 크게 표현했고 입이 약간 벌려져 있었다. 오른쪽 귀에 붕대는 감겨져 있지 않았지만 자신이 들은 어떤 통보를 받아들이기 벅찼던 고흐처럼 오른쪽 귀를 잘라버렸다. 그는 이렇게 귀를 잘라버린 자화상 5를 그리면서 자신의 고통과 불안을 내어 놓았고, 은유적으로 이미 지화시킨 무의식적 불안을 동일시하는 대상에게 전이시키면서 공감하는 태도를 보였다.

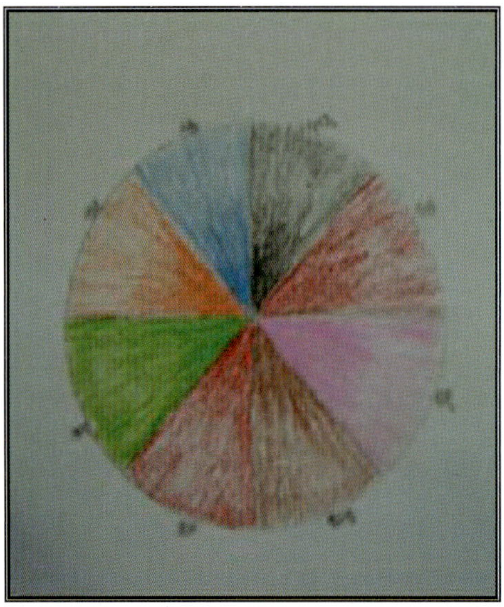

[그림 3-19] 감정파이

토스님은 감정 파이를 8조각으로 나누어서 8가지 감정을 명명하고 각각의 색으로 구별하면서 내면의 정서를 탐색하였다. 감정의 정도가 비슷한 넓이를 유지하고 있어서 상당히 통제력을 지니고 있다고 볼 수 있었다. 연두색은 기대하는 마음과 주황색은 행복을 의미하고 푸른색은 수용이며 검정색은 두려움이고 당황스러움은 자주색이고 분노는 빨간색이다. 갈색은 혐오를 나타내며 분홍은 옳음을 의미하고 있다. 여러 가지 감정을 느끼고 있었지만 어느 한 감정에 많은 비중을 두지 않았다.

[그림 3-20] 아내에게 분노를 느낄 때

[그림 3-21] 아내가 사랑스러울 때

토스님이 아내에게 분노를 느낄 때에는 아이들에게 '니네 아빠한테 해달라고 해'라고 소리를 칠 때이며, 반면 아내가 사랑스러울 때는 주방에서 앞치마를 두르고 음식을 할 때이다. 남자가 변덕스러운 감정적인 기분 상태를 보일 때에는 그 남자는 무의식속에 있는 아니마에 사로잡혀서 휘둘리는 상태이다. 이렇게 남자의 심혼 안에서 아니마는 감정적인 기능을 담당하기 때문에, 생명력이 넘치는 남자는 심혼 안의 아니마가 살아있다는 증거가 된다. 지금 그에게는 변함없이 양분과 사랑과 안전을 제공해주는 어머니 같은 아니마가 필요한 상태이다.

그는 회사에서 이해받지 못하는 상황이 반복되면서 당황스러움을 넘어서 분노와 불안의 감정이 생긴다고 하였다. 이와 같은 일련의 과정으로 그가 여러 가지 자신의 감정을 살피는 시점에서 자화상 5가 제작되었다. 개인들은 자신의 문제를 담아 둘 그릇을 가지고 있는데, 각자가 자신의 감정을 담아 두지 못하고 밖으로 흘릴 때에는 서로의 경험들을 오염시키게 된다. 연금술에서는 이러한 심리적 그릇을 '바스 헤르메스'라고 하며 융은 '테메노스'라고 하였다. 회사에서 상호존중과 신뢰감으로 관계가 이루어지지 못하여 이해받지 못하는 상황은 헤르메스의 그릇에서 납이 금으로 변할 수 없으며 내면의 테메노스가 결렬된 상태이다. 그의 감정이 아니마에 휘둘리고 납이 금으로 변하지 못하면서 그릇이 깨져버리는 이 시점일 때에 자화상 5가 제작되었다.

[그림 3-22] 이해받지 못한 상황

자화상 6

[복잡한 얼굴]

[그림 3-23]

토스님의 일상에 조금씩 변화가 찾아왔다. 부부가 외출해서 바다를 보고 있는 휴일 그림이 그려졌고 그 풍경에서 등을 보인 남자를 쳐다보고 배려하고 있는 아니마가 나타났다. 다시 가족의 품으로 돌아가는 그림이 나타나면서 그는 많은 생각들을 함께 안게 되었다. 이때에 그는 다시 길 그림을 그렸고 토끼와 거북이가 경주하는 길의 장면 중에서 자신을 거북이로 비유하였다. 그는 가족을 다시 품에 안으면서 뒤따르는 가장의 책임과 그 자리에 따르는 힘을 갖기 위해서 너무 많은 생각들을 하게 되었다. 이 시점에서 자화상 6이 나왔다. 자화상 6은 눈을 감고 입을 다물었고 목이 가늘고 어깨는 벌어져 있었다. 목이 가늘고 목젖이 아주 작게 윤곽만 표시되었고 어깨가 너무 벌어져 있는 것은, 머리에서 나온 주변에 널린 잡다한 생각과 그것을 수행할 신체와의 부적절한 조화 때문으로 분석되었다. 회전의자가 비어 있는 것은 승진에서 탈락해서 명퇴하는 것을 상징한 것이며, 자화상 머리 위쪽에 야채가 담긴 리어카도 그려져 있다. 또한 선수들이 서는 시상대의 1등석에는 본인이 올라가 두 손을 높이 들고 있는 모습을 그렸다.

자신은 돌쇠와 깍쟁이와 내숭이란 3개의 별명이 있는데 그 중에서 1등이 돌쇠이기 때문에 그렇게 그렸다고 설명하였다. 나중에 리어카라도 끌겠다는 돌쇠는 승진에서 탈락할 경우에 대비한 자신의 대체적인 정체성이었다. 그의 자화상 6은 불확실한 미래에 대해 대체적인 방안을 고려해 보면서, 가족을 위해 다른 페르소나들을 생각하느라 와해될 것 같은 복잡하고 나약한 얼굴이다.

[그림 3-24] 휴일

[그림 3-25] 여행 중

토스님의 휴일 그림에서 부부인 듯 보이는 남녀가 배가 다니는 강을 바라보는데 뒷모습의 남자를 바라보는 여자의 모습이 긍정적이다. 외면하던 아니마와의 화해가 이루어진 것이다. 가족과의 외출을 피하던 그가 아내와 휴일을 같이 보내고 여행을 하는 그림은 그의 감정의 변화와 에너지의 변환을 말하고 있었다. 한편 여행 중인 그림에서 붉은 커튼을 강조하여 그린 것은 의미 있는 이미지이며, 밀월을 즐기는 부부를 암시하고 있었다. 미래그림에서 빛나고 있는 붉은 해를 향하여 날아가는 다섯 마리의 새는 가족 수를 상징하고 있으며, 잘 정돈된 풍경 속에서 화살표로 표해 놓은 풍요로워 보이는 농장 문은 그의 소망을 말하고 있다. 그가 다시 가족에게 돌아가서 아내와 아이들 셋을 두 팔을 벌려서 껴안는 그림 속에는, 다시 돌아오는 가족을 품에 안게 되면서 해야 되는 많은 것들이 그려졌다. 심리적 관계로서의 결혼에서 가장은 가족을 담아주는 그릇이 되는데, 안전한 그릇이 되기 위해 필요한 것들을 가족 뒤에 그려 놓았다.

[그림 3-26] 현재와 미래

[그림 3-27] 다시 가족의 품으로

[그림 3-28] 목표까지 가는 그날을 위해

[그림 3-29] 용의 머리를 만나다

토스님은 [그림3-28]에서 다시 길을 등장시켰다. 초기 먹물난화에서는 가파른 산길이 등장했으며, 그 다음 길은 많은 적들이 존재해서 자신을 '위기안의 나'인 나무토막으로 상징화한 숲속의 길을 그렸다. 적극적 명상 후에는 조용히 혼자서 걷는 오솔길로 자신의 내면을 그렸다. [그림3-28]의 길 그림은 거북이와 토끼가 경주를 하는 그림에서 '나'를 거북이로 비유하면서 결과를 긍정적으로 암시하였다. '길'은 자기실현의 상징이며 무엇을 찾아가는 길은 원시종족의 성인과정에서 볼 수 있는 숨은 보물찾기나 잃어버린 넋을 찾아 나서기와 같은 주제이다. 저 멀리 깃발은 '나'가 찾는 보물과 같은 의미이다.

그가 길을 떠나는 영웅의 여행 끝에서 원하는 바는 용의 머리를 만나는 것이다. 신화 속의 영웅은 괴물과 싸우다 먹히기도 하고 요나처럼 고래의 뱃속으로 들어가서 내장을 칼로 잘라 버리고 뱃속을 벗어나기도 한다. 심리학적으로 영웅과 용과의 투쟁은 무의식의 손아귀에서 벗어나서 자유로운 의식을 얻으려는 것을 의미한다. 한편 고래 뱃속의 내장은 반드시 잘라내야만 하는 탯줄을 상징한다. [그림3-29]에서 심연의 무의식에서 날아서 올라오는 붉은 용의 머리는 그림 속의 영웅의 머리 쪽을 향해 맹렬하게 덤비는 자세이다. 반면에 초록의 뱀은 아래쪽으로 혀를 내밀며 다가온다. 이 시점에서 자화상 6이 제작되었다. 자화상 6의 주변에는 너무 잡다한 것들이 널려 있어서 붉은 용의 기세만큼 토스님을 삼켜버릴 것 같고, 혀를 낼름거리는 작은 뱀은 영웅의 신체를 서서히 와해시킬 것 같다. 영웅은 잘라 버려야 할 것들은 잘라내어서 무의식적인 쓰레기더미에서 불사조처럼 살아날 강력한 힘을 발휘해야 한다. 신화에서 중심인물상을 위협하는 괴물의 형상은 영웅의 자유의지에 대한 견인력을 가지며, 중심인물상이 한 개체로서 가장 강력한 존재가 되도록 제공하고 있다. 동시에 영웅을 행동하게 하고 성취한 강력한 힘은 외부의 다른 목적에 수행되도록 선택되고 길러졌음을 폭로하는 것이다. 싸움이 성공적으로 이루어지면 자아의 힘으로 성숙한 영웅상을 볼 수 있으며, 심혼 속에 깊이 숨어있는 힘이 인격화가 되며 더 이상 용이 아니라 여인으로 나타나기 시작한다.

자화상 7

[정리된 얼굴]

[그림 3-30]

토스님은 자화상 6을 그린 후에 해외출장을 다녀왔다. 그는 2년 전에 해외출장의 기회가 있었는데 영어에 자신이 없어서 포기한 적이 있었다. 그 기억으로 학벌이 낮은 것에 대한 열등감이 더욱 심해져서 불안감이 엄습해 왔었다. 그는 그림으로 자신을 그리던 시기에 정신상의 변환을 일으켜서 이번에는 가야겠다는 불굴의 의지를 보였다. 이 시점에서 다시 길 그림을 그렸는데 앞서가던 토끼가 쉬고 있고, 자신이 그 사람을 앞지르기 시작하는 길 그림이다. 바로 그 앞에 새로운 길이 나타났고 가파르게 올라야 하는 길이었지만 계속 걷겠다는 긍정적인 의지를 보였다. 한편 모녀가 자신에게 돌아오고 있는 명화 변형은 그에게 극적으로 다시 돌아오는 아니마의 이미지이다. 더욱 극적인 장면은 자화상 7이 나오기 바로 직전에 그린 '터널 끝' 그림이다. 이러한 일련의 그림으로 내면 정서의 흐름을 타던 이 시점에서 자화상 7이 나왔다. 자화상 7은 두 눈을 감고 있었지만 안경을 쓰고 있었고 턱 부분이 매우 여유 있고 넓었으며, 목은 머리와 신체를 이어주기에 아주 안정감 있게 변화되었고, 목에는 남성의 상징인 목젖을 강조해서 표현하였다. 굵은 목젖의 강조는 남성성을 상징하는데 4개의 점이 찍혀져 있었다. 숫자 4는 그가 부양해야 하는 가족의 숫자이며 분석심리학에서 숫자 4는 자아의식의 구성에 있어서 원형적 배경이 된다. 융은 이러한 의식의 기초를 자기(Self)라고 불렀다. 자화상 6의 목과는 상이하게 다른 남성적 목젖을 강조한 정신의 변환은 돌아오는 아니마의 긍정적인 회복에 기인한다. 일련의 그림에서 말하고자 하는 내면의 목소리로 보아서, 자화상 7은 자신감을 찾은 가장의 정체성의 재확립으로 볼 수 있으며 눈을 감았지만 힘이 있는 자화상이다. 자화상 6에서 나타난 복잡해서 와해 될 것 같은 잡다한 것들을 극복해낸, 정리된 자화상 7의 어깨는 자화상 6의 어깨와는 달리 주변의 것을 안기에 충분할 만큼 힘이 있었다.

[그림 3-31] 아무리 힘들어도 가족이 있다

[그림 3-32] 돌아오는 모녀

토스님은 장애물 경기를 할 때에 아무리 힘들어도 자신을 격려하는 가족의 지지를 받으면 힘을 얻을 수 있다는 그림을 그렸다. 4개의 장애물이 있는 경기에서 스타트 할 때의 '나'는 검정 신발을 신었고, 장애물 두 개를 넘었을 때의 '나'는 빨간 신발을 신었으며, 네 개의 장애물을 다 넘었을 때 '나'는 연두색 신발을 신고 있다. 토스님이 신고 뛰는 신발의 색을 살펴보면 스타트의 '나'와 아내가 같은 색의 신발이며, 두 개의 장애물을 넘었을 때

'나'가 신은 신발의 색과 큰딸의 바지색이 동일하고, 네 개의 장애물을 넘었을 때의 '나'가 신은 신발의 색과 아들 둘의 바지색과 동일한 것은 가족을 부양하고 책임을 지고 있는 가장 토스님의 질주를 상징적으로 말하는 것이다. [그림3-32]는 그가 조르주 쇠라의 '그랑 자트섬의 일요일 오후'의 점묘화를 변화시켜서, 모녀만을 부각시켜서 자신이 말하고자 하는 메시지로 이미지화 시켰다. 어느 일요일 오후 산책길에서 자신에게 오고 있는 아니마의 모습을 그리면서 심혼의 생명력을 획득하고 있었다. 남성에게 아니마는 생명의 원형이듯이 아니마와 연결이 끊어진 남성은 정서적으로 둔감해지고 생기를 잃게 된다. 그는 쇠라의 그림을 떠났던 심혼 속의 아니마인 아내와 딸이 돌아오는 그림으로 변형시키면서, 다시 찾은 심혼의 생기를 느끼고 있었다.

[그림 3-33] 무거운 배낭을 메고 정상까지

[그림 3-34] 충전을 받고 가다

토스님은 토끼와 거북이가 경주하는 길 그림 다음으로 다섯 번째 길 그림인 [그림3-33]을 그렸다. [그림3-33]은 무거운 배낭을 멘 주인공이 회색 구름위에 해가 조금 보이는 산길을 두 개의 장애물을 통과해서 가고 있다. 반면에 여섯 번째 길 그림인 [그림3-34]에서는 하얀 구름이 보이며 보다 큰 해가 푸른 하늘에 떠 있는 산길이다. 충전을 받은 주인공이 길옆의 텐트 아래에서 쉬고 있는 어떤 남자보다 앞서서 길을 가고 있다. 주인공이 다시 올라야 할 산길은 경사가 높았지만 [그림3-34]의 그림의 환경적인 요소로 인해서, 주인공은 심리적으로 매우 경쾌하고 활력이 있게 자기(Self)의 길을 찾아서 가고 있다는 것을 그림으로 말하고 있었다.

[그림 3-35] 터널 끝쯤

[그림3-35]은 경이로움 그 자체이다. 어두운 터널 끝에 푸른 하늘과 초록의 들판이 보이면서, 그 사이로 하얀 빛의 광채가 들어와서 까만 터널 속을 밝혀주는 신성한 빛을 말하고 있는 그림이다. 그 빛은 터널의 암흑 속에서 태초의 어둠을 밝혔던 빛처럼 비추고 있다. 모든 생명체 중 두드러진 존재인 인간은 그 속에 주거할 가치를 인정받은 어떤 존재가 인간 안에 심어둔 빛의 씨를 볼 수 있다. 이러한 내면의 빛은 정신의 본질에서 발하며 밤하늘의 별과 같이 무의식 안에 같은 형태로 배열되어 있다.

[그림3-35]은 토스님이 아직 터널 끝까지 도달하지 못했지만 그림에 나타난 자연의 빛은 터널을 지날 것이라는 그의 꿈을 태초의 환상처럼 밝혀주고 있다. 자연의 빛은 생명이며 에너지이며 근원의 상징이며 그 빛이 보인 것은 인간의 정신 안에 있는 원형으로 내재하고 있는 신의 상과의 만남이다. 이 만남은 변형적인 힘을 제공하는데, 외형적인 변화가 아닌 질적인 변화를 가져올 수 있는 '누미노스' 경험이다. 예전에 별개로 생각했던 요소들이 인간성숙의 필요한 부분임을 알고 의식과 무의식이 화해가 이루어지면서 평범한 행복으로 돌아갈 수 있는 힘을 받고 있는 것이다. 파라켈수스는 인간을 커다란 지혜로 몰고가는 그 빛을 자연이 지닌 최초의 값진 보배라 불렀다. 영원히 정화되며 진실된 이성에 의해 지배받는 미묘체(subtle body)에 주어지는 바로 신화소이며 원형의 반영인 것이다.

자화상 8

[조금 있는 나의 뇌와 입]

[그림 3-36]

토스님은 자화상 7을 그리고 난 바로 다음 회기에 다음 자화상을 그리고 싶어하였다. 자화상 8은 내면의 자신감으로 속도와 힘이 가미되면서 확실하게 드러나는 변환의 상징들이 보였다. 주변의 환경적 요소는 제외시켰고 얼굴의 한 면만을 선택해서 단순화시켰으며 전체적으로 냉철하게 이미지화하였다. 제작한 자화상 중에 유일하게 얼굴을 측면으로 그렸으며, 보라색 안경을 쓴 눈은 날카롭고 옆선의 코는 이지적이며 귀로 분명히 듣고 있지만 뚜렷한 선의 입술은 말을 아끼고 있었다. 머릿속의 뇌가 너무 많은 생각을 하지 않는다는 듯 빨강, 파랑, 노랑의 선명한 삼원색으로 간결하게 강조한 것은 작지만 명료함의 색채적인 상징이며, 꽉 다문 입 아래의 턱 선은 매우 강하며 분명하고 확고한 의지를 표명하고 있다. 그의 마지막 자화상의 상징들은 외부로부터 영향을 받게 되는 요소들을 분리하고 단순화시킬 수 있는 힘을 얻은 결과이며, 명료하고 냉철함을 가지고 외부의 삶에 대처하겠다는 확고한 의지를 보이는 자아가 선택한 새로운 페르소나를 획득한 것이다. 독버섯이 존재하는 험한 산길에서 길을 떠난 토스님은 이제 내면의 여행을 끝마치고 분리를 할 수 있는 지혜로운 심혼의 아니마와 결합을 하였다. 수많은 외적인 인식대상 때문에 인식의 주체가 심혼인 것을 망각했지만 지금의 외부 현실에서 가장 지혜롭게 살 수 있는 심혼에 기저를 두고 마지막 자화상이 제작되었다.

[그림 3-37] 장남을 생각하며

자화상 8을 제작한 이후에 토스님의 마지막 그림 [그림3-37]은 자신이 힘든 시기에 말썽을 피워서 짜증이 나고 가장 미워하던 청개구리인 장남을 위해 기도하는 가장의 모습을 그렸다. 이 모습은 가장 평범하면서도 힘들었던 가장의 태도였으며, 소중한 행복이 존재하는 태초의 힘이며, 자연의 빛에 내재하는 자신 속에 존재하는 준비된 신의 형상을 말하고 있다.

결론적으로 말하자면 토스님의 자화상 1에서 자화상 8은 주변의 누구에게도 말할 수 없었던, 위기에 처한 중년기 남성이 떠났던 내면 여행의 과정 중에 탄생한 보석과 같은 하이라이트이다. 내부와 외부적인 환경적 요소로 인해서 불안을 호소하던 중년기 남성이 자발적으로 자화상을 제작하게 된 원인은, 인생의 절반을 넘게 살아온 자신의 현실을 회한하면서 심혼의 거울을 통해서 자신의 모습을 투영하고 싶은 자연의 요구에 부응한 결과이다. 그가 자신의 얼굴을 내면의 부름에 따라 그대로 그렸던 것은, 내면의 고통스러운 여행 속에서 진실을 말할 수 있게 한 유일한 통로였으며 그의 절반의 인생에 대한 고백성사였다. 그는 그림으로 자신을 말하면서 힘든 내면의 여행을 보다 안전하게 할 수 있었으며, 형태와 색을 통해서 다각적으로 다양하게 무의식을 투사시켰다. 8개의 자화상을 제작하던 중에 드디어 중년에 들어서 적절하게 써야 되는 새로운 페르소나를 찾는데 성공하였으며, 가장 평범하면서도 힘들었던 자신 안에 존재하던 신의 상을 발굴하기에 이르렀던 것이다. 토스님이 그림을 그리면서 말했던 내면의 여행길에서 우울이 감소된 자화상의 변천과정을 통해, 중년기 남성의 심리적 과제가 치유되었던 과정을 다음 4가지로 살펴 볼 수 있었다.

첫 번째는 가정과 사회에서 인정받는 페르소나를 찾는 과제이다. 가부장적인 남성위주의 사회에서 남성의 페르소나는 삶에 많은 이득을 가져오기 때문에 남성이 페르소나와 동일시하기 쉽다. 급기야 페르소나를 떠나서 자신이 실제로 누구인지 알기 힘들어 불안해지고 가중되는 불안감으로 더 강한 페르소나로 채워가고 집착한다. 또한 페르소나와 자신을 동일시하게 되면 승진에 탈락했거나 결혼생활의 파탄과 경제적 지위가 하락하는 등의 주변 상황에 의해, 페르소나에 변화가 생겼을 때 정체감에 혼란이 생기며 불안에 빠진다. 더욱이 중년이 되어서 나타나는 페르소나의 문제는, 평생 얻은 페르소나가 별것이 아니고 무가치하게 느껴지고 위선적이며, 더 이상 자신의 삶에 의미를 찾을 수 없어 공허함과 무기력함과 의욕이 상실되며 우울증에 이르게 한다. 토스님은 자화상을 통해서 외현화된 자신의 모습을 좀 더 객관적인 시선으로 보게 되면서 자신의 불안, 갈등, 분노, 두려움, 우울, 소망 등을 그림으로 말하게 되었고, 그 결과로 현재 자신의 삶에서 가장 지혜롭게 사는 단순하고 명쾌한 페르소나를 찾는데 성공하였다. 그의 8개의 자화상 중에서 자화상 1과 2, 자화상 3과 4, 자화상 5와 6이 남편으로서 아버지로서 사회인으로서 자신이 썼던 혼란스럽고 부적절한 페르소나이다. 마지막으로 자화상 7과 8에 이르러 현재 시점에서 가장 단순하면서 평범한 가장의 역할을 수행하는 지혜롭고 적절한 페르소나를 찾게 되었다.

두 번째는 심혼 속에 존재하는 아니마의 생명력을 연결시켜서 살아나게 하는 과제이다. 남자들의 여성상은 처음에는 어머니와의 관계에서 영향을 받는다. 남성들이 어머니와 맺었던 관계는 매우 강력하고 오래 지속되는 심리적인 영향을 미친다. 따라서 어머니가 최초의 아니마이지만 인생의 시기마다 다른 아니마의 이미지를 갖는다. 남성이 어떤 특정시기에 도달했을 때에 나타나는 의식적인 태도에 따라, 그 의식의 태도에서 결핍된 요소를 보충해주는 아니마상은 절대적으로 필요하다. 토스님의 그림에서 남성에게 생명의 원형인 아니마의 상징으로 처음에 등장한 '독버섯' 같은 존재는 남성을 기형적으로 만들어버렸다. 남자의 무의식 속의 여성성은 매우 변덕스럽고 감정적이기 쉽다. 그런 아니마에 휘둘리지 않기 위해서 토스님은 '비상'을 상징화해서 벗어나는 노력을 하였다. 다음에는 외출그림과 여행그림으로 아니마가 헬레네 단계에 이르게 되었고, 자신이 단절시킨 심혼의 메시지를 받아들이고 연결시킨다. 마지막으로 쇠라의 작품을 '돌아오는 아니마'로 변형시켜서 이미지화 한 후에, 자신의 삶의 생명력을 재확인하고 터널 끝에서 경이로운 자연의 빛을 보기에 이르게 되었다.

세 번째는 내면의 여행을 하는 영웅이 투쟁하는 과제이다. 영웅이 수행해야 할 과제는 독을 주는 버섯을 잘라야 했고 복잡한 생각들에 의해 와해될 것 같은 정신과 신체를 위해서 로고스 커터를 작동시켜야 하였다. 이렇게 토스님의 내면의 무언가가 여행을 떠나게 요청을 하였고 싫든 좋든 영웅은 위험에 처하게 되었다. 중년기의 토스님이 용의 머리와 뱀을 만난 것은 내면의 필요한 부름이었고 당면한 과제였으며, 삼켜버릴 것 같은 붉은 용과 와해시킬 것 같은 뱀과 투쟁하는 임무를 그림으로 그리면서 시각화 할 수 있었기 때문에 투쟁을 수행할 수 있었다. 마침내 영웅은 로고스 카터로 주변의 환경을 간결하게 정리하게 되었다.

네 번째는 자기를 찾아가는 개성화의 과제이다. 토스님은 여섯 개의 길 그림을 그렸다. '길'은 자기실현의 상징이며 무엇을 찾아가는 길은, 숨은 보물찾기나 잃어버린 넋을 찾아나서기와 같은 주제이다. 먹물 난화에서 가파른 산길이었고 그 다음 길은 자신을 '위기안의 나'인 나무토막으로 상징화한 숲속의 길을 그렸다. 그 다음은 조용히 혼자서 걷는 오솔길이 나오다가 거북이와 토끼가 경주를 하는 그림에서 '나'를 거북이로 비유하는 길 그림이 나왔다. 다섯 번째 길 그림에서는 무거운 배낭을 멘 주인공이 장애물을 통과해서 가고 있었고, 마지막 길 그림은 길 주변의 환경적인 요소로 인해서 심리적으로 매우 경쾌하고 활력이 있게 자기(Self)의 길을 찾아서 가고 있는 것으로 그렸다. 이렇듯 자기(Self)를 찾는 것은 사회 발전의 가장 작은 단위이며 언젠가는 바다를 이룰 작은 물방울이지만 지금 현재 속한 곳에서의 한 개인의 자각이며 실천적 삶을 찾는 것이라 할 수 있었다.

그림으로 말하는 男子 2

마음 속 응어리의 표현과 중년남성의 우울감소

우울하고 답답한 기분을 자주 느끼는 중년의 하데스

46세의 하데스님은 기혼으로 아내와 아들 하나를 두고 있으며 현재 교사로 재직 중이다. 그는 2년 9개월의 약물치료와 상담치료로 이루어진 정신과적 치료를 받았다. 치료를 받게된 원인은 계속되는 대학원 공부와 임용고사 준비를 하는 사이에 무거움과 슬픔을 느꼈고, TV에서 우울증편을 보다가 본인이 자각하고 있던 여러 상황들과 비슷하여서다. 예전부터 진료를 받아 보고 싶었던 차에 여러 가지 검사를 받았으며 검사결과로 '경증도 우울증' 진단을 받고 치료를 병행하며 대학원 수업과 임용고사 준비를 병행하게 되었다. 아내와의 관계, 학업의 중압감, 성격적인 요인 등 여러 복합적인 주제에 대하여 상담하면서 공부를 위한 준비과정에서의 강박적 생각, 의지와 지속력의 부족, 산만한 주의력, 완벽한 이해를 수반한 진도에 따른 학습량의 부족 등 세세한 문제점들을 짚어가며 어려운 상황을 타개할 수 있는 여러 가지 방법을 제시받았고 스스로도 자신을 돌이켜 보는 시간을 가졌다. 그때는 그냥 본인의 입장에서 힘든 부분과 어렵게 느끼는 부분에 대해서, 그 때 그 때 사소한 이야기를 하듯 대화를 나누는 시간을 가졌다고 한다. 특히 그는 아내와의 관계에서 자신의 일방적인 행동과 배려하지 않고 배려 받지 못한다는 생각에 사로잡혀 있어서 풀리지 않는 문제로 평행선을 그리고 있었다. 지금에 와서 확실히 떠오르지 않는 그 문제가 해결된 것 같지는 않으나 아내와의 관계는 더없이 좋다. 그 당시는 아마도 아내의 행동과 말과 말투 등 모든 것에서 반감을 가지고 있었던 것 같았다. 지금은 교육원의 일로 많이 지쳐 있었고 수업시간의 돌파구와 학생에 대한 이해, 그리고 자원봉사를 위해 선택한 이 예술치료 과정을 통해서 "많이 밝아진 표정"을 느낄 수 있어 감사의 말씀을 전하고 싶다고 한다. 그는 생각해 보면 이 모든 것이 자신을 자각할 수 있게 만들어준 시간들이었으며, 자신의 문제점을 알고 인식하고 구체화하고 은연중에 느낀 바로 바로의 피드백이 큰 도움이 되었다고 밝히고 있다. 또한 우연적인 선과 번짐, 그것이 너무 좋아 손대지 못하고 망설이다 그림을 그리지 못하던 자신에게 기존의 방법이 아닌 일상적인 매체로 집중해서 그릴 수 있게 된 자신을 발견한 것이 무엇보다도 가장 큰 득(得 Item)이라고 하였다.

나를 포함한 일부의 사람은 공허한 공간에
자기의 마음을 말하고 싶어하고 비록 메아리일지라도
그 무엇인가를 듣고 싶어한다

이것이 그림의 말하는 힘이 아닌가 한다

46세의 중년의 하데스님은 현재 교육원 교사로 재직 중이고 우울증 때문에 치료를 받은 적이 있다. 첫 인상은 약간 어두운 표정이었지만 책임감과 성실함이 느껴졌다. 그는 주변 사람들과 관계를 나타내는 관계도 그림에서 첫 번째 그림에서는 가족만을 그렸다. 두 번째 그림에서야 몇몇의 주요 타자를 주변에 표현하고 설명을 하였으며, 점선의 도형 안에 숫자는 나이를 뜻하는데 숫자를 써 넣지 않은 의미 있는 타자의 존재도 있다.

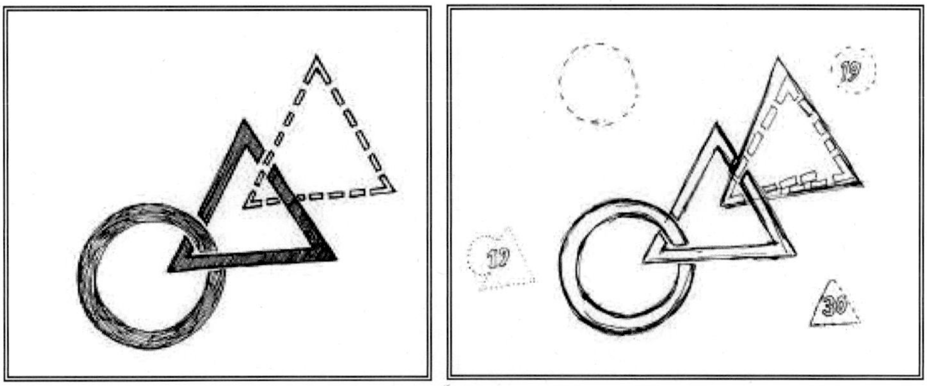

[그림 3-38] 관계

첫 날 정신없이 차를 운전해 도착하고, 낯선 분위기에 앞에 나가서 몸으로 무언가를 한다는 부담감 등을 느꼈다. 그렇게 시간이 흘러가면서 나는 도형으로 나와 주변의 관계를 표현하고 이러한 글을 쓰게 되었다.

'모든 사람, 아니면 나를 포함한 일부의 사람은 공허한 공간에 자기의 마음 말하고 싶어하고 비록 메아리일지라도 그 무엇인가를 듣고 싶어한다. 굳이 말하지 않아도 되는 것을 말하고 나 자신에 대해서 그냥 이야기 하고 싶어하고, 그리 심각하게 듣지 않겠지만 자신은 속이 후련할 것이고, 마음속에 담아둔 응어리를 풀어내는 속 시원함을 맛볼 것이다. 지금도 왜 내가 그런 말을 했을까 의문이다. 무슨 용기로? 그저 그 누군가에게 이야기를 하고 싶었던 것일지도 모르겠지만.... 이것이 그림의 말하는 힘이 아닌가 한다.' 여기까지 진행이 되고 나서야 그 과정들이 치유로 연결되는 어떤 요소들이 내재해 있다는 것을 알 수가 있었다.

하데스님은 아내와 아들 외에 다른 인간관계들을 조금 떨어진 지점에 점선으로 표시하였다. 가족이 아니기에 점선으로 표시하면서 점선 안의 숫자로 나이를 밝혔다. 점선으로 된 원안에는 숫자마저 쓰지 않은 존재가 있었다. 그는 마음속에 있는 존재인 것 같다고 밝히면서 밝게 미소 지었다. 그는 그림의 말하는 힘으로 누군가에게 이야기 하고 싶었던 것을 그림으로 표현하였다. 그리고 마음속의 응어리를 풀어내어 에너지가 흐르는 것을 시원하게 느끼게 되었다. 또한 마음속 깊은 곳의 정서를 공간 이동시켜서 외부로 꺼내놓고 가벼움을 느끼면서 그다지 심각하지 않을 수 있다는 자유로움을 얻을 수 있었다.

歸天으로 나를 바라보는 기회가 되어

[그림 3-39] 채워짐

歸天

천상병

나 하늘로 돌아가리라
새벽빛 와 닿으면 스러지는
이슬 더불어 손에 손을 잡고

나 하늘로 돌아가리라
노을빛 함께 단 둘이서
기슭에서 놀다가 구름 손짓 하며는,
나 하늘로 돌아가리라
아름다운 이 세상 소풍 끝내는 날,
가서, 아름다웠더라고 말하리라……

나는 내 이름을 이미지화 할 때에 천상병 시인의 歸天이라는 시를 활용하였다. '시와 함께 이름을 보며 인생을 생각해 보았다. 가득 채워짐으로써 살아가는 동안의 생의 마감이 만수위는 되지 않겠지만, 그만큼 주어진 삶에 대해서 소중한 것을 찾고, 살아가는 즐거움을 느끼며 새로운 마음으로 살아가는 세상을 보는 눈을 다르게 보고, 즐겁게 보고 싶은 마음을 가지고 싶다. 직장에서 무언가 억압받고 가슴에 쌓여만 가는 기분의 연장선이다. 헤어 나오지 못하는 암울한 분위기 속에서 내 이름에 의미를 부여하면서 느낀 것은, 지난 삶의 회한 등으로 인해 흑색으로 침전된 나의 과거의 시간과 지금은 얼룩이 지지 않은 투명한 깨끗함도 시간으로 침전될 것이다. 이 세상 살아가는 만큼의 진 파랑색이 검정으로 채워지면 이 삶도 천상병시인의 歸天의 한 구절처럼 '이 세상 소풍 끝내는 날'과 같은 의미를 담고 있다. 그는 자신이 좋아하는 시를 읊고 자신을 상징하는 이니셜을 이용하여 작업을 하면서 중학교 2학년 때 자신의 이름을 엮어 만든 조형성 높은 이니셜을 기억하였다. 그 이니셜은 자신을 대변하고 자신을 상징하며 자신을 의미하기 때문에 자신의 이니셜을 사랑한다고 하였다. 또한 그는 컴퓨터 작업을 하였다면 조금 더 빠르고 정확하게 할 수 있었겠지만 연필로 스케치하고 펜으로 정리하고 다시 크레파스로 혼합하면서 잊고 있었던 과거의 왕자파스가 햇볕에 녹아내리던 기억을 떠올리는 흐뭇한 마음을 느꼈다.

파도 저 밑에서
절제된 무언가가 꿈틀대며

[그림 3-40] 파도

나는 베토벤 7번 교향곡과 비제의 카르멘 그리고 미션의 주제곡인 '가브리엘 오보에' 음악을 듣고 연상되는 이미지를 그림으로 그리면서 몰입하게 되었다.

'세곡의 음악 중 두 곡은 알고 있었기에 '슬픔', '즐거움', '에너지' 란 단어와 관련짓기에 딱 맞아 떨어진다는 기분보다는 곡마다 서로 다른 느낌이었다. 베토벤 곡을 들었을 때 낙조에 비친 잔잔한 바닷가의 물결의 이미지가 연상되었다. 노을진 바닷가에 파도의 일렁임, 붉은 빛의 산란, 넘실대는 파도에 실려 미끄러지는 색의 향연과 절제된 무언가 꿈틀대며 선을 넘지 못하는 강박, 반복적으로 밀려오는 파도와 실어왔다가 되 가져가는 풀어헤치지 못하는 선율, 맴돌 뿐 돌파구를 찾지 못하는 소용돌이이다. 세 곡의 음악을 듣고 자신의 감정을 각각의 곡에 이입시키고 그 느낌을 표현하는데 조금은 망설여졌지만 이내 이미지가 연상되며 빠져들고 몰입하는 자신을 발견하고 기쁜 마음을 가지게 되었다. 직장에서의 스트레스를 떨쳐버리고 한 가지 일에 집중할 수 있어서 편안한 마음을 가질 수 있었다. 수채화 물감으로 샘솟는 형태를 묘사하면서 이만큼 집중해본 경험이 없었다. 예전에 그림을 그려왔던 나의 모습조차 기억에 떠올릴 수 없었던 바쁜 일상에서, 어느 것에 집중하고 정성을 기울인 기억이 드문 몇 개월의 시간 중에, 새로운 경험을 하게 해준 의미 있는 시간이었다.'

한편으로는 이제껏 아이들의 그림도구로만 여겼던 '파스넷'의 부드럽고 혼합이 잘되는 특성과 더불어 선명하기까지 한 이 재료를 가지고 내가 표현하고자 한 파도를 매우 잘 표현하게 되었다. 또한 물에 녹는 성질을 가진 '파스넷'의 기능에 놀라울 따름이고, 새로운 활용의 가능성을 느끼는 시간이었다.

바다의 심연에는 정체를 알 수 없는 원초적인 가지각색의 형태가 집단적 원형으로 존재한다. 하데스님의 파도는 아득한 본능의 심연에서 시작되는 붉은 빛의 중심에서 일렁이는 에너지의 핵이 있다. 파도가 일렁이면서 예상할 수 없는 본능의 힘이 산란하듯이 태동할 것 같지만, 또한 뭔지 모를 것 같은 준비된 힘들이 그 주위를 싸고 돌면서 그 붉은 에너지를 보호하고 지지하고 있는 듯하다. 지금 어쩌지 못하는 혼돈이 깨지고 돌파구를 찾게 되면 질서가 생기면서 해결이 될 것이며, 그것이 빛으로 나온다면 희망이며 찬란한 환희가 될 것이다. 그는 지금 자신이 무언가 하지 못하는 것들과 일렁이는 것들과 선을 넘지 못하는 것들이 생에서 반복되고 있다는 것을 느끼고 있다. 남자들이 느끼는 두려움에는 첫 번째는 자기희생에 대한 두려움으로 자아상실과 종속성의 형태로 체험이 된다. 두 번째는 개별화에 대한 두려움으로 보호받지 못하고 있다는 느낌과 고립감의 형태로 체험된다. 세 번째는 변화에 대한 두려움으로 무상함과 불안감의 형태로 체험이 된다. 네 번째는 필연성에 대한 두려움으로 모든 것이 확고하게 결정이 되어 느낌과 부자유의 형태로 체험이 된다. 그의 파도 그림에서 '...하지 못하는' 이라는 것이 떠오른다는 것은 남자들이 느끼는 네 가지 두려움의 근본이 파도 그림 속에 내재해 있다는 것이다.

마음에 드는 한지를 고르고 가장 편안하게 느꼈던 날을 회상하며

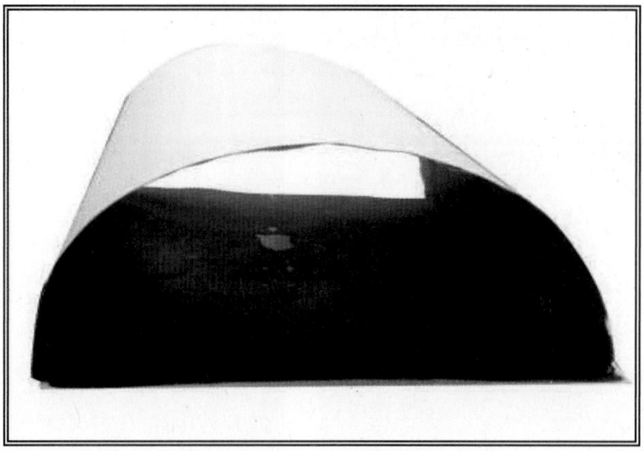

[그림 3-41] Mirror(관조)

나는 자신이 선택한 쪽빛 색깔의 한지로 누군가 옆에 누워서 같이 휴식을 취하는 동작을 하였다.

'쪽빛 한지를 바라보며 바다를 연상하였고 그 보다 엷은 푸른색은 하늘을 떠올리며 푸른 하늘을 보고 바다에 누워있는 편안한 자신의 모습을 보았다. 관조는 물에 잠겨있지 않은 노출된 부분을 칼로 오려낸 것으로 편안해지기를 바라는 마음을 나타냈고, 한편 수영장에서 배영으로 천정을 보고 누었을 때를 떠올려 반원의 하늘을 내가 바라다보는 위에서 구성한 작품이다. 이번은 정말 벗어나고픈 나의 일상에 대한 상반된 기분인 가장 편안하게 느꼈던 날을 회상하며 그것을 그리워하며 제작하였다. 한지의 독특한 특성을 크게 활용하지는 못했지만 표현하고픈 내용은 적절하게 전달하였다. 몸짓, 행위, 비언어로 전달하는 의미에 대한 이해와 공감 할 수 있는, 보편적인 의미전달 체계에 대한 새로움이었다. 익숙하지 않아서 하고 싶지 않은 것에 대한 도전이었으며 즐겁게 할 수 있었는데 대한 아쉬움

이 남았다.'

그러나 나는 다시 해도 그렇게 잘할 수는 없을 것 같고 한지가 고급스럽지 못해서 한지 자체에 대한 실망감과 불편함을 가지고 있었다. 한편으로 더 진실하게 나눔을 하지 못한 것에 대한 아쉬움이 있다는 것은 그림으로 말하고 싶은 내용이 응어리로 많이 남아 있다는 것이다.

[그림 3-42] 하늘

[그림 3-43] 배영

하데스님은 가장 마음에 드는 색깔의 한지를 활용하여 하고 싶은 동작을 하는 시간에 조금은 부담스러워 하였다. 그러나 그는 바닥에 누워있는 한 동료 옆에 자신의 한지를 이불처럼 덮고 조용히 옆에 눕는 동작을 취하였다. 그 다음의 한지 작품에서 그는 자신이 가장 편안하게 느꼈던 날을 회상할 수 있었고, 그런 시간이 다시오기를 절실히 바라고 있는 내면과 신선하게 만나면서, 타인의 시선이나 평가를 뛰어넘게 한 동작의 자유로움과 가치를 경험할 수 있었다.

내 안에 풀리지 않는 세 개의 실타래가 있다

[그림 3-44] 풀리지 않는 실타래

'사람의 손을 잡고, 눈을 바라보며 이야기를 한다는 경험은... 진행과정상 의무적으로 하는... 그러니까 어디에서 경험할 수 없는 일을 하게 되었다. 우선 어색한 분위기를 어떻게 수습하여야 할까? 망설여지고... 하지만 안 할 수 없고... 그리 유쾌하지 않은 기분이다. 하고 싶지 않은 마음이 앞섰던 것 같다. 이내 추스르기도 힘든 상황에서 위축된 마음으로 자리하였다. 그러나 짝인 된 선생님이 무척 밝아서 대화를 잘 이끌어갔고 나도 서서히 이야기 속에 빠질 수 있었다. 나는 내 안에 풀리지 않는 세 개의 실타래가 있는 것 같다고 하였다. 그리고 그것을 그림으로 그렸다.'

[그림3-44]의 내 안에 있는 풀리지 않는 세 개의 실타래로 나를 의미하기 시작하였다. 이 그림을 가지고 나는 짝과 이야기를 시작하였는데 처음에 위축되고 부담스럽던 시간이 있었는지를 잊어버릴 정도로 많은 대화를 나누었다. 나는 실타래 그림을 그리고 나눔을 하는 과정에서 조금씩 점진적으로 자신을 위축시킨 요소들을 저 멀리 던져버릴 수 있었다.

실타래가 풀어지고 푸근한 내 모습이 보이다

[그림 3-45] 새롭게 발견된 나

내 짝이 실타래를 풀어버리라고 그 위에 색깔을 더 진하게 색칠해 주었다. 그렇게 실타래가 풀어지면서 내 짝은 웃고 있는 푸근한 사랑의 마음을 지닌 나를 또 다시 중앙에 그려 주었다. 따로따로 존재하면서 풀리지 않아서 괴리감을 느끼게 한 덩어리에서 오히려 사랑의 마음을 가진 푸근한 나를 새롭게 발견한다는 것이 그림으로 받은 피드백의 효과였다. 또한 각각의 실타래 위에 찰흙으로 만든 잔을 선물로 받았다. 그 잔에 소주를 마실 수도 있다는 말에 기분 좋게 웃으니까 정말 실타래가 풀어지는 느낌이었다. 처음 예상과는 다르게 매우 기분이 좋아졌고 긍정적인 에너지를 받게 되었다. 이렇게 그림을 그릴 수 있는 종이와 간단한 채색도구, 찰흙으로 많은 이야기를 기분 좋게 나눌 수 있다는 것은 새삼 놀라운 경험이었다. 각각의 실타래로 내재해 있던 나의 문제들에 대해서, 내 파트너가 나도 짐작하지 못하던 그림을 덧칠하는 방법으로 사랑의 나를 발견하게 도와주었다. 우선 나부터 푸근해지는 치유의 힘은 전혀 예상하지 못한 승리였고, 나아가 색과 형태로 마음을 끌어내고 그것을 변형시켜주는 타자의 존재가 중요하게 다가오는 계기가 되었다.

정말로 갖고 싶은 따뜻한 방을
구체적으로 그려 주었다

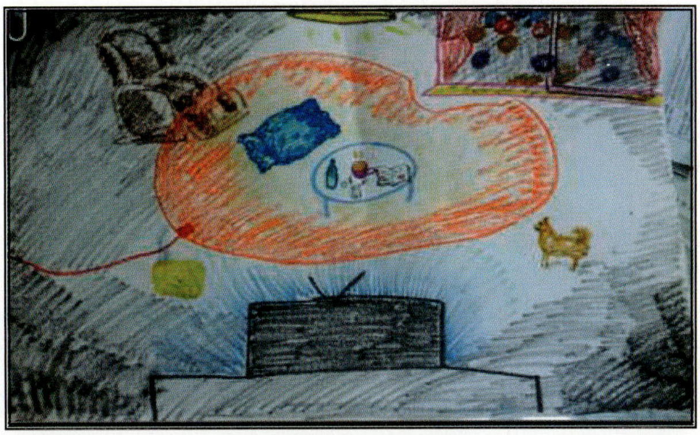

[그림 3-46] 따뜻함

나도 내 파트너의 그림에 그림으로 피드백을 해주었다. 파트너는 따뜻함이 있는 자신만의 공간을 원하였는데, 내가 보기에는 소주병이 있는 혼자만의 공간이 외로워 보였다. 내가 따뜻함이 느껴지는데 필요한 이미지들을 그려주었다. 우선 주위가 어두워서 중앙부분을 밝게 칠해 주었다. 그리고 안마의자를 그려주면서 푹 쉬라고 권유를 하였고 따뜻한 온기를 지닌 꼬리를 흔드는 강아지 한 마리를 그려주었다. 내 파트너가 정말로 너무 따뜻해진다고 하면서 행복하다고 하였다. 언어가 아니라 시각적으로 이미지를 보게 되는 순간에 그 상징이 주는 의미가 얼마나 힘이 있는지 검증이 된 시간이었다.

내 파트너는 다음과 같이 말하였다. '내가 원하는 따뜻한 장소를 표현하였는데 짝이 된 선생님께서 내가 정말로 갖고 싶은 방을 더욱 구체적으로 그려주셔서 정말 기분이 좋고 신기했다. 또 짝이 되어 이야기를 하는 과정에서도 더욱 즐겁고 행복해지는 것 같았다.'

보이는 것 또한 보지 않고
보이지 않는 것 또한 보려하지 않았다

[그림 3-47] 동굴-빛

동굴명상을 한 후에 내가 동굴에서 본 것은 빛과 샘솟는 물이었다.

'무엇인가를 찾아내야 한다는 것에 대한 부담감이 따른다. 보이는 것은 그대로 보게 하고, 보지 못한다는 것에 대해 무엇인가를 찾고 싶다는 갈구... 그러나 확실하게 떠오르지 않는다는 것, 맴돌기만 할 뿐... 형태는 어떠한 이미지를 연상시키지만...' 그 이미지에 질문하고 무엇인가를 나누고 대답을 해보는 시간을 가져 보았다. 분명 답이 있는 것 같은데 보이는 것이 전부는 아니더라도 지금 여기에 보이는 것은 다 안 것 같다. 지금 여기에서 보이지 않는 것은 알 수 없는 영역이며 거기에 휘둘리고 싶지는 않다는 저항감이 일었다. '나와 관련된 일상이겠지만 그것을 꺼내고 싶지 않은 힘겨운 일들... 그래서 무언가에 마음을 돌릴 수 있는 다른 그 무엇으로... 내가 편안한 하루를 꿈꾸고 편안한 삶을 희망하기 때문이다. 맑게 개인 아침의 개운한 머리를 또한 바란다. 그리고 또 일상이 계속되겠지...'

하트와 모자상과 미로와 물음표가 보이는데……

[그림3-48] 강박

[그림3-49] 이미지

손으로 허공에 난화를 그린 후에 지워버리는 행위로 고착된 습관을 한 꺼풀 벗기는 의식을 하고 난 후에 [그림3-48]과 같이 오른손과 왼손으로 난화를 그리는 시간을 가졌다. 나는 오른손과 왼손 난화를 하는 동안에 또 다시 나의 강박적인 움직임을 보았다. 난화는 자유롭게 휘갈겨 보는 것인데 어떤 틀을 벗어나지 못하는 이런 강박적인 모습이 두렵고 싫었다. [그림3-49]의 양손에서 찾아지는 이미지가 달랐다. 물음표는 풀리지 않는 것에 대한 의문이고 손을 들고 있는 사람 옆의 미로는 안 풀리는 것 때문에 미로를 찾은 것 같았다. 한편으로 헨리 무어의 엄마와 아기란 조각상의 이미지를 찾을 수 있었다. 내가 수화기 저 편에서 들리는 소리와 손이 가는 메모지에 그려지는 것이 다른 이유를 잘 몰랐었는데, 난화 작업에서 언뜻 느껴지는 것이 있었다. 이렇게 내면의 메시지를 두려워하고 침묵하는 나의 패턴을 고찰해 보면 나는 회피하는 방어기제를 사용하는 것 같았다. 난화 작업을 해보면서 고착이 된 내 틀을 지워 버릴 수 있다면 더 깊은 내면으로 접근이 되고 접촉이 될 수 있지 않을까 기대해 보았다.

무언의 동의와 이심전심으로 모든 것이 새롭고 낯선 이와 스스럼없는 자리를 갖다

[그림 3-50] 코스요리

나는 허겁지겁 계단을 올라와 강의실 문을 열고 또 다른 남자선생님을 피해 의자에 가방을 놓고, 종이를 이어 붙이고, 커다란 종이에 원을 그렸다. 여차저차 조원이 결성되고 작업을 시작하였다. 종이 찰흙으로 커다란 입술과 장미를 만들었고 빨강으로 채색하였다. 강렬한 붉은 입술과 흑장미를 만들고 싶었기 때문이다. 아직은 다하지 못한, 해소되지 않는 여러 가지 응어리... 다른 선생님들의 개인 작업을 종이 위에 올려놓고 전체적인 작업을 묵언으로 시작하였다. 서로 대화를 하지 않고 몸짓으로만 의사를 전달하고, 이내 알지 못하지만 지레짐작과 아니면 무언의 동의와 이심전심으로 통하는 모든 것이 새롭고 허용적이고 순조롭다. 재미있고 흥미롭게 공동 작업이 진행되었으며, 비언어적인 방법으로 동의를 구하며 말없이 작품완성에 열중하였다. 과연 '학교 상황에 어떻게 적용 시킬 수 있을까?' 를 생각하기도 하며 각자의 이야기에 나의 이야기를 덮고, 다른 이는 나의 이야기에 덧칠을 하였다. 무언가 완성이 되어가는 그림이 신기하기도 하였는데, 조원들이 각자 서로의 얼굴을 그리기 시작하였다. 그러면서 점점 직장인으로 둘러앉은 회식자리 같은 모습이 되었다. 동심원(同心圓; 같은 마음으로 둥근 원에 모인)이란 제목을 내었다가 동부장(동심원을 주장한 나)이 질펀하게 쏘는 회식자리가 되었다. 급기야 〈코스요리〉라는 다양하고 제각각인 이야기가 어우러져 하나의 전체요리가 완성되는 즐거움을 나누는 자리로 변모하고 말았다. 아주 즐거운 시간이었다.

이 전지 작업의 과정은 원안에서 작품의 변형을 위해서는 동의를 구해야 하는 제한 속에서의 자유였지만 그 안에서 상통하는 교감이 있었다. 서로의 마음을 다 알지는 못하지만 그 만큼의 이해가 뒤따라와 주었다는 것이 또 다른 차원의 소통하는 경험이었다. 한편으로 형태를 만들 수 있는 재료를 이용하여 주제를 정하고 그와 연관된 작업을 평면으로 의미와 이야기를 만들어가는, 지금까지 생각해 보지 못한 아주 독특한 방법으로 우리 교육원 아이들에게 적용해 보고 싶은 생각이 들었다. 그만큼 재미가 있었고 새로움에 대한 흥미가 일어날 수 있는 작업 방법이었으며, 더욱이 낯선 이와의 스스럼없는 나눔의 자리를 갖게 해준 의미 있는 시간이었다. 자주 우울한 기분에 빠지는 내가 "내일 일은 내일로 미루고 오늘을 즐기자." 라는 타켓을 내걸면서 유쾌하게 웃으면서 코스요리를 즐길 수 있었다.

'나란 Style' 이런 것이 싫다

먹물로 손이가는대로 10장의 난화를 그리면서 먹물의 세계에 빠졌다. 이 난화들을 순서대로 펼쳐보았다. [그림3-51]의 이런 것이 싫다. 무언가 강박적인 표현에서 벗어나고 싶다. 정확히 무언지를 아직은 잘 모르지만... 반복적으로 해 나가는 이런 것이 또 나왔고 싫다.

[그림 3-51] 이런 것이 싫다

[그림 3-52] 이런 것을 지움

흰색의 사선을 그어서 지워 보았다. 그렇게 흰색의 사선이 들어가니까 느낌이 완화 되어서 편하게 보였다. 검은 색과 흰색 그리고 직사각형과 사선의 대극적 요소가 합해져서 내가 불편하게 느끼는 요소에 완충적 영향을 미친 것 같았다. 색과 사선으로 이렇게 느낌이 바뀔 수 있다는 것은 대비가 주는 영향인 것 같아 놀랍다.

항상 우울하고 괴이한 이런 것들이 싫다

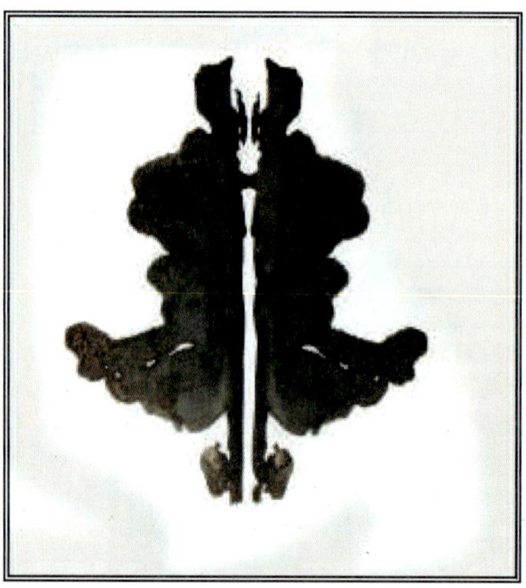

[그림 3-53] 로샤

[그림 3-54] 세포의 증식

〈로샤〉를 들여다보면 무서운 것이 보인다. 항상 우울하고 괴이한 이런 것들이 싫다. 부정적인 것... 그러나 나의 눈에 보이는 것, 이것 때문에 고심하고 있다. 〈세포의 증식〉은 기법을 변화해서 자의에 의한 우연성을 의미화 하는 과정과 같으며, 그 과정에서 형상화 된 이미지에는 무엇이 숨어 있었다. 거기에는... 이름이 관심을 가지고 불리워지기를 기다리는... 그리고 슬프지 말아야 한다는 것이 보인다.

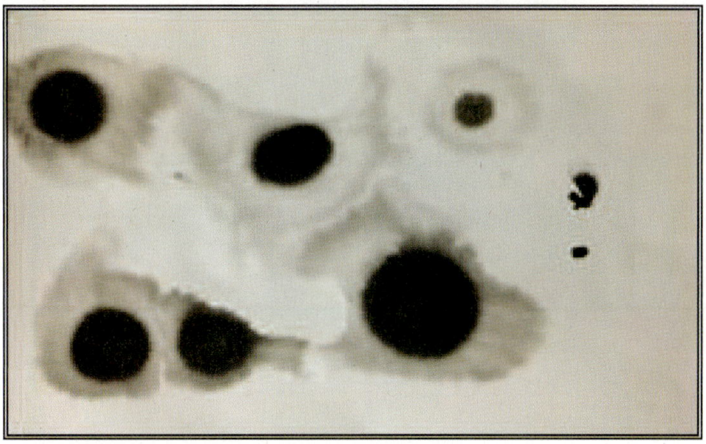

[그림 3-55] 번짐

〈번짐〉에서는 증식, 습윤, 번짐, 우연성과 우연을 가장한 의도성을 본다. 무엇을 표현하기보다는 그 무엇이 나타나기를 기다리는 아마 무모한 인생역전 같은 행운을 기다리는 나의 습관적이고 타성적이고 기회적인 방법에 대한 가르침 같은 것을 보는 기분이다.

은은한 동양적 분위기를 떠올려가며 작업하는 가운데 마음이 평온해 지다

[그림 3-56] 생동(살아 숨쉬는 힘)

마음에 힘을 느끼게 한 [그림3-57] 〈필, 획〉의 작품에 색을 칠해 보았다. 과거에 내가 좋아하는 기법과 은은한 동양적 분위기를 떠올려가며 그림을 그렸다. 이 그림이 그러한 느낌에 가까워지니까 완성에 대한 욕심도 생기고 작업하는 가운데 마음이 평온해졌다. 내게 에너지를 느끼게 해주는 이런 그림을 액자에 넣어 계속 보고 싶었고 마음에 들게 완성되어서 기뻤다. 그리고 작품의 새로운 이름으로 〈생동(살아 숨 쉬는 힘)〉이라 명명하고 싶다.

[그림 3-57] 필, 획

[그림 3-57]의 획을 보면 다른 것보다 오히려 개운하다. 하지만 또 다른 우연성과 필연성의 의미를 부여하고 있다. 인생에서 운명적인 그 무엇과의 만남은 단 한 번인 일회성으로써, 강하게 갈구하고 있고 매우 힘차게 다가오는 획이었다.

빛나는 붉은 태양은 나의 마음을 다 알고 있는 양
나를 그윽한 눈빛으로

[그림 3-58] 태양

[그림 3-59] <동심원>은 흰 바탕에 원의 중첩이 그리 강렬해 보이지 않았다. 이를 더 돋보이게 하기 위해서 배경을 붉게 칠함으로써 더욱 빛나는 붉은 태양을 완성할 수 있었다. 나의 마음을 다 알고 있는 양 나를 그윽한 눈빛으로 바라보고 있는 것 같아 흐뭇한 마음을 가지게 하였다.

[그림 3-59] 동심원

이 난화의 느낌은 '의미 있는 것에 대한 거부' 이다. 누구나 다 알 것 같은 것에 대한 거부이기도 하다. 남과 다른 나를 인정받고 싶어하는... 그러나 "무엇인가를 숨기고 있어야 하는 또 하나의 나만의 Style. 그건 아마도 나에겐 아름다웠으면 하는 바램 같은 것일지도..." 하지만 그 바램을 채울 줄 만큼 힘은 없었다.

[그림3-60]은 숨기고 싶은 모든 것으로 가득 채워진 상태이다. 흑색의 그런 암울한 기분들이 가득한 화면에 하얀 색연필로 그런 기분들을 풀어나가듯, 글로 써내려가니 마음이 가라앉고 홀가분해지고 시원해지는 느낌을 가지게 되었다.

흑색의 그런 암울한 기분들이 가득한 화면에
하얀 색연필로 그런 기분들을 풀어나가다

[그림 3-60] 채움 위에 풀어냄

[그림 3-61] 채움

[그림3-61]의 이 검음에 다 묻어놓았다. 숨기고 싶은 것, 다 드러내고도 말하지 못하는 것, 이어짐, 힘든 것, 내가 버려야 할 것, 내려놓아야 할 것, 할 수 있는데 그렇게 하고 싶지 않은 것, 하면 나에게 더 힘이 드는 것, 떠오르는 얼굴, 슬퍼지는 마음이 다 있었다.

빨간색으로 지우다

[그림 3-62] 균형, 힘

[그림 3-63] ×를 긋다

[그림3-62]에서 또 다른 강박적 그림을 그리고 있는 자신을 보게 되었다. 반복적인 패턴 그 안으로 내가 끌려 들어갈 것 같은 느낌인데, 그래도 버리지 못하는 몸에 베인 오래된 습성에서 벗어나고 싶다. 그러면 찾을 것이 무엇인가? 버리고 싶은 것도 작품이 되었다. 완성하지 않아도 작품이 되었다. 의미를 부여하는 그 자체 또는 의미가 없었더라도 그 어떤 마음에서 우러나와 '그 무엇이 되었다.' 그것을 보면서 무엇을 찾아야 하고 보이는지가 난화에서의 화두가 되었다. 이렇게 원 작품에다 내가 덧칠하는 선과 색이 오래된 습관에 영향을 줄 수 있는가를 찾고 싶은 것인지도 모른다. 그래서 원 작품을 보면서 고뇌하며 숙고하는 시간이 있었기 때문에, 이미지가 변한 형상화를 시각적으로 확인하고 변화된 의미를 내사하였다. 오래된 습관이 변화되는 것은 매우 진한한 과정이며, 하루아침에 되는 것은 아닐 것이다. 이번에는 고착된 강박적인 습관이 나타난 이미지에 덧칠하지 않고 완전히 부정을 해버렸다.

무엇이 보이며 거기서 의미하고자 하는 것을 찾을 때에, 대부분 긍정과 부정이 항상 공존하고 있다. 그리고 양가적인 측면을 수용한다는 것은 자신이 통합하기에 견딜만한 수위가 되어야 한다. 통합하는 데 적절한 방향은 각각의 뜻이 합해서 자신에게 긍정적인 길을 제시하는 방향이어야 한다고 생각한다.

녹색의 선이 개인의 이야기들을 따뜻하게
감싸고 새로운 즐거움이 별자리로 하늘을 수놓고

[그림 3-64] 2.0.1.4.

네 명의 조원은 올해를 마감하며 '2 0 1 4' 를 주제로 삼기로 하였다. 각자의 자리에 숫자 2, 숫자 0, 한글로 일, 나는 죽을 사(死)자를 썼다. 숫자 2를 쓰신 분은 오리처럼 선생님을 졸졸 따르는 학생 수 만큼 솜 구슬로 붙이셨고, 큰 숫자 0 (영)은 세월호 참사로 숨을 거둔 학생들을 위로하며 배의 앞머리를 그림으로 그리셨다. 그리고 한글 '일'은 말 그대로 일과 일터의 모습을 형상화하여 일상의 생활의 모습으로 담아내었다. 나는 죽을 사(死)자를 그렸고, 의미하는 뜻을 말하고자 그곳에 풀칠을 하여 씨앗을 뿌려 붙였다. 그리고 그 씨앗이 새싹으로 발아해 떡잎으로 성장해 나가는 과정을 붉은 색에서 주황으로, 주황에서 연두로, 연두에서 밝은 파랑으로 희망의 싹이 돋아남을 표현하였다. 여기에서 시작하여 희망의 기운이 화면 전체로 퍼져나가 천사가 등장하고 세월호 슬픔마저 아우르는 밝은 기운이 번져 나가기 시작하였다. 녹색의 선이 개인의 이야기들을 따뜻하게 감싸고 새로운 즐거움이 별자리로 하늘을 수놓고 화면은 더욱 밝게 화사하게 빛났다.

물감과 색연필, 글루건으로 실을 붙이는 등 여러 가지 오브제를 붙이기 위한 바탕재질로 천을 사용하게 되었을 것으로 생각되었다. 기대 이상의 표면의 느낌과 색상의 선명도 등 지금까지와는 다른 차원이었으며, 바탕칠을 하지 않은 천에 대한 반감은 전혀 느끼지 못했다. 오히려 고유의 색이 친근하고 거친 듯이 잘 먹는 색감으로 스며 들어갔다. 그래서 표현하고자 하는 주제의 확산적인 작업이 풍요롭고 더욱 밝을 수 있었다. 그러나 처음에는 어색한 기분에 주제에 대한 이야기도 나누기 어색했던 기억이 난다. 자기의 주제에 빠져 작업을 하고 또 다시 이야기를 나누는 동안에, 자신의 이야기를 나누고 들어주는 가운데 마음이 녹아들고 공감하는 부분이 생겨서 작업에 활기를 띠기 시작했다. 공통된 주제로 세월호에 탄 학생들의 죽음이 부상하였고, 이것을 아름답게 승화시키는 날개를 단 천사가 등장함으로써 비로소 진행 속도가 나기 시작했다. 공동화 그림을 그리면서 공감하고 나누는 가운데 서로를 알아가는 과정은 나에게 깊은 인상을 주었다.

사(死)의 자리에 씨앗을 뿌려 붙였다

희망의 싹이 돋아나다 날개 단 천사가 등장하다

[그림 3-65] 사(死) 그 후

[그림 3-66] 천사

**그 속에 진정 담지 못할 마음 또한 타임캡슐처럼
훗날 기억해 내고는 미소를 짓겠지...**

[그림 3-67] 나의 2014

나는 박스에 올해의 나에게 인상적인 색 파랑으로 감쌌다. 왜 파랑이 더 다가왔을까? 사실 돌이켜보면 대학시절 Ultramarine Blue와 은색으로 작업을 하였고, 9월 '교원미전'에 발표하기 위해 29년 만에 정리되지 않은 이삿짐 속에서 나의 물감과 붓을 꺼내었다. 물감은 아직 굳지 않았고 붓은 아직 건재하였다. 그랬던 것이었다. 다시 그림을 그리기 위해 준비하고 안 돼는 작업을 이어 나가며 여러 가지 시도를 해보던 기억이 나를 파랑색에 끌리게 하였던 것이다. 그 속에 나의 감춰진 마음을 담을 상자를 색종이로 만들어 채웠다. 다른 선생님의 도움으로 원하는 만큼 채울 수 있었고 그 속에 진정 담지 못할 마음 또한 타임캡슐처럼 훗날 이 시절을 기억해 내고는 미소를 짓겠지...

상자 하나 하나를 만들며 의미를 부여하고 나의 이야기를 담고 싶었으나 그만큼의 여유를 가질 수는 없었다. 시간을 쪼개어 '나의 2014년'을 정리하는 짬을 가질 수 있는 시간을 가지고 싶은 생각을 하게 되었다. 폐품을 활용하여 꾸며 자신만의 소중한 상자를 가진다는 것이 좋았다. 자신만의 이야기를 풀어나가는 다양함에 '참 독특하다', '나는 저렇게는 못할 것 같은데' 등을 생각해 내는 유익한 작업이었다. 자신을 열어 보이기 위하여 상자를 자르거나, 속마음을 보여주려고 하는 등 자신을 발견하기 위해 애쓰시는 선생님들의 모습이 정겹다. 자신에게 의미 있는 것들을 찾고 타인에게 자기를 이야기하는 과정이 치유의 과정임을 새삼 느끼는 시간이었다.

밝게 빛나는 환한 아이의 해맑은 미소를 보았다
그것을 거부하고 고심하는 중년의 남자얼굴을 떠올렸다

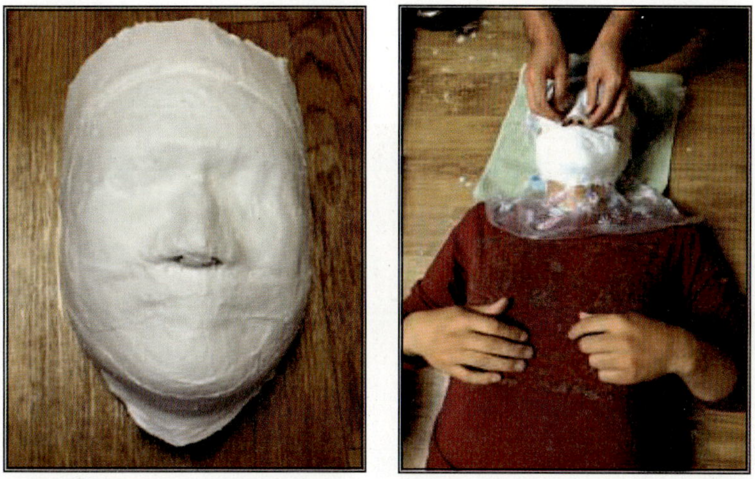

[그림 3-68] 나의 데스마스크(Death Mask)

어두운 원형의 지하방에서 여러 얼굴의 모습 중에서 밝게 빛나는 환한 아이의 해맑은 미소를 보았다. 그것을 거부하고 고심하는 중년의 남자얼굴을 떠올렸다. 나를 대변하는 듯이 시름에 싸여 고뇌하는 내 모습을 연상한 것이다. 그럼에도 불구하고 나는 '나의 데스마스크(Death Mask)'를 찾기로 했다. 또 다른 자기의 모습을 찾으려 했지만 계단을 내려가면서, 하나의 목적으로만 내려갔기 때문에 원하는 것을 찾아온 셈이다. 자신이라고 생각하며 찾은 나의 모습은 나의 모습이었지만, 뭐라 말하기 어려운, 마주하고 곰씹어 볼 수 있는 대상이 아니라 피하고 싶은 그런 대상이었다. 그냥 그대로의 모습으로도 만족스러운, 그 어떤 것도 할 수 없는 피하고 싶은 그런 대상으로 다가왔다. 석고붕대! 학교에서 한 번 아이들과 작업해 보고 싶었고, 아들 녀석과 재미난 그 무엇을 위해 구입해 놓은 석고가루를 떠올리게 했다. 당연히 내가 알고 있던 기능으로써의 접근은 아니었지만, 얼굴을 떠내고 그것을 이용해 자신의 모습을 담아내는 과정이, 자신을 한 번 더 생각해 보는 기회로 활용할 수 있을 것이다. 석고붕대를 예전부터 한 번 써보고 싶었는데 좋은 기회가 되었다. 진짜 유언장을 쓰고 누워 인생을 되돌아보고 싶은, 모든 것을 한방에 정리해 보고 싶은 마음이 있었다. 얼굴에 아무 표현도 하지 못한 나의 얼굴을 쓰고 누워, “편안해져라! 편안해지고 싶다!”를 되뇌였다. 그만큼의 준비도 되어 있지 않았고, 그것을 발견할 수 있는 시간도 충분하지 않았으며 환경도 그리 원활치 않았지만, 궁극의 목표를 외친 것 같아 후련한 마음이 들었다. 궁극적으로 내 가면에 어떤 표현을 하고 싶다면 같이 참여한 동료 구성원의 가면 [그림3-69]와 같다.

[그림 3-69] 소망하는 가면

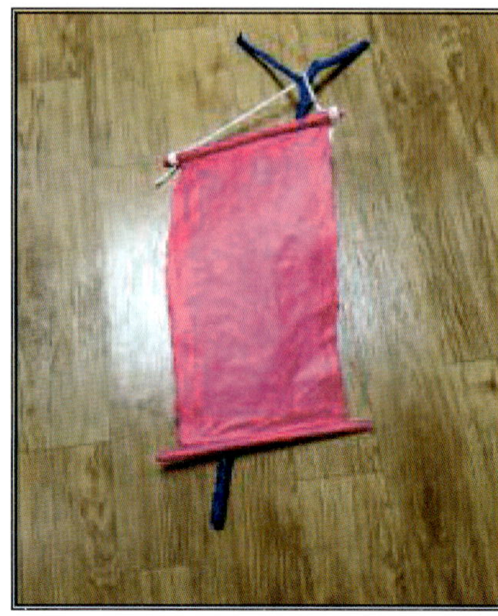

[그림 3-70] 깃발

깃발은 제한된 재료에서 딱 맞는 나뭇가지를 발견하고 두고두고 보고 싶은 마음에서 족자를 만들기로 하였다. 물풀을 물에 개어 분홍빛의 한지에 청자 빛 한지를 배접하듯 붙이고 그 위에 다시 풀칠을 하고 분홍빛 한지를 덮었다. 분홍빛 한지를 마무리하기 위해 자를 부분에 물을 묻혀 경계선을 자연스럽게 찢어내었고 글루건 스틱에 분홍빛 한지를 작업해서 분홍빛 한지를 아래위에 말아 붙여 완성하였다. 얼마 남지 않은 올해의 지우고 싶은 일들을 안에 적어 떠나보내고, 새해에 새로운 일들을 안에 희미하게 보이는 청자 빛 한지에 새기고, 이루려 노력하고, 새로 쓰고 지우면서 발전해 나가는 나의 모습을 기대해 본다.

'자신을 발견' 하고 새로운 자신을 찾아가는 일련의 과정

[그림 3-71] 정수(精髓)〉

검정색의 여러 가지 재질인 한지, 색지, 타공지, 부직포를 자기고 '검정'에 관한 부정적인 단어를 적었다. 죽음, 암울, 까마귀, 무지(無知) 등 순위를 매기고 지워나갔다. 너무 지적인 단어를 적었다. 무지(無知)는 종이의 양면과도 같은 '앎과 모름'의 차이일 것 같다.

해체 작업을 통하여 검정이 주는 '나쁜 감정'에 몰입해서 느끼고, 그 울화와 같은 기분을 조금 맛보고, 재질이 다른 검은색 매체로 반복적인 찢기를 하였다. 정말 아무 생각 없이 찢었고 한지는 닥종이가 만들어지는 과정에서 원재료로의 환원이라는 생각에 물에 담가 찢고 풀어내는 과정을 통해 해체작업을 하였다. 타공지는 구멍과 구멍을 연결하는 선을 찢어서 마름모로 연결 지었다. 모노톤작업과 해체작업, 재구성과 칼라작업, 이 둘은 상충되는 부분은 하나도 없다. 오히려 반대의 편에 서있다고 해도 과언이 아니다. 한 가지 색과 그 색을 포함한 색 전체를 분리하고 찢어내는 해체작업과 이를 다시 결합 하거나 붙이고, 재구성하는 것... 왜 이런 과정을 하였을까? '자기의 마음을 풀어내고 다시 새로운 이야기로 만드는 것', '해소'와 '부활' 그리고 '재탄생'을 의미하는 과정이다. 분명히 무엇인가 당연한 과정이었지만, 뭔가 짜인 판에 그렇게 되어가는 불편한 느낌이 들었다. 다른 모습을 원했지만 마음먹은 대로 할 수 없었던... 뭔가 부담감을 가지고 임했던 같다. 감정을 이

끌어 올리는데 어려움을 느끼고, 또 그것을 풀어내는데 부담감을 가졌던 것 같다. 그냥 재료의 특성을 파악하고 그것에서 일어난 감정과 그것을 통해 아이디어를 얻고, 표현하고자 하는 의도와 방법을 찾아 밖으로 나오도록 하면 되었다. 그리고 그러한 과정에 집중하는 정도와 해체하는 방법에 의해, 해체시키는 감정의 정도를 자각하고 숙고하게 된다는 것을 나중에야 알게 되었다. 미술 매체를 통한 심리상담은 말 그대로 '마음'과 '마음'이 만나 내담자의 응어리를 풀게 하고, 자신이 가지고 있으면서 그러나 알지 못하는 정신적, 감정적 억압상태에서 벗어나게 하는 매개의 수단으로 미술매체를 활용한다. 또한 미술매체를 통하여 감정과 기분 등을 발산하면서, 이러한 과정에서 표현되는 일련의 작업의 결과물이 상호소통의 도구가 된다. 이런 치료적 대화에서 '자신을 발견' 하고 '새로운 자신을 찾아가는 일련의 과정' 임을 깨닫게 해준 아주 중요한 시간이었다.

나는 몇 년에 걸쳐서 집사람과의 관계, 학업의 중압감, 성격적인 요인 등 여러 복합적인 주제를 상담하면서 나를 찾아가는 치료를 하였다. 기억은 가물가물 하지만 공부하는 방법과 공부를 위한 준비과정에 갖추어져야 하는 강박적 생각, 의지와 지속력의 부족, 산만한 주의력, 완벽한 이해를 수반한 진도에 따른 학습량의 부족 등 세세한 문제점들을 짚어가며 어려운 상황을 타개할 수 있는 여러 가지 방법을 제시받았고, 스스로도 자신을 돌이켜 보는 시간을 가졌다. 그 때는 그냥 본인의 입장에서 힘든 부분과 어렵게 느끼는 부분에 대해서 그 때 그 때 사소한 이야기를 하듯 대화를 나누는 시간을 가졌던 기억이다. 특히 집사람과의 관계 또한 일방적인 행동 때문에 배려하지 않고 배려 받지 못한다는 생각에 사로잡혀 풀리지 않는 문제가 평행선을 그리고 있었다. 지금은 떠오르지 않는 그 문제가 해결된 것 같지는 않으나 둘의 관계는 더없이 좋다. 아마도 그때는 집사람의 모든 행동과 말투 등 모든 것에서 반감을 가지고 있었던 것 같다. 물론 지금도 모든 것을 이해하고 나 또한 그 때보다 더 잘하는 것은 아니다. 지금도 나의 게으름으로 집안일에 도움을 받지 못하는 것에 대해서 불만을 토로하나, 항상 그렇듯이 나의 잘못을 이러쿵저러쿵 꺼내며 내 잘못을 들춰내는 것 같고 비난 하는 것 같아 귀담아 듣지는 않지만 알고는 있다.

지금도 이런저런 핑계로 도움을 주지 못하고 있지만, 이번에 그림을 그리면서 내면을 말하는 기회를 갖게 되면서, 집사람을 도와야겠다고 다짐하였다. 또한 나를 많이 발견 한 것 같아 기쁘다. 나는 교육원의 일로 많이 지쳐 있어서 에너지를 받고 싶었다. 문제 학생들에 대한 이해와 그들을 위한 치료적인 수업을 위해서 선택한 미술심리상담 시간이었다.

주변에 계신 분들께서 내게 "많이 밝아진 표정"이라고 말한 것을 내가 느낄 수 있어서 이 시간에 참여하신 다른 여러 선생님께 감사의 말씀을 전하고 싶다. 생각해 보면 이 모든 것이 나를 자각할 수 있게 만들어준 모든 시간들이 아니었나 싶었다. 정신과적 상담과는 달리 그림의 색과 형태가 주는 상징이나 이미지를 두고 이야기하는 과정에서, 자신의 문제점을 알고 인식하고 구체화하는 것이 훨씬 긍정적이며 진실하였고, 특히 그림을 매개 도구로 은연중에 느끼는 것을 바로 피드백 받는 것이 큰 도움이 되었다. 한편 그림을 그릴 때에 나타나는 나의 매너리즘에 대한 확실한 이해도 큰 수확이라 할 수 있다. 나는 우연적인 선과 번짐, 그것이 너무 좋아 손대지 못하고 망설이다 그림을 끝까지 그리지 못했었는데, 기존의 방법이 아닌 일상적인 매체로 집중해서 그릴 수 있게 된 나를 발견한 것이 무엇보다도 가장 큰 득(得 Item)이라고 할 수 있을 것이다.

그림으로 말하는 男子 3

새로운 기회를 찾는
북두칠성의 디오니소스

아직 터지지 않은 한 개의 알의
미래를 위해 북두칠성을 찾는 디오니소스

36세의 소스님은 애니메이션 작가로서 기혼이지만 아직 자식이 없다. 앞으로 아이를 갖는다면 딸을 한명 두고 싶어하는 마른 체격의 소유자로서 미소년 같은 모습이다. 소스님은 내재해 있는 열정을 가지고 있으며 자신에게 존재하는 아직 발화되지 않은 한 개의 알을 위해 밤하늘의 북두칠성을 그린다.

하늘에 북두칠성을 그리며...

[그림 3-72] 북두칠성

'하늘에 별만 표현하려 했으나 그리다 보니 산과 밤하늘까지 표현하려고 하는 자신을 본다. 그렇게 다 그리다보니 전체적으로 마음에 들지 않았으며 북두칠성별만 있었으면 좋겠다는 생각이 들었다.'

북두칠성은 북극성을 찾는 표지이며 자미원에 속하는 동양의 별자리로 큰곰자리의 꼬리와 엉덩이 부분의 일곱별을 말한다. 이 별은 황제의 수레로 불리며 고대 벽화와 한반도와 만주에 분포되어 있는 고인돌에도 남아있다. 북두칠성은 민간신앙에서 신앙의 대상으로 삼는 유일한 별로서 '하늘의 목구멍과 혀'에 해당한다는 고사처럼 하늘이 인간의 운명을 좌우한다는 생각으로 민간신앙의 기원이 되고 있다. 한편 사방으로 움직이고 있는 북두칠성과 같은 위치를 지키고 있는 북극성은 여기에서 저기로 연결되는 통로를 만들 수 있다는 신념을 주고 있다. 북극성이 주는 이 신념은 그 길목에 놓인 장애물을 극복하고 방향을 찾게 하며 생존을 가능하게 하는 데 중요한 것의 상징이 되었다. 이러한 북극성을 중심으로 움직이고 있는 북두칠성의 공간속에는 자기를 찾게 하는 만다라가 존재하며, 통로를 연결하는 실용성을 파악하게 되면 북두칠성의 그 위력이 더하게 된다.

소스님이 별만 그리지 않고 산과 밤하늘까지 그리게 된 것은 그 빛나는 별들이 대지위에 존재하기 때문이며, 밤하늘의 별은 땅에 있는 인간들에게 믿음을 생산하는 은빛 바퀴이기 때문이다. 산은 대지에 발을 딛는 인간이 존재하는 장소이며 직접적으로 연결되어 있다는 맥락이며, 전체적으로 마음에 들지 않는다는 것은 소망을 표현하는데 상관되는 마음의 요소들이 서로 적절하게 공간 배치가 되지 않았음을 뜻하는 것이다.

남자가 세상사에 근심걱정이 있을 때에 효과적으로 극복하는 방법은 그 문제들을 제대로 의식하는 가와 그 문제에 대한 마음가짐이 어떤지에 따라서 달라진다. 문제에 대한 긍정적이고 낙관적인 태도와 신뢰는 마법과 같은 힘이 될 수 있다. 반면에 민간 신앙이든지 신을 믿든지 초월적인 힘에 대한 신뢰는 전능한 마음을 주며 자신을 소중히 여기게 되면서 미래를 지향하게 하는 에너지를 생성하게 한다. 나아가 신뢰가 넘치는 단어나 이미지를 그림으로 그리면서 내사시키는 방법을 같이 활용하면 심리적인 문제를 극복하는데 매우 효과적이다.

소스님이 북두칠성을 그리면서 말하고 싶어 한 것은, 무의식적으로 북극성을 중심으로 한 공간 속에 존재하는 자기를 찾는 시작점이 되었으며, 방황하는 자신에게 여기에서 저기로 흐르는 희망과 신념의 통로를 찾을 수 있게 돕는 초월적인 힘을 내사시키는 기회가 되었던 것이다.

현재의 나를 상징하는 깃털을
조금 더 높은 곳에 그렸으면 하는 아쉬움

[그림 3-73] 깃털과 나

'하늘에서 떨어지는 깃털을 표현하고자 하였고, 가운데 깃털은 현재의 나이며 바닥의 깃털들은 과거의 나를 표현하고자 하였다. 가운데 현재의 나를 상징하는 깃털을 조금 더 높은 곳에 그렸으면 하는 아쉬움이 남았다.'

소스님은 하늘에서 떨어진 깃털과 자신을 동일시하고 있으며, 바닥에 떨어진 깃털은 과거의 자신이고 현재는 바닥에서 조금 상승한 깃털로 자신을 상징화하였다. 깃털은 무척 가벼워서 바람이 부는 대로 이동이 자유로워서, 깃털 존재의 자유의지가 없을 것 같다. 하지만 하늘에서 떨어진 깃털이라는 존재감은 상당히 귀한 위치였을 것 같으며, 어떤 권능의 의지에 의해 땅에 보내진 지향하는 목적이 있는 듯하다. 현재의 나라는 깃털의 위치가 보다 더 높은 곳에 있었으면 하는 것은, 소스님이 바라는 바대로 충족되지 않고 만족스럽지 않은 지금 여기의 상태인 것이다.

비바람으로부터 나를 보호해주는 우산과 아기 바구니

[그림 3-74] 현재와 미래

'어둠을 밝혀주는 촛불과 아기 바구니 그리고 비바람으로부터 나를 보호 할 수 있는 우산과 나의 시간이 흐름을 알려주는 시계가 있다.' 나는 현재의 상황에서 어둠을 밝혀줄 수 있는 촛불과 비바람으로부터 자신을 지켜주는 우산을 그렸다. 그 우산의 색이 분홍색인 것에 어떤 무의식적인 의미가 있는지 생각해 보았다. 분홍색을 선택한 것은 비바람으로부터 피할 수 있는 장소를 가정으로 인지하고 있는 것 같았고, 초에서 타오르는 불은 내게 존재하지만 크지 않은 그러나 살 수 있는 최초의 생명력 같았다. 그리고 시간이 흘려서 미래의 시간에 있을 것 같은 아기를 키울 아기 바구니를 그리면서, 아이를 원하고 있는 아빠의 모습을 보았다.

소스님의 현실에는 태양이 없으며, 어둠과 비바람이 있을 뿐이다. 그러나 어둠을 밝히는 생명의 빛이 있으며 비바람으로부터 지켜주는 분홍색의 작은 우산이 있는 것은, 외부 환경에 대한 자아의 보호책과 방어능력이 있음을 말해주고 있다. 동시에 미래의 아빠상은 그 모든 것을 지키고 넘어서게 하는 원동력이다.

생각이 너무 많은 나에게
가장 감동적인 선물은 예쁜 딸이다

[그림 3-75] 뇌구조

'생각이 많은 자신을 그려 넣었다. 현재 나의 머릿속의 다양한 이미지들을 표현하였는데 조금 더 구체적이고 화려하게 표현되었다. 내 짝이 어린 여자아이를 그려 넣고 각각의 물건들에 말풍선을 달아 주었다. 그리고 찰흙으로 여자아이를 만들어 나에게 선물했다. 아마 가장 감동적인 선물일 듯싶다. "생각이 많으신 분인 듯... 한 가지씩 이루어 가셨으면 좋겠다. 예쁜 딸도 낳고 가족과 함께 멋진 차를 타고 캠핑도 떠나고 꽃구경도 하고 맛있는 것도 먹고 책도 읽고... 조금씩 여유를 만들어 가시길 원한다." 라는 말을 해주었다.'

남자는 자신의 고통을 남에게 보여서는 안 된다는 생각 때문에 침묵의 사이클로 들어가기 쉽다. 이 사이클은 어디서든 시작될 수 있지만 일단 시작되면 멈추기 어려우며 오랜 시간 지속되면 빠져나올 수 없는 늪이 된다. 침묵 속에서 남자는 생각이 많아지며 그대로 두면 위기적 상황이 도래 할 수 있는데, 둘이 함께 그리기에서 그 침묵이 깨지고 지지를 받는 시간이 주어졌다. 소스님이 자신의 그림을 짝에게 주면서 그림과 말풍선으로 지지와 피드백을 받는 기회가 주어졌기 때문이다. 그 결과 짝이 선물한 말풍선들과 예쁜 여자아이 이야기로 인해, 내면에 묻어놓았던 침묵의 사이클에서 벗어나서 그림으로 상호소통을 할 수 있었다.

도어 손잡이를 그려주고 빨리 나가보라고 재촉하고 싶다

[그림 3-76] 봄날

'짝은 봄이 찾아온 들판과 봄꽃이 핀 나무를 한 그루 그리고 영화관에서 보는 것처럼 위와 아래는 검은색으로 칠했다. 그래서 옆에 나무를 한 그루 더 그리고 쉴 수 있는 벤치도 그려 주었다. 그리고 별을 배경에 그려 주었다. 찰흙 선물로 별을 만들어 주었다. 또 들판을 바라보는 스크린처럼 테두리를 그려 넣어 주었다. 너무 외롭고 쓸쓸해 보인다. 아무도 없는 곳에서 봄은 오고 간다. 나가서 친구와 연인과 하하, 호호 웃으며 봄을 만끽하면 어떨까 !...난 아래 검은색 부분 오른쪽에 도어 손잡이를 그려주고 빨리 나가보라고 재촉하고 싶다.' 나도 짝에게 그림으로 말하였다.

어디서 왔으며 어디로 갈지 그 무엇도 알 수 없는...

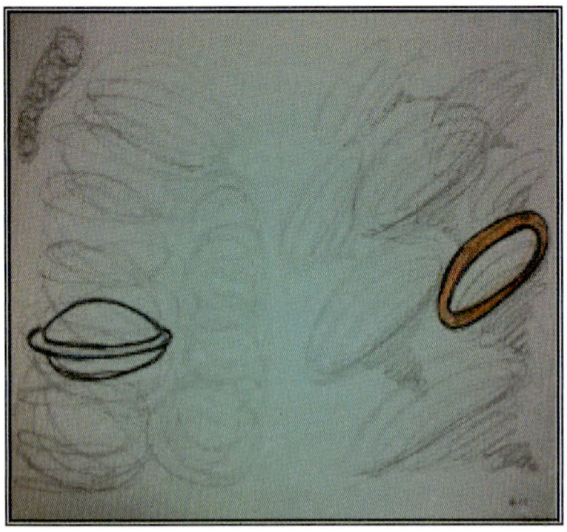

[그림 3-77] UFO와 쥐불놀이

[그림 3-78] 나의 방

'왼손 난화에서 찾은 이미지는 UFO이다. 어디서 왔으며 어디로 갈지 그 무엇도 알 수 없었다. 오른손 난화에서 이미지는 어린 시절 친구들과 함께 돌리던 추억으로의 쥐불놀이이다. 동굴 명상 후에 안으로 들어가서 동굴 안에서 본 것은 지금 현재 나의 방이 보였다. 그러나 무언가 더 찾아보고 싶은 욕구가 많이 있었다.'

이미지 UFO는 무의식의 메시지이다. 무의식의 실체가 문턱을 넘어서 UFO로 다가왔지만 무 방향성으로 인해서 두려움을 나타냈다. 반면에 과거를 의식하는 어린 시절의 쥐불놀이를 시작으로 해서 동굴 명상 후에는 그 안에서 현재 자신의 방을 보게 되었다. 어디서 왔고 어디로 갈지 모를 것 같은 두려움이, 명상 후에 자신이 실제적으로 거하고 있는 공간을 시각적으로 보게 한 것 같았다. 여기서부터 시작해서 찾고 싶은 것이 많이 있다는 것은 자신의 무의식이 의식화가 될 필요를 감지한 것이다.

선을 그렸고 색을 추가해서 그 느낌을 바꾸고 싶지는 않았다

[그림 3-79] 구름과 바람

[그림 3-80] 폭포

[그림 3-81] 조각보

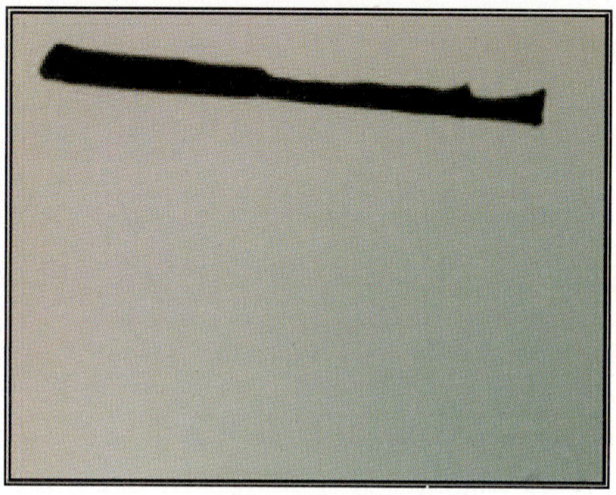

[그림 3-82] 선

'자주 표현하던 소용돌이가 구름과 바람으로 표현이 되었고, 조금 다른 느낌을 주려고 했다. 이미지를 찾는 과정에서 소용돌이의 어지러운 느낌보다 시원하고 동적인 느낌을 추가하기 위해서 파란색과 화려한 색을 추가했다. 폭포 그림은 처음에는 꼼꼼하게 그리는 것보다 과감하게 표현할 생각이었고 무언가 가한 느낌을 표현하고 싶었다. 거기서 절벽이나 폭포나 풀 같은 이미지를 떠올렸는데 나중에 이미지를 찾아 색을 입히는 과정에서 폭포 같은 모양이 떠올라 폭포를 표현하게 되었다. 조각보 그림은 사각형 안에 서로 다른 칸을 나누고 일정한 모양을 만들려고 했다. 답답한 느낌을 주는 것 같지만 획일적이지 않은 느낌을 주고 싶었다. 선 그림은 복잡하고 혼잡한 알기 어려운 것보다 쉽고 간단하고 단순한 것을 표현하려고 했다. 점이나 원보다 간결하고 일정하다는 느낌을 표현하기 위해서 선을 그렸고 색을 추가해서 그러한 느낌을 바꾸고 싶지는 않았다.'

밤바다에 배 한척이 떠 있고 사람 한 명이 타고 있습니다

[그림 3-83] 밤바다

'밤바다에 배 한 척이 떠 있고 사람 한명이 타고 있습니다. 어두운 밤하늘에 초승달이 떠 있고 저 멀리 등대에서 불빛이 나오고 있습니다. 배는 그곳을 향해 나아가는 듯합니다. 배 옆에는 작은 돌고래 한 마리가 있습니다. 파란색의 바다, 검은색의 밤하늘, 노란색의 달과 별, 등대 불빛, 붉은색의 등대 하나, 달, 배, 사람, 돌고래 여섯, 별, 바다 물결 넷, 등대 빛줄기가 그려졌습니다. 밤바다에 홀로 있어 외롭고 고독해 보이지만 그래도 등대를 향해 희망을 보고 항해하는 것 같은 느낌이 듭니다. 전체적으로 고요하고 조용한 느낌을 표현하고자 했습니다.'

소스님 팀원 중에 한 명이 등대 맞은편에 큰 초를 놓아주고 작은 배가 가는 길을 밝혀주었다. 그는 큰 촛불 때문에 밤바다가 그렇게 어둡고 외롭지 않다는 것을 직접적으로 확인하고 큰 힘을 얻은 시간이었다고 밝혔다.

서로 표현한 그림에 그림으로 전해주고 싫은 것을 전해주는 느낌이 좋았습니다

[그림 3-84] 인생축제

'공동화에 대한 여러 가지 주제가 제시되었는데 서로 다른 의견 중에 공통되는 하나의 주제가 축제였다. 공동화에 맞는 주제 같았고 그 안에서 여러 가지 표현들이 나올 수 있을 것 같았다. 팀원들 각자의 축제에 대한 이미지들을 나눴고 서로 다른 축제의 이미지들을 표현했다. 나는 축제라는 주제와 함께 불꽃놀이를 떠올렸고 팀원들은 놀이동산, 꽃 축제 등을 표현하고 싶다고 했다. 서로 표현하고자 하는 이미지를 청룡열차의 레일을 이용해 하나의 테두리를 만들고 그 안에 서로의 축제 이미지들을 함께 표현했다. 각자의 그림들에 부족한 면이나 추가하고 싶은 이미지를 그려 넣었다. 다른 분들의 그림들이 화려하고 밝아서 제 불꽃놀이 표현도 화려하게 표현하려고 했으나 조금 부족한 듯 했다. 팀원들이 추가해준 덕분에 다른 그림들과 어울리게 조금 더 화려해져 보기 좋았다. 처음에 각자 표현하고 싶은 것을 그렸을 때 보다 나중에 서로 보완해서 완성한 그림은 더 풍성(?)해지고 밝은 느낌을 주었다. 서로 표현한 그림에 그림으로서 전해주고 싶은 것을 전해주는 느낌이 참 좋았다.' 하나는 외롭지만 여럿이 모이면 밝아지고 더욱이 축제는 화려하고 풍성한 이미지들로 가득 차서 삶의 풍요로움을 가슴에 담을 수 있는 시간이었다.

[그림 3-85] 불꽃놀이

소스님이 작게 그린 불꽃놀이를 팀원 중에 한 명이 불꽃놀이를 가득 그려 넣고 주변에 하트와 꽃으로 마무리 해주었다. 소스님을 도와준 팀원이 부연 설명을 하였다. '처음엔 너무 막막했었다. 너무도 조용한 성격의 사람들의 모임이라 제대로 그림이 나올까 걱정도 되었다. 하지만 서로를 존중하는 마음을 가진 분들이 조금씩 맞추어 그림을 그려 나갔다. 축제의 한 장면, 놀이공원의 한 장면이 완성되자... 인생의 모습 같다는 생각이 들었다. 삶을 이루어가는 많은 일들... 롤러코스터를 타고 불안 불안하게 오르는 일, 물웅덩이로 떨어져 아득해 지는 일, 때론 관람열차에 탄 것처럼 타인이 되어 그저 지켜만 보는 일, 혹은 작은 종이배를 타듯 위태로운 일, 꽃밭을 가꾸듯 많은 정성과 사랑이 필요한 일, 기구를 타고 하늘을 날 듯 즐겁고 행복한 일, 너무 멀리 혼자 떨어진 듯 외로운 일, 하지만 시간이 흐르고 나면 나를 더 성장시키고 마음의 키가 조금 더 자란 듯 느껴졌던 것이 자연스럽게 연결되었다. 우리의 인생이 이렇듯 축제가 되어 나를 더 행복하게 만들고 함께 하게 만들고 더 견뎌내고 더 누릴 수 있기를 기대해 보았다.

내안에는 아직 터지지 않은 알이 한 개가 있다

[그림 3-86] 조각 상자

'상자 안에는 터진 알 1개와 아직 터지지 않은 알 1개를 넣었다. 터진 알 1개는 이제까지 지나온 시간을 의미하고, 아직 터지지 않은 1개의 알은 어떻게 될 지 아직 알 수 없는 앞으로의 시간을 표현했다. 겉포장은 조각조각으로 현재의 저를 구성하고 있는 여러 가지를 나타내고자 하였다. 작은 조각, 큰 조각, 여러 조각이 모여 상자를 덮고 있으며 아직 남아 있는 부분은 앞으로 더 채울 수 있는 것도 있음을 나타냈다.'

폰 프란츠는 창조신화는 하나의 알로 시작한다고 한다. 알이 창조되고 나서 그것은 두 개로 나누어진다. 알의 분리와 유사한 모티브는 전의식적인 단위라고 할 수 있는 최초의 부모 분리의 모티브이다. 최초의 부모인 아버지 하늘과 땅 지구는 지속적인 포옹 상태로 존재했다. 이 상태에서는 아무것도 존재할 수 없었다. 아버지 하늘과 어머니인 땅이 너무도 가까이 누워 있어서, 그 사이에 아무것도 자랄 수가 없었다. 그래서 첫 번째의 창조행위는 이 신성한 짝을 분리시키는 것이며, 이는 알을 자르는 것과 비교된다. 소스님의 상자 안에는 아직 분리되지 않은 미래의 알이 한 개 있다. 미래의 어느 시간에 이 알은 터져서 그 사이에 살아가는데 필요한 것들을 창조해낼 수 있는 무한한 생명력의 공간이 될 수 있다.

내 안의 이중성이 가면에서 흑과 백의 두 모습으로

[그림 3-87] 두 모습

'가면은 저의 두 가지 모습을 나타냈으며, 가면 안쪽에 아직 열정이 있음을 알게 되어서 붉은 색으로 표현했다. 깃발도 검은 원안에 불을 그리면서, 내면에 불길이 아직 살아 있음을 느끼고 힘을 내야겠다고 생각했다'

나는 가면의 앞을 흑과 백의 대극적인 색을 사용해서 반반으로 칠했다. 내 자신의 극단적인 이중성을 말하고 있었다. 그러나 희망적인 사실은 [그림3-88]을 보면 가면의 주인공이 가면 속 붉은 색의 열정을 만나면 뜨거워질 수 있다는 것을 표현한 것이다. 동시에 깃발에 있는 붉은 열정을 검은 원 안에 가두어 두었지만, 나는 검은 원을 뚫고 나올 내 안의 불길이 살아있음을 확인하고 힘을 느꼈다. 내 안에 갇혀 있는 열정이 검은 원을 나오게 되면, 내 얼굴의 흑과 백은 조화로운 화합의 색으로 다시 칠하게 될 거라고 기대하게 되었다.

가면 안쪽에서도... 깃발에서도 갇혀있는 열정을 만나게 되다

[그림 3-88] 갇혀있는 불

소스님의 갇혀있는 열정을 나오게 하려면 연금술에서의 연소 작업이 필요하다. 화학적 과정으로 살펴보면 연소과정은 석회석을 가열하여 생석회를 만들어내는 과정이다. 이러한 생석회에 숨어있는 불을 해방시키려면 생석회를 물에 적시거나 물을 넣어야 한다. 석회속의 불은 모든 것을 차갑게 하는 물에 의해 더 이상 숨어있지 않고 그 모습을 드러내게 된다. 반면에 심리학적으로 말하면 무의식이 흘러나오면서 원형적인 정신의 에너지가 욕망으로 나타나는 자아와 동일시하게 될 때에, 불은 근원적인 수분을 사라지게 해서 동일시를 제거하고, 자체적으로 보유하고 있는 에너지인 자연의 온기를 회복하게 한다. 융은 갈망함의 변환에 대해 다음과 같이 말한다. '당신이 욕망 안에 잠겨서 그것을 즐기고 있을 때 당신은 아니무스와 아니마에게 하나의 대상을 내어주게 된다. 그것들은 그 후에 세상 속으로 나오게 된다. 만약 당신이 그것들을 단념하기로 결정을 하면 거기에는 아니무스와 아니마를 위한 어떤 기회도 없다. 당신이 그것들을 병에 가두어두면 악마는 기분이 불편해지고 내부 장기를 함부로 돌아다닌다. 그러나 당신은 어느 정도 시간이 지나면 그것들이 나오지 않도록 밀봉한 것이 옳다는 것을 알게 된다. 당신은 서서히 조용해지고 변화한다. 그 후에 밀봉한 병 안에는 어떤 돌이 자라고 있다는 것을 인식하게 된다. 자기를 조절하는 것이 습관이 되어가는 데 이것이 바로 돌이며, 가정이 사실이 되어 갈 때 그 돌은 다이아몬드가 될 것이다.'

그림으로 말하는 男子 4

페르소나 안에 숨은 내안의 살아있는 진주를 찾아서

다양한 페르소나를 쓰고 살았지만 그 안의 진정한 자기를 품고자 하는 헤르메스

35세의 헤르메스님은 원예치료사이며 결혼은 했지만 아직 자녀는 없다. 그는 도덕적이며 교과서적인 삶을 산 모범학생이라는 이미지를 입고 살았다. 그는 그게 맞는 것이라고 생각했기 때문에 지시하는 것과 시키는 것을 무조건 해야 된다는 것에 점점 익숙해졌다. 그렇게 수동적이며 작은 일에도 상처를 잘 받고 남 앞에 나서기 싫어하고 규칙이나 법에 어긋나는 일은 절대 하지 않으며, 남의 눈치 보느라 자신이 하고 싶은 말 한 마디 제대로 하지 않고 살았다. 그 자신의 내면의 올바른 자아가 더 강했기 때문에 나쁜 길로 빠지지 않았던 것 같았다. 그러나 그는 대학교에 가서 소심한 자신을 발견하고 바꾸기로 결심을 했다. 그래서 외형부터 바꾸고 나니 스스로에게 강한 아이라는 최면을 걸듯 또 다른 자신을 만들어 갔다. 점점 자신감이 생기기 시작했고, 주위에서도 결코 나약하게 보지 않았다. 하지만 군대는 또 다른 세계였다. 자신을 강하게 보인다고 해서 해결될 곳이 아니었기 때문에 다시 한 번 자신을 변화시키기로 했다. 그는 군대에서 소심한 성격도 세게 보이려는 마음도 수동적인 태도도 다 내려놓고 보니 마음의 편안함을 느꼈다. 제대 후 성격도 많이 유해지고 소심함도 없어지고 자존심도 많이 접어두게 되었으며 그러다보니 주위에 사람들이 많아지기 시작했다. 이렇듯이 그는 학창시절엔 모범학생의 페르소나를, 대학교때는 학창시절에 못해봤던 강한 이미지의 페르소나를, 군대와 사회에 나와서는 착한 이미지의 페르소나를 쓰고 살았다. 물론 사회구성원이 되기 위해서는 페르소나는 불가피하다고 보지만 페르소나라는 가면의 두께는 자신이 정하는 것이 옳다고 생각하였다. 그는 자신이 선택해서 쓰게 되는 페르소나 가면이 무겁다면 자신의 감정에 조금 더 충실해보고, 혹은 너무 가벼워 인간관계의 문제가 많다면 다시 두껍게 만들어 사람들의 시각을 변화시켜야 한다고 생각했다. 그래서 그는 페르소나의 수축과 팽창을 필요에 의해 또는 자신을 위해 매순간 적재적소에 적용하고 변화시키며 살아왔다. 이러한 과정으로 페르소나의 변화와 성장을 거듭해온 그는 익숙한 것에만 길들여져 있는 자신을 벗어나서, 또 다른 변화에 도전해서 오랜 시간에 걸쳐서 생성되는 자신 안의 살아있는 진주를 발견하고 싶어한다.

목록을 작성하던 습관처럼 차례대로 그려진 대인관계의 사슬

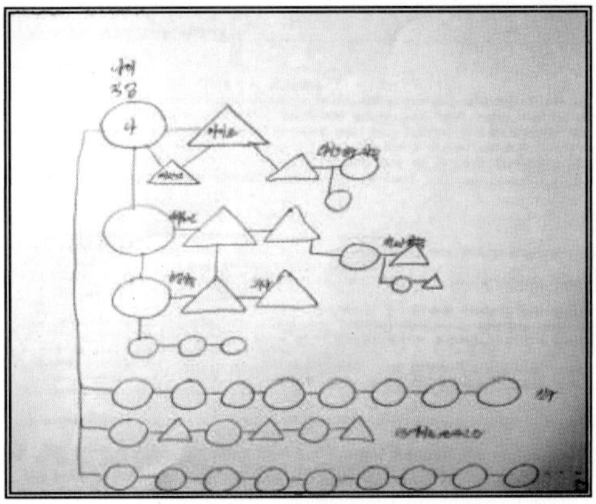

[그림 3-89] 나의 Social Atom

Social Atom이란 나라는 존재가 '사회적 존재'로 살아감에 있어 형성되어 있는 대인관계에 대한 사슬과도 같은 것이라고 본다. 짧은 시간 안에 나의 인간관계를 표현한다는 게 막상 쉽지만은 않았다. 어떤 식으로 표현을 해야 할지도 생각이 많아졌다. 다른 동기들이 열심히 그려나가는 모습에 괜히 위축되기도 하였지만 어렵사리 나라는 기점으로 그려나가기 시작했다. 현실에 가장 가까이 있으며 의지되고 있는 와이프를 나와 동등한 크기로 표현하였고, 아직은 아이가 없기에 와이프와 함께 지극히 예뻐하는 애완견을 그려 넣었다. 그리고 항상 같이해온 와이프 친구와 가족을 측근에 그려 넣었다. 밑으로 부모님과 가족들과 친구들 그리고 일 관계로 자주 연락하는 나의 본업인 '원예치료' 관련 선생님들과 마지막으로 취미생활인 조기축구를 하게 되면서 알게 된 좋은 인연의 사람들을 그려 넣었다.

친구 라인을 보면 모두 원으로 표기를 한 것을 볼 수 있는데, 나의 개인적인 생각과 사상이라면 사상이지만 여자와 남자는 친구가 될 수 없다는 생각을 아주 오래전부터 해온 터라 주위 친구들이라곤 남자들 밖에 없다. 물론 기존 직장에서 알게 된 여자 동료들도 있긴 하지만 '친구'라는 의미에 포함을 하고 싶지 않았나 보다. 완성된 Social Atom은 질서정연하다. 전혀 생각지도 않았지만 완성하고 나니 저런 모양으로 작성이 되어서 순간 놀라기도 하였다. 항상 순서도와 같은 모습처럼 차례대로 무언가를 해야 하고 반드시 지키지는 못하더라도 어떤 일에 대해 계획을 세우고, 목록을 작성하던 습관들이 나도 모르게 Social Atom 작성에서 이런 유형으로 표현 된 것 같았다. 질서정연하다는 신기하면서도 짧은 피드백이었지만 나에겐 강한 인상으로 남았다. Social Atom을 작성하면서 현재를 살아가고 있는 나의 대인관계에 대해 한번 더 생각해 볼 수 있는 소중한 시간이었던 것 같다.

어머니 옆에 앉아 고사리 같은 손으로 만들던
나에겐 장난감이었던 추억의 밀가루 반죽인 것이다

[그림 3-90] 회상 & 송편

지점토를 주물러 촉감을 느껴보기도 하고, 냄새도 맡고, 색감을 유심히 보며 오감으로 느낄 수 있는 것들을 동원해 매체를 경험해 보았다. 어렵지 않게 처음으로 느끼게 된 생각은 밀가루 반죽과도 같았다. 색깔하며 손으로 느낄 수 있는 촉감에서부터 밀가루 반죽이라는 생각이 든 이후엔 아무런 생각이 나지 않았다. 밀가루 반죽이라... 그렇게 곰곰이 생각에 잠겨 있다 보니 어렸을 적부터 항상 추석이나 설 명절엔 송편과 만두를 빚었던 옛 기억들이 떠올랐다. 물론 현재도 동일하게 경험하고 있는 일이긴 하지만, 현재보다는 과거를 회상할 수 있다는 그 무언가가 있다는 것이 더 소중하게 다가와서 일지 모른다. 어머니 옆에 붙어 앉아 친척들을 기다리며 고사리 같은 손으로 작게 만들어야 하는 예쁜 송편을 왕만두 크기로 빚던 기억과 별, 하트 모양의 송편, 옆구리가 터진 송편 등은 내가 만든 송편이라고 표시라도 한 듯 엉망인 모습이었다. 그렇게 나에겐 장난감이었던 추억의 밀가루 반죽인 것이다. 그때를 생각하며 지점토로 송편을 만들어 보았고, 어머니가 송편을 찔 때 항상 솔향 가득한 솔잎을 밑에 깔고 찌셨던 것이 생각나 색연필로 솔잎을 그려 넣었다. 잠시나마 어렸을 적 추억에 잠길 수 있었던 소중한 시간이었다. 명절마다 가족들끼리 모여 송편을 빚던 기억 중에 특히 솔잎을 깔고 소쿠리에 찌던 어머니를 생각나게 했다. 솔잎향이 그윽하게 베인 송편을 다 같이 맛있게 먹던 그때를 회상하였으며, 가족이란 소중함과 갓 쪄낸 송편에서 느낄 수 있는 따뜻한 어머니의 온기를 또 언제나 의지 할 수 있는 청렴한 소나무와도 같은 아버지를 떠올렸으며, 다시 한번 부모님의 감사함을 느낄 수 있었던 뜻깊은 기회였다.

오래 보아야 진정한 나를 알아보는 것 같다

풀꽃

나태주

자세히 보아야 예쁘다
오래 보아야 사랑스럽다
너도 그렇다

[그림 3-91] 진주조개 & 풀꽃

양손으로 내 이름을 써 보았다. 오른손으로 썼을 때와 왼손으로 썼을 때의 서로 다른 글씨체가 나의 두 가지 면을 보여주는 느낌이다. 본래 오른손잡이인 오른손으로 내 이름을 썼을 때는 글씨의 획에도 힘이 들어가 있는 듯, 스스로에게 당당하고 자신 있어 하는 면이 보였다. 그러나 연필을 잡는 것조차 어색한 왼손으로 글을 썼을 경우에는 안정감이 없어 보이고 삐뚤빼뚤한 글씨체가 왠지 모르게 남의 시선과 눈치를 보고 있는 듯, 자신감이 많이 부족한 또 다른 나의 모습인 것 같았다. 어쩌면 변화를 두려워하는, 익숙한 것에만 길들여져 있는 나를 본 것 같아 마음이 무거웠다. 회사 입사 후 오랜 시간이 지나고, 선배와 동료들에게 나의 첫 인상에 관한 이야기를 듣게 되었다. 나의 겉 모습만을 보고, 차갑고, 날카롭고, 싸가지 없어 보이고, 다가서기 어려운 사람으로 보았다는 것이다. 시간이 지나고 보니 절대 그런 사람이 아니고, 따뜻하고 좋은 사람이라는 것을 나중에 알았다는 것이다. 물론 모르는 사람을 알아가기엔 시간이 필요한 건 당연지사지만, 나를 나쁘게 볼 거란 생각은 하지 않고 살았기 때문에 나름 적잖은 충격이었다.

'풀꽃'이란 시처럼 자세히 보고 오래 보아야 진정한 나를 알아보는 것 같았다. 나에게 꼭 맞는 시처럼 여러 번 되뇌었다. 그림 속의 진주는 조개 속에 티끌이 들어가 탄산칼슘의 결정인 진주층에 박힘으로써, 오랜 시간에 걸쳐 탄생되고 자라나는 지구상에서 유일무이한 살아 있는 보석이다. 처음엔 보잘 것 없지만 오랜 세월이 지나서 아름다운 진주가 생기듯, 나 또한 시간이 걸릴 순 있지만 내 안에는 큰 사랑을 품고 있는 따뜻한 사람임을 분명 알게 될 것이다. 그런 사람임을 꼭 보여주고 싶고 익숙한 것에만 길들여져 있는 나를 벗어나, 변화에 도전하는 내가 되어 또 다른 내 안의 진주를 발견하려고 노력해야겠다.

봄의 시작으로 생긴 열정을 불태우고 싶다

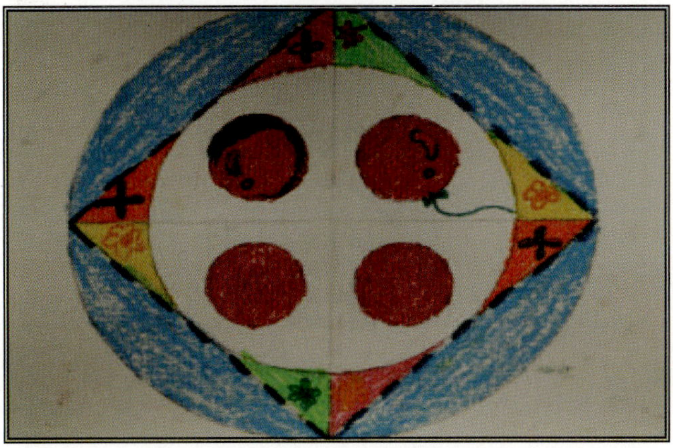

[그림 3-92] 5월의 신부

초반에 낮게 깔리는 멜로디가 이별로 인해 시련을 겪는 슬픈 느낌이었다가 중반으로 가면서 리듬이 빨라지고 경쾌해지면서 시련을 이겨내는 씩씩한 모습이 연상되었다. 떠난 그대를 다 잊은 듯... 하지만 후반으로 가면서 나 스스로를 속이고 있다는 느낌을 받았다. 속은 물러터지면서 겉으로만 이겨내는 척 포장하려 했던 것 같다. 다시 세상에 혼자뿐인 외로운 느낌이 엄습해 온다. 꽃 피는 봄 들녘으로 꽃가마를 타고 가는 왕의 모습이 연상되었다. 왕이 된 것을 축하받기 위한 잔치를 벌이는 광경이다. 흥겨운 가락의 사물놀이 패들이 한껏 분위기를 고조시키는 것이 느껴진다. 많은 하객들이 참석한 야외 결혼식장에서 뜨거운 축하를 받으며 결혼식을 올리는 모습이 연상되었다. 푸른 잔디밭에서 아이들은 신나게 뛰어놀고, 하늘엔 폭죽이 터지고, 비누방울이 날리며, 형형색색의 풍선들이 떠다니는 광경이 보인다. 아주 축복받은 결혼식이다.

겨울동안 힘들었던 내면의 감정들이

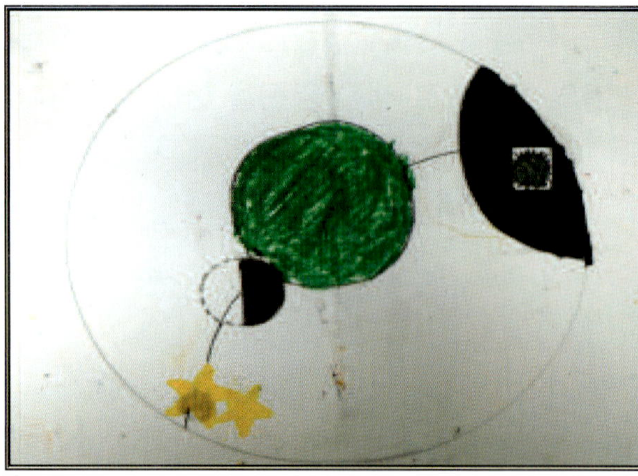

[그림 3-93] 무제

겨울동안 개인적으로 힘들었던 내면의 감정들이 첫 번째 곡에서 느껴진게 아닌가 싶다. 하지만 다시 나에게도 봄이 오고 있다는 신호를 두 번째와 세 번째 곡을 들으면서 느끼게 되었고 위안도 되었다. 봄의 시작과 함께 지금의 열정을 불태우고 싶다. 같은 3곡을 감상했지만 사람에 따라 전혀 다르게 해석되고 느껴진다는 게 참으로 신기하고 놀라웠다. 어떤 곡이 누구에게는 힘이 되지만 누구에게는 굉장한 슬픔이며 아픔의 기억이기도 하니 말이다. 나를 돌본다는 주제를 생각하면서 생각한 답을 실행해보기로 결심하였다. 본래 난 잠자는 시간이 아깝다 생각되는 사람이다. 늦잠을 자본 기억이 언제인지 기억이 나지 않을 정도다. 하지만 이번 주는 나를 위해 내 몸을 위해 쌓인 피로를 잠으로 풀어 주어야겠다.

헤르메스님은 베토벤 교향곡 7번과 비제의 카르멘 그리고 미션의 오보에곡 세곡을 들었다. 그리고 가장 에너지를 받는 곡에서 5월의 신부란 만다라를 그렸다. 파란하늘 아래 봄기운을 표현하면서 꽃가마와 5월의 신부를 상상하면서 연지곤지를 그렸다.

나를 사랑하는 감정이 가슴속에서 느껴지며
미래를 더 큰 곳으로 비상(飛上)하고자 하는 나

[그림 3-94] 봄 & 시작-비상(飛上)

작은 시냇물 같기도 하고, 골짜기의 물소리 같기도 하다. 때로는 크게 때로는 작게 물 흐름의 변화가 느껴진다. 바람소리도 느껴진다. 대나무 숲속에 와 있는 느낌이기도 하다. 명상음악을 들으며 나를 사랑하는 감정이 가슴속에서 느껴졌다. 현재의 내 모습에 대해 인지하고, 변화될 미래의 모습을 스스로 탐색하는 과정이 흥미롭게 다가왔다. 현재와 미래를 하나의 그림에 표현하였다. 왼쪽의 작은 시냇물과 꽃피는 봄의 정경이 현재의 나이고, 왼쪽의 푸른 망망대해의 풍경이 미래의 10년 후 나를 표현한 것이다. 원예치료사로 직업을 전향한지 아직 오래되지 않은 지금이지만, 정말 내가 하고 싶은 일을 찾았고 열심히 준비하여 작은 꿈 하나를 이루었다는 것에 감사함을 느끼는 요즘이다. 아직 갈 길이 멀지만, 지금의 열정만큼은 그 무엇보다도 뜨겁다는 것을 나는 알고 있다. 지금 또 새로운 길을 도전하는 과정이기에 스스로의 미래를 더 큰 곳으로 비상(飛上)하고자 하는 나를 표현한 것이다.

어지럽게 갈라진 비포장을 왼쪽과 같이 시원하게 펼쳐진 고속도로의 포장길로...

[그림 3-95] 비포장을 포장으로

한지의 특성상 잘 찢기기도 하지만, 결이 겹치는 부분은 적당한 힘을 주어야 찢어진다. 아무런 생각 없이 한지를 찢어 나가는데 여러 갈래의 모양으로 찢고 있었다. 마치 나의 생각의 실타래처럼 말이다. 하루에도 수많은 생각을 하다보면 가끔 머릿속이 엉킨 실타래처럼 될 때가 있다. 생각을 정리하고 머릿속을 비우려고 해도 자꾸만 더 어지러워지기만 한다. 어떠한 일을 계획하고 진행 할 때도, 참 여러 가지의 생각을 하게 된다. 하나의 과제란 것이 주어지면 여러 방향에서 분석하고 따져본다. 그렇게 하지 않으면 마음이 놓이지 않기 때문이다. 쉽게 쉽게 가도 될 것을 너무 돌아가는 건 아닌가, 스스로를 너무 힘들게 하는 나를 바꾸고 싶은 마음에 오른쪽의 어지럽게 갈라진 비포장을 왼쪽과 같이 시원하게 펼쳐진 고속도로의 포장길로 갈 수 있게 스스로에게 선물을 주고 싶다.

한 가정의 가장으로써 힘든 점도 있을 거...
3가지 소원이 이루어지는 리모콘을 선물로 받다

[그림 3-96] 별 · 바람 · 햇살 · 그리고 사랑

짝꿍이 된 선생님과의 어색한 시간이 흘렀다. 초면에 '대화'하기란 쉽지 않았다. 서로 선뜻 나서서 말을 건네는 스타일이 아니라고 했다. 하지만 가장 기본적인 하는 일, 나이, 취미 등등 관심사를 묻고 답하는 과정에서 초반의 걱정과는 다르게 이야기꽃을 피워 나갔다. 의사소통인 '대화'란 매체가 서로의 정보를 알아가는 것도 있지만, 각자가 내면에 있는 인격과 성품과 감정 상태까지도 알 수 있게 해주는 매체인 듯하다. 또한 상대방의 그림을 완성해주고 난 후 '찰흙'으로 필요하다고 생각되는 선물을 만들어 피드백을 하는 과정이, 늘 보던 것이 아닌 어떤 특정한 모양으로 의미 부여를 하여 표현할 수 있다는 것에 재미를 느꼈다. 짝과 함께 그리기 전과 후 제목의 변화는 없었지만, 미완성의 그림을 '완성'이라는 의미로 볼 때에 100% 그림으로 피드백 되어진 것 같아서 짝꿍에게 감사한 마음이 들었다.

처음에 와이프와의 즐거운 데이트 시간을 자유화로 표현하였다. 어느 따뜻한 봄날 벚꽃 핀 작은 들녘에 앉아 서로 머리를 맞대고 담소를 나누고 있다. 우리 둘 사이에서 없어서는 안 될 강아지도 함께 하고 있다. 그렇게 행복한 한 때를 보내고 있는 모습이다. 짝꿍은 내가 생각했던 봄에 맞게 따사로운 분위기로 색을 한껏 살려주었고 바람 물결의 음표와 하트 그리고 스마일 표정들을 곳곳에 넣어주어 그림만으로도 사랑과 행복이 넘쳐나는 우리를 완성해 주었다. 찰흙 선물로는 3이란 숫자가 쓰여 있는 리모콘을 받았다. 3가지 소원이 이루어지는 리모콘이라고 한다. 결혼을 하고 한 가정의 가장으로써 힘든 점도 있을 거란 생각에 만들어 주었다고 한다. 짝꿍의 뜻 깊은 선물에 감사했다. 어쩌면 정말 나에게 필요한 선물일지도 모른다. 어떤 소원을 빌지 고심해 보았다.

사랑의 약속을 하는 두 손과 웨딩드레스와 파라솔을 선물하다

[그림 3-97] 나들이

짝꿍은 애인과 나들이를 간 모습을 그렸다. 잠깐의 대화로 통한 것인지는 모르겠지만 전체적인 분위기가 내 그림과 비슷해 놀라웠다. 대화중에 나왔던 짝꿍의 이야기들을 곱씹으며 그림 피드백을 추가하기 시작했다. 지금의 애인과 함께 할 그날을 위한 웨딩드레스와 그림의 청명한 날씨가 좋긴 하지만, 왠지 따가울 것 같은 햇살을 막아주기 위한 파라솔과 그리고 음악과 애니메이션 감상을 좋아한다기에 노트북과 스피커를 추가하여 완성하였다. 찰흙 선물로는 지금 애인과의 미래를 약속하기 위한 '사랑의 약속'을 하트와 함께 표현해 보았다.

찾아낸 이미지처럼 밤톨 같은 아이가 빨리 왔으면 하는 바램이다

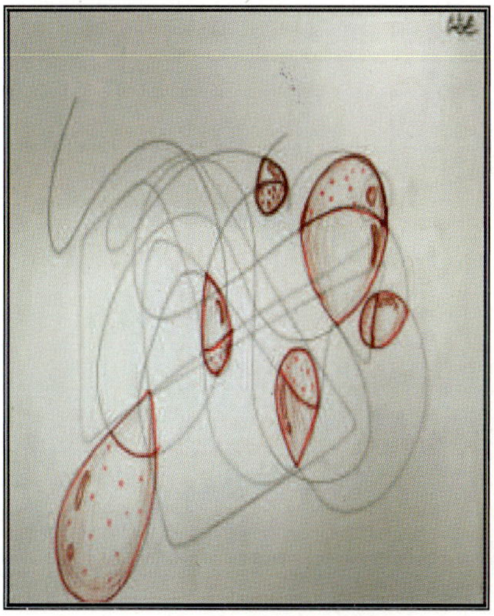

[그림 3-98] 밤톨

[그림 3-99] 나 or 와이프

왼손과 오른손이 그린 형상이 많이 다르게 보이진 않았다. 시작점과 끝나는 점이 달랐을 뿐, 비슷한 유형이었다. 그러나 찾아낸 이미지 형상은 전혀 다른 모양이었다. 처음에는 도무지 보이지 않아 난해한 상황이었으나, 시간이 지나면서 어떠한 형상이 보이기 시작했고, 이미 그렇게 보인 이미지는 각인이 되어 다른 것은 찾을 수가 없었다. 오른손으로 그린 난화에서 찾아낸 이미지는 여러 개의 크고, 작은 '알밤'들이였다. 알밤의 의미를 도저히 해석할 수 없었으나, 동료들이 해준 피드백을 듣고 의미를 부여할 수 있었다. 요즘 2세 계획을 세우고 있는 상황을 알고 있는 동료들은 하나같이 밤톨 같은 자식을 낳고 싶은 마음에 자꾸만 알밤의 형태가 보이는 것 같다고 했다. 그렇지 않아도 요즘 생각처럼 쉽지 않은 아이 문제로 와이프와 스트레스를 많이 받고 있었다. 찾아낸 이미지처럼 밤톨 같은 아이가 빨리 왔으면 하는 바램이다. 왼손으로 그린 난화에서 찾아낸 이미지는 '높은음자리표'와 '하트'였다. 평소 술자리를 하게 되면 기분이 업 되었을 경우 목소리가 하이톤으로 변하는 경향이 있다. 그리고 하트 모양은 평소 자주 그렸던 기억이 있으며, 원예치료 수업에서도 액세서리로 자주 하트 형태를 만들기도 하였다. 몸에 베어있는 내면의 이미지들이 보여진 듯하다. 또 다른 제목으로 '와이프'라고 지은 이유는 현재 와이프가 음악치료사로 활동하고 있어서 음악 관련 형상이 보인 것 같다. 하트는 와이프에 대한 나의 마음이 표현된 것 같았다.

새장을 가지고 동굴 밖으로 나와
푸른 하늘로 자유롭게 날려 주었다

[그림 3-100] 동굴화

동굴 안으로 서서히 들어간다. 왠지 모를 두려움이 엄습해 왔다. 아주 오래된 동굴이라 석순과 종유석들이 자라고 있었다. 더 깊이 들어가자 저 멀리 무언가 반짝이는 것이 보였다. 그곳에 다다르자 만화 영화에서나 본 듯한 금은보화가 한가득 쌓여 있었다. 누군가가 가져다 놓은 것인지 궁금하기도 했다. 그렇게 주위를 둘러보던 중 돌기둥 위에 놓여진 새장 하나를 발견했다. 그 새장 안에는 깃털이 아주 하얀 새 한마리가 있었고 나를 보고 있는 것 같았다. 그렇게 시간이 흘러 동굴 밖으로 나가야 할 시간이 되었다. 그냥 나가기엔 아쉬운 마음에 금은보화를 한 움큼 집어 들었다. 밖으로 나가려고 하는데 발이 쉽게 떨어지질 않았다. 아까 보았던 새장 안의 새가 머릿속에서 떠올랐다. 그냥 나가기엔 마음이 찜찜했다. 안되겠다 싶어 들고 있던 금은보화를 던져 버리고 새장을 들고 서둘러 동굴 밖으로 빠져나왔다. 솔직한 마음으로 두고 온 금은보화가 아쉽긴 했지만, 새를 두고 왔다면 더 마음이 무거웠을 것이다. 동굴 밖으로 나와 새장 안의 새를 푸른 하늘로 자유롭게 날려주었다.

이러한 일련의 과정을 통해 서로의 눈빛과 마음의 소통이 애틋하게 느껴졌다

[그림 3-101] 기원

개별 작업으로 완성된 개개인의 칵테일 재료들을 하나의 칵테일 잔에 담아 조인하는 과정으로 완성되는 칵테일 파티이다. 톡 쏘는 칵테일의 상큼함 때문일까? 왠지 시작 전 느낌부터 즐거워진다. 나의 재료는 어떤 것을 만들어 넣을 지 곰곰이 생각해보았다. 그러던 중 요즘 원예치료 프로그램으로 하는 아이들과 '화전 만들기'가 떠올랐다. 그래서인지 하얀 지점토를 만지작거리다 보니 밀가루 반죽처럼 느껴졌다. 어느새 동글동글하게 지점토를 잘라 납작하게 눌러 화전을 만들기 시작했다. 꽃을 올릴 수가 없기에 사인펜을 이용하여 형형색색 싱그러운 꽃을 그려 넣었다. 생화가 아니었기에 살짝 아쉽긴 했지만 나름 먹음직스럽게 만들어진거 같아 뿌듯했다. 그렇게 나의 칵테일 재료는 완성이 되었다. 나의 재료가 타 구성원들의 재료와 어떻게 녹아들지 궁금해지기 시작했다.

[그림 3-102] 화전

각자 만들어진 재료들을 하나의 칵테일 잔에 넣기 시작했다. 말없이 눈빛만으로 서로의 재료들을 바꾸기도 하고, 위치를 옮기기도 하고, 모아놓기도 하며 서서히 녹아들기 시작했다. 여러 가지 채색도구를 이용하여 색을 입힘으로써 처음에는 알 수 없었던 각각의 재료들이 점차 하나의 칵테일로 완성되어 가고 있었다. 이러한 과정에서 묵언으로 진행이 되는 부분은 답답함도 없지 않아 있었다. 그럴수록 서로의 눈빛과 마음의 소통이 애틋하게 느껴졌다. 타 구성원들의 재료에 색칠을 하고 싶었으나 동의를 하지 않아서 마음이 아팠다. 한편으론 그 이유가 참 궁금했다. 나눔의 과정에서 그 이유를 듣고 깊은 의미가 있었다는 것을 이해할 수 있었다. 개별 작업과 공동 작업을 조인하는 과정인 칵테일 파티는 참으로 의미 있는 과정인 것 같다. 개인적인 성향이 강한 사람은 그룹에 조인되는 것이 쉽지 않다. 하지만 이러한 일련의 과정을 통해 좀 더 타인과 또는 그룹과 조인하는 것이 수월해질 수도 있을 것이다. 또한 나의 칵테일 재료가 하나의 칵테일로 완성되어지는데 아주 큰 영향을 미친 것은 아니지만, 분명 더 맛깔스러운 칵테일로 완성되어지는데 가미되었다는 것에 분명한 의미를 두고 싶다.

나눔의 과정을 통해 우린 아래와 같은 스토리텔링이 있는 '기원' 칵테일이 완성되었다.

'세월호의 아픈 영혼들을 별빛 달빛 아래에서, 초록이 넘치고 예쁜 꽃들이 피어있는 좋은 세상으로 가도록 기원한다. 술잔을 따르며 영혼을 달래고 위로하고 또 남아있는 우리의 상처를 치유하며, 고수레를 통하여 수많은 어린 영혼들을 달래본다. 그리고 우리는 우리에게 주어진 삶을 살아간다.'

어머니께서 해주신 따뜻한 밥을 먹고
다시 용의 기운을 얻어 파이팅 하자

[그림 3-103] 드래곤

요즘 바쁘게 살다보니 식사를 거르는 경우가 많아졌다. 그러다 보니 패스트푸드로 간단히 해결하는 경우도 허다했다. 그래서일까, 정말 요즘 어머니께서 해주시는 밥이 생각나던 때였다. 밥상 보자기를 연상하고 나니 딱 들어맞는 듯하다. 붓이 가는대로 그린 획에서 용의 기운이 느껴지는 것은 어머니께서 해주신 따뜻한 밥을 먹고 다시 용의 힘을 얻어 파이팅 하자는 의미로 해석되었다.

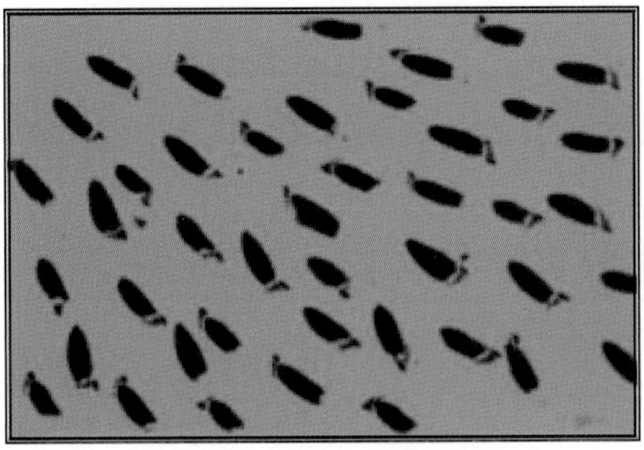

[그림 3-104] 일상(발자국)

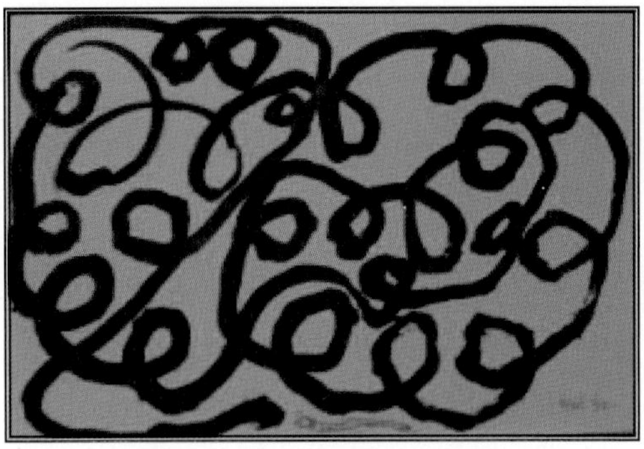

[그림 3-105] 지렁이의 하루

[그림 3-106] 밥상 보자기

[그림 3-107] 조명감독

먹물을 머금은 붓을 손에 쥔 채로 선을 한없이 그어보기도 하고, 점을 찍기도 하고, 동그라미를 그려보기도 하고, 마음이 이끌리는 대로 난화를 그려보았다. 마음에 들지 않는 그림들을 제외하고 나니 5개의 난화가 남았다. 그 속에서 연상되는 숨은 그림 찾기가 시작된다. 연상되는 그림을 찾아 다양한 채색도구를 이용하여 구체화 작업 과정을 거쳤다. 각각의 이미지에 의미를 부여하여 배치를 한 후 전체의 이야기를 만들어 보았다. 현재의 상황과 연관지어 볼 때 나의 요즘이 그대로 그림으로 나타난 것 같아 신기했다. 조명감독처럼 자신의 위치에서 맡은 바에 묵묵히 책임을 다하며 일하는 모습이 요즘 바쁘게 생활하고 있는 나의 모습인 듯하다. 수없이 많은 발자국들이 오가는 그림에서는 반복되는 우리들의 일상이 느껴진다. 그 많은 사람들 속에서 나 또한 중요하게 쓰일 영양분이 되도록 노력하고 있다. 지렁이의 역할처럼 말이다. 먹물난화 작업을 하면서 느낀 것은 우리가 작업하는 모든 행위에는 다 의미가 있는 것 같다. 이러한 과정을 통해 얻어지는 메시지를 다시 한번 생각해 본다.

단지 꿈으로 끝나는 게 아니라
그걸 이루기 위해 우린 부단히도 노력하지 않는가

[그림 3-108] 꿈 그 안에서

먼저 조원들끼리 주제를 정하기 위해 나눔을 시작하였다. 각자가 생각하는 주제가 다르기에 하나의 주제로 정하기란 쉽지 않았다. 그래서 각자가 생각하는 키워드를 생각해 발표하기로 하였다. 그렇게 나온 것 중에 관계, 사계절, 꿈, 인생그래프 4가지로 압축되었고 최종 꿈으로 결정되었다. 사람은 누구나 자기의 꿈을 그리며 살아간다. 단지 꿈으로 끝나는 게 아니라, 그걸 이루기 위해 우린 부단히도 노력하지 않는가. 그 꿈이 이루어지면 또 다른 꿈을 꾸며 살아가겠지. 어렸을 적 우리의 꿈은 그때 그때 달랐던 거 같다. 우린 지금 그리고 있는 각자의 꿈을 공개하기로 했다. 고즈넉한 산동네에서 사는 것, 마당이 큰 집에서 사는 것, 안락한 가정과 안정적인 직업, 심리치료 센터를 차리는 것, 여군 등 다양한 꿈을 가지고 살아가고 있었다. 이미 이루어진 꿈도 있었고 아직 꿈을 향해 가고 있는 사람도 있다. 이러한 꿈을 우린 그림으로 표현하고자 아이디어를 내고 의견을 맞춰나갔다. 아이 때부터 우린 꿈이란 것을 키우며 살지 않는가. 거기서부터 출발하기로 했다. 작은 씨앗을 심고, 물을 주어 새싹을 틔우고, 꽃을 피워 결실의 열매를 맺는 과정으로 표현하였다. 풍성한 꿈의 열매에는 각자의 꿈을 그려 넣었다.

꿈을 드림(dream)니다

[그림 3-109] 나의 꿈 열매

나의 열매는 '언제나 꿈을 가지고 살아가는 나'이다. 그 꿈을 이루기 위한 여정을 즐길 줄 아는 나이길 바라는 마음에서 그렇게 정했다. 처음에는 크기만 했던 광목천이 점점 우리의 꿈으로 가득 차가는 모습을 보고 뭉클함이 느껴졌다. 서로 협동하여 하나의 작품을 완성해 나감으로써 타인의 마음을 이해하고, 서로의 관계성을 높이는 좋은 기회가 되었다.

어떤 시련이 와도 안전 바가 매어져 있다는 사실을 기억하면서 가슴속 뜨거운 열정으로 헤쳐 나갈 것이다

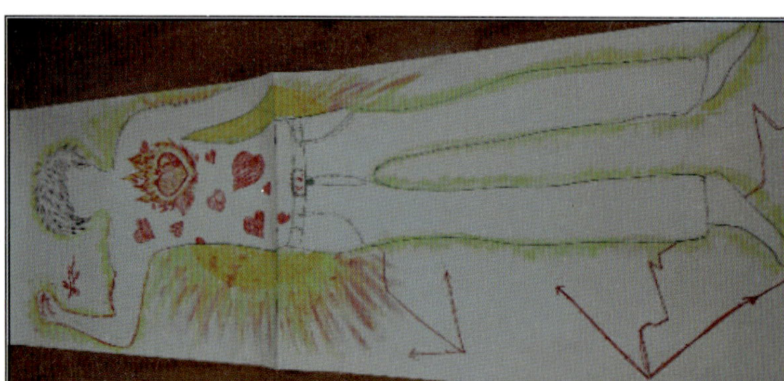

[그림 3-110] 열정

자신의 내면이 투영되는 똑같은 실루엣인 신체본뜨기를 통하여 자신이 보내는 메시지를 알 수 있었고 승화, 내면의 이완, 자기 암시 등의 체험을 경험하였다. MC 스나이퍼의 인생이란 음악을 들으면서 작업을 하였다. MC 스나이퍼는 한국 힙합가수 중 한 명이다. 사람마다 음악적 견해의 차이는 있을 것이다. 안티도 많은 가수이긴 하지만, 나에겐 큰 힘이 되는 뮤지션이다. 그만큼 골수팬이기도 하다. MC 스나이퍼의 노래 중 '인생'이란 곡이 있다. 한 남자의 태어남에서 죽음까지의 인생을 약 4분여 안에 녹여내고 있다. 한 가정의 가장으로서의 책임감과 삶의 무게와 부모님에 대한 사랑이 느껴지는 곡이다. 밝은 곡이라고는 할 수 없지만 이 곡이 주는 메시지를 항상 마음속에 새기고 있다. 인생을 많이 산 것은 아니지만 가슴속 깊은 곳에서 뜨거움이 느껴지는 곡이라서 사용하였다.

코미디언 김국진이 '남자의 자격' 출연 당시 강연 내용에서도 가슴에 와 닿는 이야기가 있었다. "아이가 걸으려면 2,000번을 넘어져야 한다. 여러분은 2,000번을 넘어졌다가 일어난 사람들이라며 앞으로도 여러분은 사람에, 학업에, 사랑에, 일에 또 넘어지겠지만 롤러코스터의 특징은 안전 바가 있다는 것이다. 주저 말고 롤러코스터를 즐기기 바란다. 넘어지는 것을 두려워하지 말라"라는 말이 가슴에 저장되어 있다. 나의 내면이 투영된 신체본뜨기에서도 알 수 있듯이 내가 보내는 메시지는 '열정'이다. 앞으로의 인생에서 더 많은 일들이 펼쳐지겠지만, 어떤 어려움과 시련이 와도 자신감을 가지고 안전 바가 매어져 있다는 사실을 기억하면서 가슴속 뜨거운 열정으로 헤쳐 나갈 것이다. 그림과 같이 불끈 쥔 주먹으로 파이팅을 외치며!

갈등이 있는 곳에 촛불을 비추어 줌으로써 희석이 되고
메시지가 느껴지는 곳은 그 의미가 배가 되다

[그림 3-111] 촛불만다라

각자가 하나씩의 조각을 나눠 가지고 본인의 조각 만다라를 그려나갔다. Self에 대해 한 번 더 깊게 생각해 볼 수 있는 기회인 듯하다. 각각이 모여 하나가 되면 어떤 퍼포먼스를 낼지 상당히 기대되는 순간이다. 역시나 작품이 만들어졌다. 놀라울 따름이다. 이젠 촛불을 매개체로 각각의 Self에 대해 의미를 나누기로 하였다. 아픈 곳과 갈등이 되는 곳에 촛불을 비추어 줌으로써 조금이나마 희석이 되었고, 메시지가 느껴지는 곳을 비추어 줌으로써 그 의미가 배가 되는 좋은 경험이었다. 서로의 그림으로 초대하고, 초대받는 과정 속에서 개인으로 출발해서 공동으로 하나가 되는 시간이다. 공동 만다라를 하면서 분열된 것을 하나로 모아 일체감을 경험하며 원만한 성격을 키우고, 한계를 받아드리고, 필요한 것을 수용하는 것을 배웠다. 만다라 그림들은 각 개인의 집단 무의식에 잠들어 있는 원형을 깨워주고 활기를 불어 넣어주는 열쇠라는 것을 확인하는 시간이었다.

[그림 3-112] 있는 그대로의 나

나의 조각 만다라 제목은 〈있는 그대로의 나〉이다. 나의 모든 것을 표현할 순 없지만 내가 좋아하고, 즐기고, 원하는 것들을 표현해 보았다. 그 중에서는 나에게선 빠질 수 없는 키워드들이 항상 보이곤 한다. 그게 진정한 나이기 때문이다. 그렇게 다 완성된 조각 만다라들을 다시 본래의 형태로 합쳐서, 얻은 치유적인 요소는 일체감 속에서 원만함이며 정반합의 과정으로 수용하게 되는 과정이었다.

작은 눈이 찾긴 힘들어도, 그 눈에 한번 빠지면 헤어 나오기 힘든 허브 향기 나는 사람이다

[그림 3-113] 허브(향기나는 사람)

잠시 나에 대한 명상을 하고 난 후에 빈 상자를 이용하여 상자가 '나'라고 생각하고 바깥쪽은 다른 사람이 보는 나, 안쪽은 내가 보는 나를 표현하는 활동이다. 잠시 동안 명상에 잠겨 남들은 나를 어떻게 보는지, 내 안의 나의 메시지는 무엇인지 '나'라는 의미에 빠져보았다. 나를 표현한다는 자체가 쉽지만은 않은 작업이었다. 먼저 겉의 나를 표현하기로 하였다. 나중에 알고 보니, 겉을 먼저 표현하는 것은 외적인 것부터 중점을 두는 심리 상태라고 한다. 나를 처음 본 사람들에게서 내가 차갑게 느껴진다는 말을 종종 듣곤 했다. 반대로 순하고, 온화하다는 말도 많이 들었다. 셀프박스의 겉은 페르소나라고 하는데 나는 상황에 따라 그에 맞는 모습들로 바꿔가며 보여지는가보다. 그렇게 상자의 반은 차디찬 얼음(겨울)을 표현하였고, 반은 아주 따스한 햇살(봄)과 같은 꽃들로 표현하였다.

내 안에서 꿈틀거리고 있는 진짜 나를 표현하기 위한 메시지들을...

[그림 3-114] 메시지들

안쪽은 내안에서 꿈틀거리고 있는 진짜 나를 표현하기 위한 메시지들을 넣어보았다. 비타민, 사랑, 웃음, 유머, 내성적, 적극적, 따뜻함, 난로, 열정 등과 같은 키워드들을 넣었다. 양파같이 벗기면 벗길수록 새로운 모습을 볼 수 있고, 사람 향기가 나는 인간적인 내면의 모습을 언제든 꺼내 보여줄 수 있도록 만들어 보았다. 각자의 셀프박스에 대한 소개를 하는 나눔의 과정에서 마음에 드는 피드백으로는 '작은 눈이 찾긴 힘들어도, 한번 빠지면 헤어 나오기 힘든 사람'이라고 표현해준 것이다. '나'를 돌아보는 좋은 계기가 되었다.

개인적인 생각으로 자기를 표현하는 어떤 형상물을 만든다는 것 자체가 어떤 사람에게는 빛일 수도 어떤 사람에게는 어둠일 수도 있다는 생각이 들었다.

이리로 오너라 ! 이놈의 세상아 !!

[그림 3-115] 울트라 타이거마스크

가면 명상을 할 때에 나는 고요한 시골길을 따라 한가로이 걸어가고 있었다. 길가에는 아주 큰 가로수들이 늘어서 있었고, 나뭇잎 사이로 햇살이 한 가득 비추고 있었다. 한참을 가다보니 운동장만한 아주 큰 공터가 있었고, 그곳에서 나의 3배는 될법한 곰을 만났다. 보기완 다르게 아주 온순한 곰이어서 친근감마저 들었다. 곰은 나를 인도하였고 어느 노부부가 사는 집에 들어서게 됐다. 노부부는 나를 쉴 수 있게 방으로 안내해 주었으며, 그 방에는 지하로 내려갈 수 있는 계단 통로가 있었다. 아래로 내려가 보니 그 곳에는 수없이 많은 가면들로 가득 차 있었다. 그 중에서 무언가의 힘에 끌리듯 한 가면 앞에 서게 됐다. 그것은 타이거마스크였고 나는 그 가면을 들고 밖으로 나왔다.

그리고 둘씩 짝을 지어 석고붕대를 이용해 서로의 가면을 만들어 주는 작업을 하였다. 얼굴에 하나, 둘씩 물에 적신 작은 석고붕대가 올려 지면서 점점 답답함이 느껴졌다. 하지만 이내 곧 평온이 찾아왔다. 그렇게 시간이 지나 석고붕대가 굳어진 가면을 벗어 맞대면 해보니까 나를 닮은 것 같기고 하고, 아닌 것 같기도 하고, 또 다른 나를 보고 있는 것 같기도 해서 기분이 묘했다. 이젠 아까 명상 속에서 들고 나왔던 타이거마스크를 꾸며 보았다. 완성이 되어진 울트라 타이거마스크가 아주 마음에 들었다. 타이거마스크를 완성하고 보니, 송강호 주연의 영화 '반칙왕'이 생각났다. 송강호는 직장에서 상사에게 치이고, 사랑하는 여인에게도 고백 못하는 소심한 은행원으로 등장한다. 그렇게 매일 매일이 지치는 나날을 보내다 우연찮게 프로 레슬링에 입문하게 된다. 어느 날 자신을 가르치던 관장의 서랍에서 울트라 타이거마스크를 발견하게 된다. 그 가면을 씀과 동시에 더 이상 소심한 은행원이 아닌 것이다. 강한 남성의 이미지를 얻게 되었다. 그러던 중 시합 중 타이거마스크가 찢겨지는 일이 발생한다. 마스크 안의 소심했던 본래 자신의 본 모습이 드러나는 것이 수치스러워서였을까? 자신도 모르게 분노를 폭발하며 시합은 난장판이 된다. 하지만 여기서 중요한 것은 가면이 찢겨지면서 자신도 모를 알 수 없는 힘이 생겨나 대등하게 경기를 펼치게 된다. 과해서도 안 되겠지만, 적당한 페르소나는 필요하다고 본다. 내가 만든 타이거마스크 또한 내가 지금 살아가는데 필요한 페르소나가 아닐까. 언젠가는 가면 뒤에 숨겨진 진정한 나를 보여줄 날이 올 것이라 믿는다. 그때까진 타이거마스크를 적당히 이용하면서 말이다.

[그림 3-116] 타이거마스크 페르소나

'나라를 구하는 정의의 사도'처럼 힘이 느껴진다는 피드백을 받았다. 깃발의 메시지처럼 험난한 이 세상을 살아가면서 명상 속에서 만났던 곰의 힘과 타이거의 용맹함으로 헤쳐 나갈 것이다. 석고 본뜨기를 통한 가면 작업을 통해 현재 자신에 대한 인식을 높일 수 있었으며, 내면을 돌아 볼 수 있는 계기가 되어 긍정적으로 변화할 수 있다는 메시지를 얻게 되었다.

해체 – 내려놓음 – 나의 날개

해체

[그림 3-117] '1'

[그림3-118] 나의 날개

검은색 하면 떠오르는 부정적인 단어는 악마, 우울, 지하실, 나쁜 마음, 죽음, 밤, 숙취, 공포영화, 사고, 나를 힘들게 하는 나이다. 그 중에서 나를 힘들게 하는 나를 해체해 보기로 결정을 하였다. 우선 나를 힘들게 하는 나를 조목조목 적어 보았다. 그것은 생기지도 않은 일에 대한 우려와 걱정이며 또한 사람들의 시선과 괜한 오해 등에 대해 너무 많은 생각들로 나를 힘들게 하는 나이다. 한편으로 100% 완벽하지도 못하면서 완벽을 추구하려고 하는 나도 나열이 되었다. 나는 어떤 것을 진행함에 있어 정도가 지나친 조심성이 나를 너무 힘들게 한다. 계획을 세우고, 진행과정 속에서 어떤 일들이 벌어지고, 어떤 결론이 내려질지 미리 생각하고, 또 그 생각의 꼬리를 무는 과정을 반복적으로 하다 보니 정신적으로 나에게 스트레스를 너무 준다. 이렇게 고통을 주는 나의 생각과 고민들을 해체하고 싶었다. 검정 한지, 검정 색지, 검정 비닐, 검정 타공지, 검정 부직포를 하나하나 찢으며 그렇게 나를 힘들게 만드는 나(마음)를 해체하기 시작했다. 잘 찢기는 재료가 있는가 하면, 힘을 세게 주어도 찢기지 않는 재료들이 있었다. 그런 매체들을 어떻게든 찢으려고 안간 힘을 쓰는 나를 발견하고는 정말 털어내고 싶어하는 심정이 스스로에게 진하게 느껴졌다. 그렇게 해체작업을 한 후 한 바퀴를 돌며 다른 사람들이 해체 한 모습도 보게 되었다. 한 마디로 어지러웠다. 모두들 해체하고 싶은 것들을 이렇게 안고 살고 있었구나 생각하니 마음이 무거워졌다. 재구조화(내려놓음)작업에 들어가서 찢겨진 재료들을 모아 테이프로 뭉치기 시작했다. 어지럽게 찢겨졌던 마음과 여러 방향으로 갈라졌던 생각, 마음의 조각들을 하나로 뭉쳐서 하나의 방향으로 수월하게 나아갈 수 있도록 하고 싶어 숫자 '1'로 표현하였다. 또한 순조로운 항해를 위한 색 입히기에서 검은 색이 싫어 녹색으로 감싸주었다. 하나의 방향으로 쉽게 정리되었고 순리대로 생각의 자유를 주고 싶어 날개를 달아 주었다. 한결 마음이 편안해짐을 느꼈다.

어떻게든 찢으려고 안간 힘을 쓰는 나를 발견하고
정말 털어내고 싶어하는 심정이 스스로에게 느껴졌다

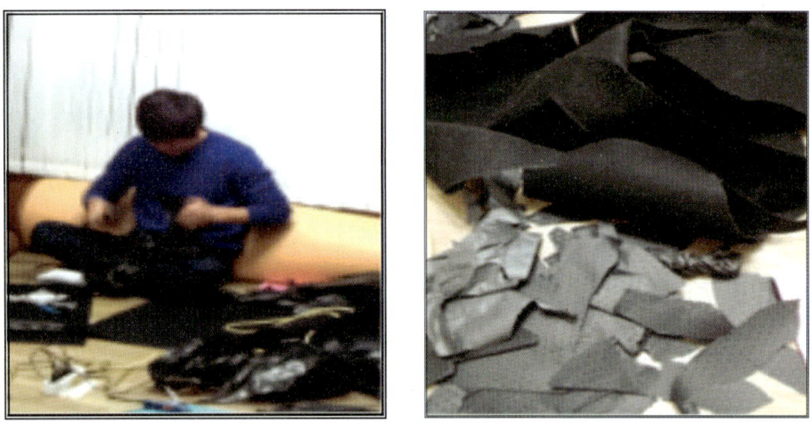

[그림 3-119] 해체의 모습

그림으로 말하는 男子 5

자유롭게 보이지만 자신에게 엄격하고 침범받기 싫은 아폴론

전반적으로 행복하게 살기 위해 노력을 하고 상황에 따라 유연한 사고로 문제를 해결하는 아폴론

35세의 아폴론님은 1남 2녀 중 셋째이다. 유복하지는 않지만 보통 이상의 가정에서 부모님이 공부를 강요하지 않는, 자녀들이 하고 싶은 일을 할 수 있도록 도와주는 환경에서 자랐다. 큰 누나는 약사이고 작은 누나는 간호사이며 두 누나는 다 결혼을 하였고, 본인만 아직 미혼이다. 전반적으로 별 문제가 없는 화목한 가정이다. 아폴론님은 초등학생을 대상으로 디자인 창작수업을 강의하고 있으며, 결혼 적령기의 남성으로써 결혼을 하고 싶은 여자 친구가 있지만 모은 돈이 없어 걱정이라고 하였다. 인생이 그럴 수 있다면 전반적으로 행복하게 살기 위해 노력을 하고 있으며 자신을 보다 더 잘 알고 싶어서 예술치료에 임하게 되었다. 그는 자신이 굴곡 없는 삶을 살았기 때문에, 업무를 진행할 때 욕심이 없이 상황에 맞게 일을 처리하는 성격이 나타나는 것 같다고 한다. 동시에 의도한 것을 포기하고 차선책을 선택하는 것으로 미루어 볼 때, 상황에 따라 유연한 사고로 문제를 해결하고 처음 계획한 것에 대하여 고집을 부리지 않는 성격도 반영이 된다고 하였다. 반면에 그는 회기를 진행할 시에는 자유롭게 보이지만, 자신에게 엄격한 면을 발견하고, 자기애가 강해서 침범 받기 싫은 면도 발견한다고 하였다. 그래서 자신은 지금 쿠키반죽과도 같은 준비 중의 상태로 느껴지고, 언젠가 자신의 쿠키가 완성될 날을 고대하고 있다. 그는 쿠키가 완성될 날을 위해서 '나는 아직 마음을 열고 있지 않은가?' 라고 자문하면서 너무 생각 없이 사람과 선을 그리지 않고 있다. 또한 그는 여우가 어린 왕자에게 가르쳐 준 친구가 되는 길들이는 법의 비밀을 기억하고 있었다. 그는 '가장 중요한 것은 눈에 보이지 않고 마음으로 밖에는 볼 수 없다.'라는 진리로 세상과 관계를 맺고자 노력한다. 그래서 즐겁고 사랑스럽게 서로 잘 길들이면서 마음으로 볼 수 있는 눈을 길러서 타인을 보고자 하였다.

친하게 지내는 사람은 많지만 나의 생활에 영향을 주는 인간관계는 없는 것 같다

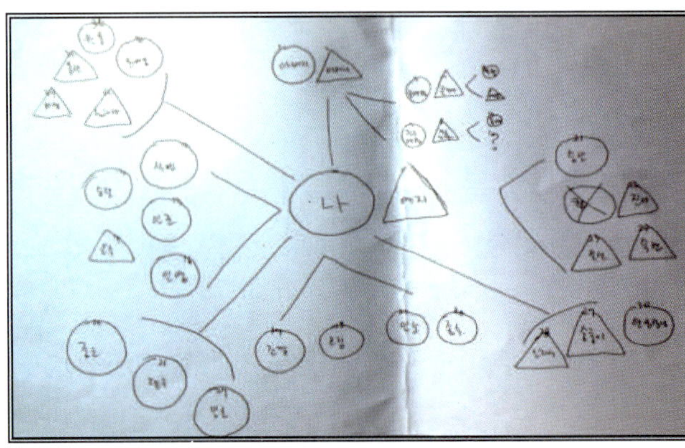

[그림 3-120] 나의 인간관계도

나의 인간관계도를 남성은 동그라미로 여성은 삼각형으로 표시하면서 자유롭게 Social Atom을 그려 보았다. Social Atom을 표현하는 동안에 내가 자각한 것은, 나는 어떤 사람과도 겹쳐짐이 없었다. 나를 중심으로 가족을 가장 먼저 그렸다. 무의식적이지만 나보다는 부모님을 조금 작게 그리고, 친 누나와 매형을 부모님보다 작게, 마지막으로 조카들을 누나들 보다 작게 그렸다. 가족을 그린 후 여자 친구를 그려 넣었다. 나와 가장 가깝게 위치했고, 크기도 나와 비슷한 크기로 그렸다. 그 후 자주 만나는 친구들을 그리게 되었는데 크기는 나 보다는 작은 부모님과 같은 크기로 표현하였다. 그림을 그리면서 몇몇 친구들 생각이 났지만, 왠지 모르게 그리지 않아도 되겠다 싶어 그려 넣지 않았다.

Social Atom을 보면 가족을 가장 먼저 생각하고 있다는 생각이 들었다. 나를 중심으로 표현된 인간관계도에서 부모님은 나보다 높은 곳에 위치하고 있다는 생각에 나의 위쪽으로 표현하였다. 부모님의 크기가 친구들과 같은 것으로 보아, 부모님을 친구들과 같은 정도로 생각하고 있는 나의 무의식을 발견할 수 있었다. 사람과 사람사이의 겹침이 없는 것을 보아 내가 나처럼 의식하거나 집착하는 상대는 없었고, 사람 모두 대등한 관계라고 생각되어졌다. 반면에 친하게 지내는 사람이 많지만 나의 생활에 영향을 주는 인간관계는 없다고 보였다. 다르게 말하면 나 자신이 타인과의 관계에서 집착하는 관계가 되기를 거부하는 것으로도 보였다.

다음으로 인간관계를 카테고리별로 분류하면서 정리되고 정돈된 것을 좋아하는 성격을 볼 수 있었다. 오른쪽에 틀려서 수정한 동그라미가 있다. 일단 그리고 생각해보니 성별이 달라 가위표로 지웠다. 내가 그 친구들을 동성으로 생각해서 동그라미로 표현하는 실수를 범했을 수도 있고, 생각안하고 무심코 그림을 먼저 그리는 성격을 볼 수도 있었다. 나의 작품과 다른 사람의 작품을 비교해 보는 과정에서 '나는 아직 마음을 열고 있지 않은가?' 라고 자각하게 되었다. 한편 너무 생각 없이 선을 그리고 의식하지 않고 편안하게 작업을 해나가는 것으로도 생각이 되었다. 반면에 사람 모두가 다른 표현 방법과 다른 의식으로 작품을 표현하는 것이 무척 신기했다. 특히 마음을 담아서 표현하고 자신의 마음을 작품에 투영하는 사람이 많다는 것을 알게 된 것은 새로운 경험이었다. 나는 이 세션에 참가하면서 사람들과 소통의 중요성을 많이 느꼈다. 특히 미술 매체를 활용하는 심리 상담을 위해서 그림으로 서로 소통하고 공감하는 것은 무척 중요한 것이라고 생각하였다.

지금의 내가 쿠키 반죽과도 같은 준비 중의 상태로
느껴져 완성될 쿠키(나)를 기대하는 마음으로

[그림 3-121] 기대해

지점토라는 단어를 접했을 때는 아무생각 없이 멍했다. 이번엔 어떤 진행이 있을까? 라는 기대감과 지점토를 언제 만져 보았나? 하는 생각이 들었다. 아마도 초등학교 6학년 혹은 중학교 시절이 아닐까 기억한다. 지점토를 처음 만졌을 때 차가움이 마음에 들었다. 지점토는 손에 묻어나지 않는다는 생각이 있었는데 손에 묻어나서 조금 불쾌한 느낌이 들었다. 지점토에 대한 탐색을 진행하며 찢어보고 뭉쳐보는 단계에서 한번 분리된 점토가 완벽하게 뭉쳐지지 않았다. 그래서 어떻게 하던 하나의 모나지 않은 덩어리로 만들기 위해 힘주어 반죽을 하였다. 만지는 도중 무언가 먹을 것을 만드는 반죽과 같다는 생각을 하였다. 쿠키를 만들고 싶다는 생각이 들어 도화지에 반죽을 옮기고 동그란 색연필로 반죽을 평평하게 밀었다. 반 정도를 밀고 이정도면 되겠다 싶은 마음과 손에서 말라가는 묻어난 지점토의 불쾌함이 참을 수 없어 손을 씻었다. 4절지와 8절지의 선택에 주저 없이 8절을 택했다. 아직 내 자신을 표현하기에 망설임이 있는 것으로 생각되고, 내 자신이 하고 싶은 이야기가 별로 없어 무의식 속에 작은 종이를 선택했다고 생각한다. 표현하고 싶은 내용이 크게 없음을 느낀다.

지금 내 삶이 그저 그런 재미없는 밍밍한 삶인가 하는 생각이 든다. 아니면 내 자신을 표현하는데 두려움이 있어서 작품을 적당히 타협하여 만드는 것이 아닌가 한다. 반죽을 할 때는 반반한 덩어리가 되기를 간절히 바랬지만, 종이 위에서 밀 때, 적당히 밀려도 괜찮다는 생각에 적당히 반죽의 반만 밀대로 밀었다. 종이를 이용하여 쿠키 모양을 찍을 때에도 약하게 찍히거나, 쿠키의 모양이 찌그러져 잘못 찍힐 때에도 새롭게 고쳐서 다시 만들고 싶다는 생각이 들지 않았다. 배경은 밀대로 사용하기 위해 가져왔던 색연필을 이용하여 반죽 위에 밀대를 그려 넣었다. 반죽에서 모양을 찍는 손을 그리려고 했으나. 밀대를 먼저 그리고 구도가 애매해 모양 틀만 앞 선생님이 가져온 크레파스로 그렸다. 주위에 있는 채색도구로 적당히 그림을 완성하는 것으로 보아 나에 대한 업무를 진행할 때 욕심 없이 적당히 상황에 맞게 일을 처리하려는 성격이 나타난 것이 아닐까 생각한다. 또한 의도한 것을 포기하고 차선책을 선택하는 것으로 미루어 볼 때, 상황에 따라 유연한 사고로 문제를 해결하고, 처음 계획한 것에 대하여 고집을 부리지 않는 성격이 반영된 것으로 생각해 본다. 무의식적으로 그리다보니 기울기와 그림자가 달라서 신경이 쓰여, 그림자만 적당히 그리고 마무리 했다. 짙은 회색이라 생각해서 집은 크레파스는 파란색이었지만, 그림자가 되기에 문제가 없다고 생각하여 그림자 표현을 하였다. 배경이 허전하여 파스텔을 이용하여 도마(쿠키작업대)라고 생각되는 색을 도화지의 귀퉁이에 표현했다.

쿠키를 굽는 작업 중을 표현한 작품을 보며 “기대해”라는 작품명을 지었다. 하트모양의 잘 구워진 쿠키를 같이 먹는 장면을 생각하며 작품을 마무리 지었다. 작품명을 지으려고 생각해 보니, 맛있는 쿠키를 대접하기를 기대하는 마음과 왠지 지금의 내가 쿠키 반죽과도 같은 준비 중의 상태로 느껴져, 완성될 쿠키(나)를 기대하는 마음에 작품명을 지었다.

나 자신에게 엄격한 나를 발견하고 자기애가 강해 침범 받기 싫은 내 모습도 발견하다

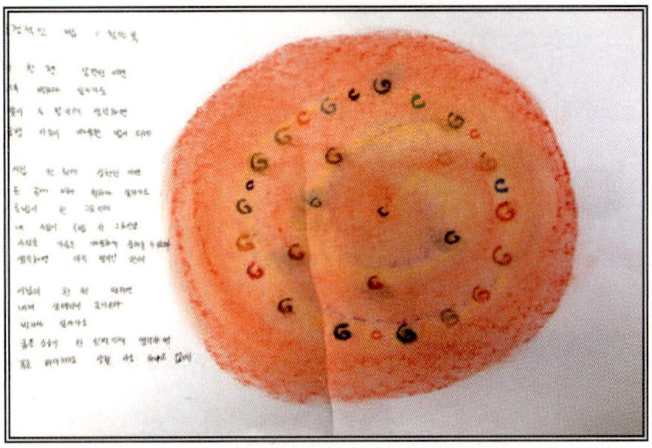

[그림 3-122] 따뜻한 긍정

내 이름에 대한 시를 찾아보았다. 내 이름 앞 두 글자인 ‘정성’이라는 단어는 예전부터 많은 생각을 하게 한다. 나는 무척 긍정적인 사람이라 생각했고, 내 이름에서 보이는 ‘정성’이라는 단어에 초점을 맞추어 내 이름에 맞는 시는 무엇일까? 찾아보았다. 위 시는 ‘긍정적인 밥’ 이라는 시다. 현재 나의 상황, 학생을 가르치며 내가 하는 일이 학생들에게 무의미하지 않기를 바라는 마음과 같아 선택하게 되었다. 나에게 맞는 시를 찾으며 평소에 막연하게 생각하던 마음을 정리하는 기회가 되었다. 이번 회기 수업에 이름을 왼손으로 써보고, 오른손으로 써보며 어떠한 느낌이 드는지 알아보았다. 늘 그러하듯이 막연하게 시작해 본다. 오른손으로 이름을 써 보았다. 좌측 상단에 이름을 쓰는 나의 모습에 아직은 고정관념에 사로 잡혀있나? 라는 생각을 해보고, 가운데에 이름을 써본다. 이후 왼손으로 이름을 써본다. 왼손으로 이름을 쓰기 시작하며 삐뚤삐뚤하게 써지는 이름이지만 무언가 재미가 있다. 종이를 가득 채우고 싶은 마음에 이름을 많이 써본다. 즐겁다, 그리고 글씨가 점점 커진다. 왼손으로 쓰는 글씨에 자신이 생긴다. 오른손으로 다시 나의 이름을 써본다. 왼손처럼 글씨가 커지지는 않지만, 확실히 필압이 강해져 나의 이름이 진하게 써져 있다. 이름을 쓰며 가슴이 따뜻하게 휘몰아치는 무언가를 느낀다. 느껴지는 감정은 너무나도 기분이 좋다, 가나 초코렛(빨간색 포장)을 먹었을 때 느끼던 가슴 따뜻함이다. 설레이는 벅찬 기분을 표현하고자 큰 원을 그렸다. 설명은 어렵지만 여러 가지 복합적인 감정이 동시에 들어, 3가지 색으로 큰 원을 칠해 나갔다. 긍정적인 의미의 색과, 무언가 알 수 없는 광기를 표현하고 싶어 3가지 색을 선택하지 않았나 싶었다. 나라는 큰 원안에 소용돌이 치고 있는 다양한 색을 표현해 보았다. 나의 원에 섞이는 색이 있는 반면에 자신의 색을 뚜렷하게 갖고 있는 소용돌이도 존재하였다.

그림을 그리고 내가 준비한 시를 써 넣어본다. 하하하... 한번 웃어본다. 준비해온 시를 전혀 생각하지 않고, 방금 생각한 이미지만 가지고 그림을 표현했다. 물론 둘의 연관성을 찾고 이야기를 하라면 다양한 이야기를 만들 수 있겠지만 그러고 싶지 않았다. 시를 그림 옆에 써 내려갔다. 시와 그림이 다르다고 생각해 글씨가 그림위에 써지기를 원하지 않았다. 이번 회기는 시를 통해 내가 평소에 막연히 생각하는 것을 정리할 수 있는 시간이 되었고, 나의 이름에 대해 자부심을 더욱 갖게 되는 기회를 가졌다. 작품 과정과 내담자의 입장으로 이야기를 하며, 내가 몰랐던 나의 성격들도 알게 되는 기회를 가졌다. 회기를 진행하며 자유롭게 보이지만 나 자신에게 엄격한 나를 발견하였고, 자기애가 강해 침범 받기 싫은 나의 모습도 보았다. 나의 작품뿐만 아니라 회기를 같이 진행한 타인의 작품을 감상하며 나의 생각이 투영됨을 느꼈다. 이 과정을 통해서 얻은 것은 내가 상담자가 되었을 때 무엇보다 경청이 중요하다고 느꼈다, 그리고 상담자의 공감과 자신감 있는 목소리는 내담자에게 긍정적인 파이팅을 일깨워 줄 수 있겠다고 생각되었다.

긍정적인 밥

함민복

시(時) 한 편에 삼만 원이면
너무 박하다 싶다가도
쌀이 두 말인데 생각하면
금방 마음이 따뜻한 밥이 되네

시집 한 권에 삼천 원이면
든 공에 비해 헐하다 싶다가도
국밥이 한 그릇인데
내 시집이 국밥 한 그릇만큼
사람들 가슴을 따뜻하게 덥혀 줄 수 있을까
생각하면 아직 멀기만 하네

시집이 한 권 팔리면
내게 삼백 원이 들어온다
박리다 싶다가도
굵은 소금이 한 됫박인데 생각하면
푸른 바다처럼 상할 마음 하나 없네

음악을 들었을 때 날아갈 것과 같은 가벼운 마음이었는데
만다라가 왠지 무거워 보여 날개를 달아 보았다

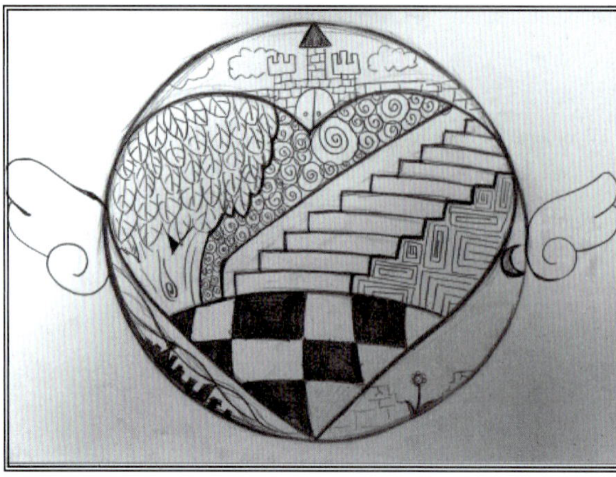

[그림 3-123] 마법의 성

첫 번째 음악에서 받은 느낌은 춥다, 소중한 것을 잃은 느낌이다. 슬픔을 참고 있다. 갑자기 드라마 〈발리에서 생긴 일〉에서 주먹을 입에 넣고 있는 조인성이 생각난다. 머릿속에서 전쟁으로 삭막해진 회색 도시의 풍경이 그려진다. 주인공은 슬픔을 이해하고 그 삶 속에 희망을 찾고자 즐기며 살아간다. 하루하루 즐기며 살아가다 문득 슬픔의 근원이 해소되지 않은 채 현실을 도피하고 있는 자신을 깨닫는다. 혼란스럽다. 하지만 또 희망을 찾으려한다. 두 번째 음악은 기대감이 있다. 신비롭다. 환하게 빛나고 있다. 찬란하다. 발랄하다. 연인의 밀땅 같다. 설레다. 기분 좋은 긴장감이 있다. 여럿이 모여 잔치를 벌이고 있다. 즐겁다. 사랑을 축하하는 모습으로 보인다. 연인이 연못을 보고 사랑을 속삭인다. 세 번째 음악은 신데렐라가 생각난다. 계단과 로비를 물청소 하고 있다. 하지만 신난다.^^ 청소하는 것이 즐거워 콧노래도 나온다. 갑자기 숲속으로 이동해 숲속 동물들(사슴, 종달새)과 함께 춤추며 노래한다. 갑자기 왕자가 나타난다! 부끄럽지만 마음을 열고 숲에서 즐거운 시간을 갖는다. 왕자가 자신의 왕국으로 초대를 한다. 고민된다... 두렵지만 싫지는 않다, 발걸음을 왕국으로 옮긴다. 저 멀리 왕국이 보인다. 망설이다 설레는 마음으로 왕국으로 발걸음을 내딛는다. 왜 인지는 모르지만 이번 회기에는 너무나도 신나는 기분이다. 가장 기쁘다고 생각하는 2번째 노래(하트)를 만다라의 큰 원에 그려 넣었다. 하트 안쪽과 위쪽의 성은 나에게 가장 에너지를 넘치게 하는 3번째 곡을 표현했다. 즐겁게 가장 많은 양을 표현하였다. 그리고 아래쪽에는 슬픔이 느껴졌던 1번째 곡을 표현하였다. 삭막한 도시 속, 달빛아래 꽃 한 송이... 음악을 들었을 때 날아갈 것과 같은 가벼운 마음이었는데, 만다라가 왠지 무거워 보여 날개를 달아보았다. 그리고 내담자가 되어 나의 그림을 이야기해 보았다.

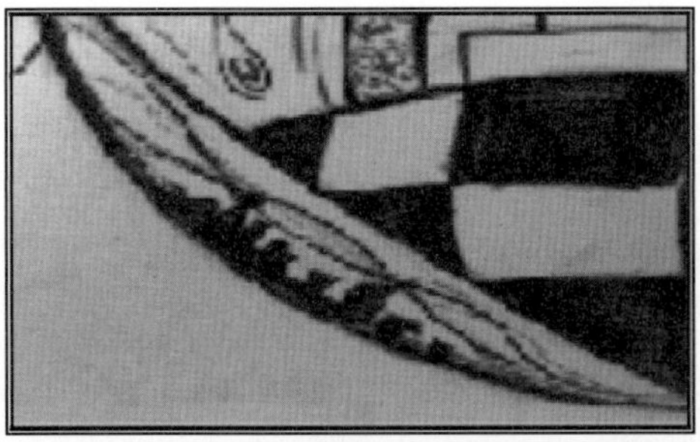

삭막한 도시(1번곡)

성(3번곡)

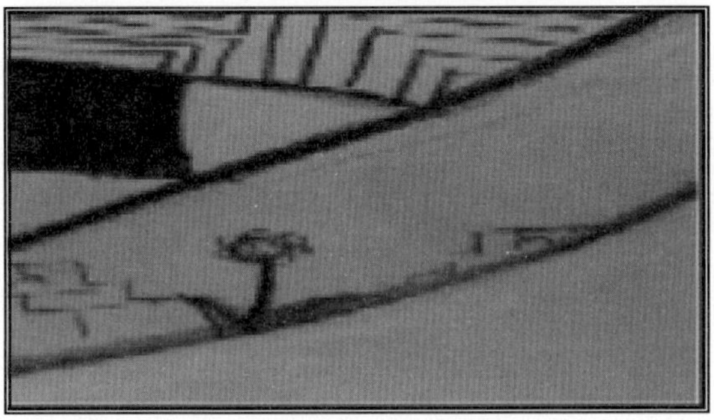

꽃 한송이(1번곡)

하트선(2번곡) 하트안(3번곡)

음악에 대한 나의 느낌을 표현한 그림을 분석하고 모두들 결혼을 묻는다.^^ 결혼을 준비하고 있는 나의 모습, 두렵지만 기대되고 설레는 내 모습이 그려진다. 맞다. 나는 결혼할 시기이며 충만하다. 생각하고 있지 않다고 생각했지만, 결혼에 대한 기대감과 설렘으로 가득 차 있고, 나 역시 결혼을 위해 즐겁게 준비하고 있는 모습으로 보인다는 피드백이다. 이야기를 들으니 더욱 결혼이 기대된다. 놀랍지만 즐겁다.

내 미래는 흰색 파스텔로 채색되어 있다 누군가는 이해 해주고 누군가는 이해 하지 못하는 색으로 채워져 있다 나는 그것이 재미있다

[그림 3-124] 정리

졸졸졸졸졸졸졸졸졸… … 냇물이 흐른다.

냇가의 소리가 흡사 튀김이 튀겨지는 소리와 같다. 음식이 생각난다. 요리하는 모습이 생각난다. 나의 현재를 생각해 본다. 행복하다. 날이 따뜻해지니 친구들과 여행을 가고 싶다. 여행이라 해도 거창한 것이 아니라 냇가에 물놀이하고 같이 바비큐파티하고, 맥주도 마시고 즐거운 상상을 해본다. 미래를 생각해본다. 별생각이 없다. 주어진 상황에서 가장 행복하게 시간을 보내자. 그러면 언제나 나는 행복하게 살고 있을 것이다. 내가 세상을 살고 있는 철학이다. 그래서인지 미래에 대해서 그다지 생각을 하지 않는 것 같다. 현재에 충실하게 살고 싶다. 미래의 큰 청사진을 그려놓지는 않았다. 나 역시 불안한 마음은 있지만, 불안함 마저 즐겁고 기대된다. 미래의 내 모습을 지금 알지 못한다는 것이 즐겁다. 그러기에 나의 미래는 백지로 남겨놓고 싶다. 나에게 미래는 존재한다. 앞으로 어떠한 색이 입혀질까 기대하며 살고 싶다. 오른쪽 상단에 엄청 작게 표현된 백색은 나의 미래다. 지금 현재가 흐르며 어떠한 미래를 만들지 기대된다. 나의 미래는 백색이지 아무것도 없는 것이 아니다. 흰색 파스텔로 표현하였다. 나의 미래는 채색되어 있다. 누군가는 이해해 주고, 누군가는 이해하지 못하는 색으로 채워져 있다. 나는 그것이 재미있다. 그러면서도 남들이 이해해 주기를 바란다. 작품의 제목은 〈정리〉이다. 지금 캠핑을 막 시작했다. 현재를 충실하게 보내면 정리하는 시간이 온다. 그것은 보이는 지금의 시간적 미래이다. 작품 제목으로 남들이 미래의 존재를 알아주길 바란다. 정리는 여러 가지 의미가 있지만, 새로운 기대감과 새로운 희망이다. 물론 필요 없는 것과 모두 소모한 것은 버릴 것이다. 버린다는 것은 부정적인 의미가 아닌 업그레이드와 같은 의미이다. 우리는 버린 것에서 끝내지 않고 새로운 무언가를 채워 넣는다. 현재에 충실한 그림 속 내 모습을 본다. 나는 의자에 앉아 친구들이 놀고 있는 모습을 보고 있다. 맥주만 마시면 물놀이를 하려 한다. 하지만 시간이 많이 남아 있다. 전혀 조급하지 않다. 먹을 것도 많다. 편안하고 행복하다. 그런데... 생각지도 못했지만... 내가 앉아있는 의자 다리는 심히 위태로워 보인다. 무언가 불안해 보인다. 근거 없는 자신감이지만, 왠지 나는 평생 행복할 것 같다. 이번 회기에 했던 자애 명상을 생각해본다. 말은 입으로 뱉을 때 마음이 편안해지는, 그리고 생각을 다짐하게 한다. 글귀를 머릿속으로 곱씹을 때 생각의 정리를 하려 하기도 하고, 의미를 찾으려 하기도 하고 여러 가지 잡 생각과 나의 생각이 섞여 그 글귀에 빠져든다. 하지만 그 말을 입으로 내뱉으면 무언가 아무렇지도 않게 되고, 생각의 정리가 된 것은 아니지만 마음은 편안해진다. 또 글귀에 공감하고 가슴속 깊이 새기고 싶을 때 조용히 그 글귀를 말로 내뱉으니 나의 생각이 더욱 단단해지는 좋은 경험을 했다.

요리는 여럿이 먹어야 맛있고 요리를 한다는 것은 같이 식사하는 사람이 있다는 것이니 작업이 무척 행복했다

[그림 3-125] 화려한 식탁

한지를 보고 "색이 화사하다. 잘 비친다. 질기다." 이런 생각이 먼저 떠올랐다. 그러면서 깨끗하고 위생적인 생각이 들었다. 처음 선택한 색은 노란색이었고, 음식이 떠올랐다. 한지에서 접촉된 느낀 점을 동작으로 표현할 때에는 요리를 하여 사람들에게 접대하고 싶은 마음을 동작으로 표현하였다. 다양한 색의 한지 중 주저 없이 노란색을 선택하였다. 노란색의 제품을 구매하려고 고민하다 포기했는데, 그것 때문인지 노란색을 발견 하자마자 선택하는 모습을 보였다. 평소 노란색을 좋아하기도 한다. 이번 회기에서 마음이 둥둥 떠 있는 기분을 느끼게 되었다. 노란색으로 떠오른 음식이라는 이미지를 동시에 표현하고 싶어서 배 혹은 요리로 보이는 작품을 제작했다. 요리는 여럿이 같이 먹어야 맛있고, 요리를 한다는 것은 같이 식사하는 사람이 있다는 것이니 작업이 무척 행복했다. 절제가 되어 있는 아름다움을 좋아하고 이를 표현하기 위해 노란색의 한지를 흰색의 한지로 감싸 접시 표현을 하였다. 꽃은 왜 녹색인가를 설명하자면 화려한 식탁이니 꽃 장식을 하고 싶었고, 작품이 요리로 보인다면 건강한 식사 대접을 의미하며, 작품이 배로 보인다면 배의 엔진 혹은 조향 장치로 설정하여 에너지를 제공하고 싶었다. 한편으로 한지 구김에서 자연스럽게 발생하는 주름이 무척 아름답게 느껴졌고 이를 표현하고자 하였다. 차수가 진행되며 같이 작업을 하는 선생님들과 친해져 즐거운 작품 활동과 나눔이 진행되어 행복하였다.

나의 긍정적인 여행 경험을 상대방도 느끼기를 기대하는 마음에 여행 이야기를 많이 하였다

[그림 3-126] Fun

짝과 둘이서 이야기를 서로 나눈 후, 서로의 작품에 첨가하고 싶은 그림 혹은 상대방에게 주고 싶은 선물을 찰흙으로 만들어 선물하고 나눔을 하였다. 이번 회기에서 사용한 재료는 찰흙이다. 지점토보다는 부드럽고 형태를 만들기 편리하지만 나는 점토로 무언가를 만드는 것이 즐겁지 않았다. 생각대로 형태가 잘 만들어지지 않았고 손에 묻는 것에 신경을 쓰는 나의 모습을 발견하였다. 나는 여행의 기억들이 무척 즐겁고 나의 긍정적인 경험을 상대방도 느끼기를 기대하는 마음에 여행 이야기를 많이 하였다. 나의 작품을 만들 때에는 여행지에서 느낀 색의 크기를 다양하게 나만의 정리 방법으로 나열하여 드로잉 하였다. 내 파트너는 내 작품에서 비누방울이 연상이 된다고 하면서, 하늘로 올라가 다양한 곳을 자유롭게 여행하고 사진에 담기를 바라는 마음과 여행을 보다 즐겁게 즐길 수 있도록 카메라와 맥주를 선물해 주었다. 매우 만족한다.

[그림 3-127] 카메라와 맥주

[그림3-128] 날개달린 배와 여권

나는 답답함으로 벽을 통해 무엇을 보는 눈을 그린 내 파트너에게 날개 달린 배와 여권을 선물해 주었다. 나는 현재 다양한 문제와 고민들을 안고 있어 보이는 내 파트너에게 자신을 돌아보기 위한 혼자만의 여행을 추천하였다. 배 여행은 다양한 사람과 공유하고 여유를 즐길 수 있는 장점이 있다. 그래서 배를 기본으로 하고 비행기의 빠르고 안락하고 안전함을 추가하라고 배에 날개를 달아서 선물하였다.

내가 본 이미지는 횃불을 들고 있는 나였고
나를 밝혀 주었던 횃불도 원래의 자리에 놓고 나왔다

[그림 3-129] 등불

동굴 명상에 저항하지 않고 자연스럽게 따라갔고 즐겁게 감정 이입하였다. 주변 환경은 무척 아름다웠지만, 이상하게도 동굴에서 소중한 것을 발견하지 못했다. 다음에 시간이 된다면 다시 한 번 동굴 명상을 시도하고 싶다. 동굴에서 내가 본 이미지는 횃불을 들고 있는 나였고, 동굴을 나오며 나를 밝혀 주었던 횃불도 원래의 자리에 놓고 나왔다. 사회적으로 큰 사고가 있어 정신적으로 우울했고, 보통 즐겁게 미술치료 수업에 임하는 나였지만 오늘은 특이하게 조금 무기력한 마음으로 수업에 임하였다. 이런 나의 마음이 난화와 동굴 명상에서 어떤 것도 찾을 수 없게 되지 않았나 생각되었고, 나눔의 시간을 통해 격려의 이야기를 많이 들어 마음이 한결 가벼워지는 계기가 되었다. 그렇게 무기력하고 먹먹한 기분으로 시작하였지만 지지적인 나눔을 통해 마음이 조금 편안해졌다.

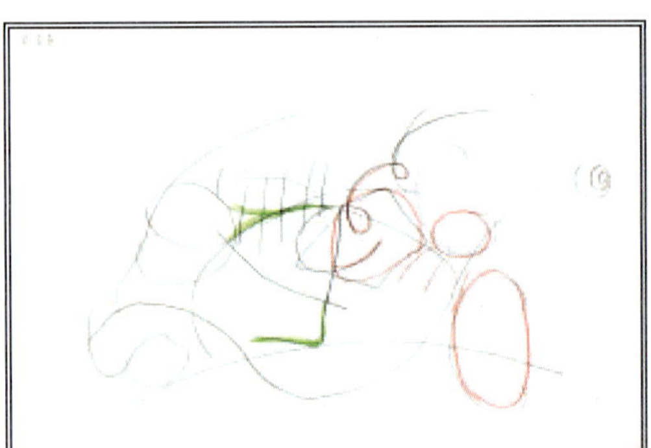

[그림 3-130] 무기력

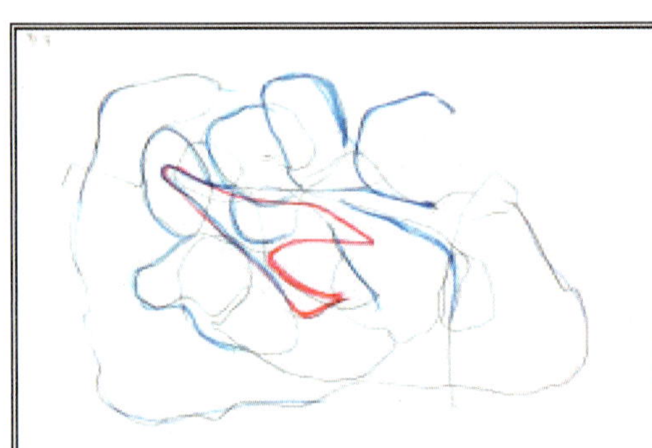

[그림 3-131] 죄책감

오른손 난화에서 개미와 슬픈 얼굴을 찾았고 왼손 난화에서는 세월호와 새를 찾았다. 내가 난화에서 이런 이미지를 찾았을 때 힘들었다. 이번 회기는 시작할 때부터 마음이 무거웠으며, 난화에서 이미지를 찾았을 때 감추고 싶은 생각이 들었다.

충분히 휴식을 취했다는 정신적 안정을 얻었고 마지막 고리를 연결하여 빛나는 하트가 되었다

[그림 3-132] 가을 잔치

묵언으로 진행하는 것이 답답하다. 하지만 괜찮다. 불편한데 불편하지 않다. 다시 만지는 지점토는 기분 나쁜 경험을 주지 않았다. 손에 묻어나는 것도 신경 쓰이지 않았다. 점차 묵언을 통한 나눔도 마음의 편안함을 안겨주었다. 이후 묵언을 통해 서로의 휴식과 힐링을 나누며 〈가을잔치〉라는 작품을 완성했다. 공동의 작품은 편안함을 안겨주었다.

남겨논 마지막 고리를 연결하다

[그림 3-133] 연결고리

나는 "연결고리" 라는 작품을 만들었다. 하트가 되기 위해 마지막 조각까지 달려왔지만, 주위에서도 하트가 될 수 있게 도와주었지만, 난 잠시 쉬고 싶은 심정으로 한 고리를 남기었다. 공동의 작품이 진행되는 과정에서, 충분히 휴식을 취해서 정신적 안정을 얻었고, 마지막 연결고리를 연결하니 빛나는 하트가 되었다. 그 순간은 다른 어떤 것에도 비할 바가 아닌 짜릿한 연결감이 있었고, 원래부터 있었던 근원을 접촉시키는 책임을 완수했다는 도덕심이 존재했다. 내 인생의 어느 시점에서 이렇게 하나의 고리를 연결시켜야 될 상황이 있을 것이며, 그때에 지금 연습한 것처럼 잘 해내리라 믿고 싶었다.

먹은 흙냄새가 나서 마음이 편안해져 좋았고 먹의 색에서 에메랄드빛을 발견할 수 있어 매력에 흠뻑 빠졌다.

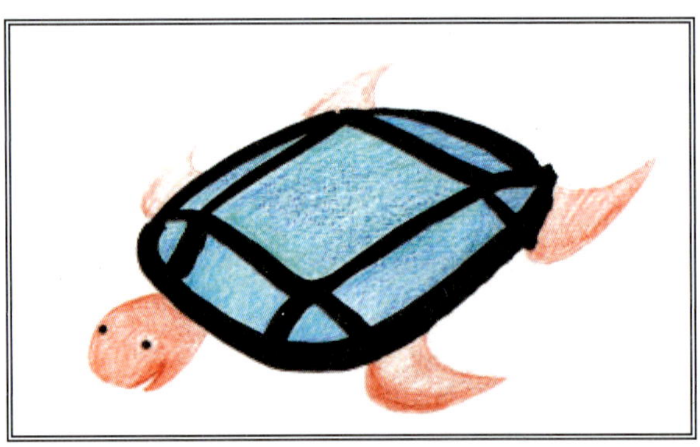

[그림 3-134] 에메랄드 거북

난화를 할 때는 아무생각 없이 막 그려보면 좋겠다는 생각으로 의식적으로 다른 형태 혹은 다른 스타일의 난화를 표현하였다. 10장의 이미지가 다 다르게 나왔으면 좋겠다는 생각이었다. 또한 먹물이 너무 아름다워서 에메랄드를 그릴 수 밖에 없었다. 1번째는 에메랄드 이미지에서 거북이를 찾아 그 이미지를 완성했다.

[그림 3-135] 기대(아이 얼굴)

2번째는 동그란 먹물의 형태에서 아이의 얼굴이 보였고 내 수업을 기대하는 아이들의 얼굴이 생각났다. 3번째는 병아리가 비상하기 위해 도약하는 모습으로 느껴졌다.

[그림 3-136] 날아라 병아리

[그림 3-137] 아쿠아리움

4번째는 거친 붓 터가 정어리를 연상시켰고 수족관에서 보는 정어리 떼의 모습이 생각났다. 수족관에서 정어리가 떼로 다니게 하기 위해서는 천적을 같은 수족관에 넣어야 한다고 이야기 들었다. 인간의 욕심은, 참...

[그림 3-138] 라이온 킹

[그림 3-139] 기타소리

5번째는 라이온 킹에서 마지막 언덕위에서 포효하는 모습이 생각났다. 6번째는 종종 치는 기타의 넥 부분으로 보였다.

[그림 3-140] 돌아와요 부산항에

[그림 3-141] 백 만송이 장미

7번째는 KTX같이 느껴지고 부산에 가고 싶어졌다. 8번째는 수업을 오며 라디오에서 흘러나오던 백 만송이 장미가 떠올랐다.

[그림 3-142] 바람기억

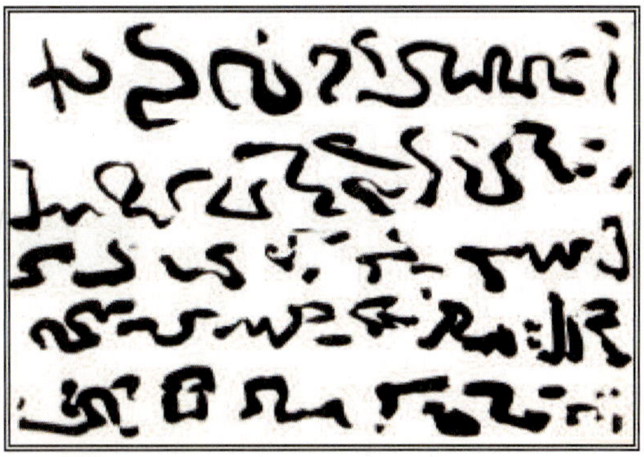

[그림 3-143] 개성

9번째는 여행지에서 고즈넉한 시골 풍경이 떠올라 표현하였다. 10번째는 아래의 그림과 같이 다양한 활동을 하는 사람들로 보였다. 그래서 개성이라고 이름 지었다. 10장중에서 버리고 싶은 작품은 없었고, 가장 마음에 드는 작품은 2번과 9번이었다. 먹물 난화를 작업하는 동안에 마음의 눈이라는 것이 진정 존재함을 느끼는 회기였다. 난화를 통해 내가 생각하는 이미지를 찾으며, 내속에 가득 찬 나의 생각을 정리하는 계기가 되었다.

[그림 3-144] 마음의 눈이 진정 존재함을 느끼다

오월은 사회적으로 여러 사건이 많아서 그런 어둠을 감싸안고 밝게 빛날 수 있는 에너지를 얻는 기분이다

[그림 3-145] 빛나는 오월

모둠별 공동 작업으로 우리는 여러 생각을 하다가 지금 이 순간에 주목하였다. 우리 서로 빛나며 살기를 원하고 있는 지금 이 순간 '오월'을 형상화하여 표현하였다. 구성원 중 한 명은 세월호가 생각나 우울한 마음에 잎사귀에 먹물로 색칠을 하였다. 그러나 이내 구성원들의 노력으로 반짝반짝 예쁘고도 슬픈 바다가 되었다. 행복하고 푸르른 5월이 되기 위해 각자의 잎사귀를 나름대로 그려 넣었다.

[그림 3-146] 예쁘고 슬픈 바다

나는 나의 잎사귀에 오월의 아이들을 놓았다. 아이들이 자연의 풀밭에 누워서 천진하게 놀고 평화롭게 안식을 취한다. 아이들에게 필요한 것들은 그 곳에 있었고 어떤 불길한 기운도 침범하지 못하는 아이들만의 세계를 표현하고 싶었다. 올해 오월은 사회적으로 여러 사건이 많았다. 아이들에게 그런 어둠을 준 사람들을 대신하여 속죄하는 기분으로 내 오월의 잎사귀에 안식과 평화와 붉은 에너지를 표현했다.

[그림 3-147] 아이들의 오월

고민이 많은 두 명을 가운데의 거대한 나무가 포용해주고 있는 것 같아 마음이 따뜻해지다

[그림 3-148] 함박웃음

큰 원형의 종이를 대략적으로 자르고, 한 조각을 선택하여 자신만의 표현을 하였다. Self(나)를 표현하는 것이 무엇일까? 생각하다가 나의 외면적인 즉 나의 하루 일과와 내가 좋아하는 것과 내 생활 패턴을 표현하기로 하였다. 서로 완성된 작품을 조합하여 원 상태의 만다라로 만들었을 때 하회탈과 같은 웃고 있는 형태가 보였다. 이번 회기의 의미는 나의 하루 일과를 이미지로 표현하면서, 내가 나의 삶을 잘 살고 있는 지 시각적으로 직면하게 되었다는 것이다. 평소 생각지 않던 것을 작품을 통해 이미지화 해보니까, 나에 대해 더 많은 점검과 검증을 받는 기회가 되는 것 같다. 웃고 있는 것과 같은 나무 작품이 너무 마음에 든다. 무심코 자른 형태가 이렇게 보일 줄 몰랐다. 고민이 많은 두 명을 가운데의 거대한 나무가 포용해 주고 있는 것 같아 마음이 따뜻해졌다.

[그림 3-149] 빛으로 초대

[그림 3-150] 갈등을 초대받음

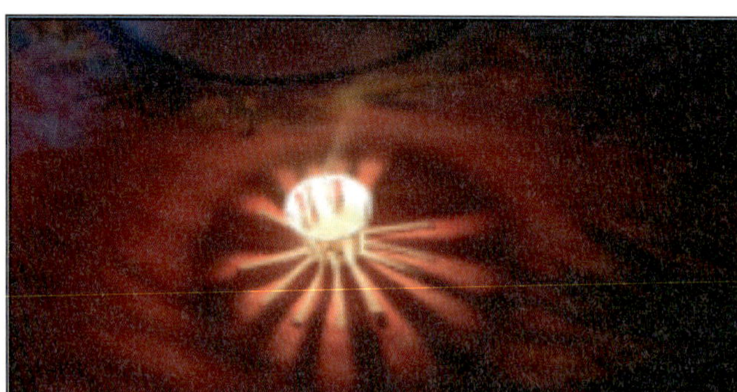

[그림 3-151] 경이로운 빛

우리는 촛불로 서로의 갈등을 초대하면서 나눔을 하였다. 가운데 나무를 중심으로 오른쪽은 내가 그린 외면적인 나의 모습으로써 반복적이고 습관적인 하루의 일과를 표현하면서 고민이 나왔다. 왼쪽을 표현한 사람은 여자인데 자신의 마음에 있는 혼란, 고뇌, 갈등, 즐거움 등의 많은 감정들을 다양한 색으로 표현하였다. 그래도 자신이 가장 좋아하는 빨강색이 가장 넓은 범위를 차지하듯이 자신 마음의 주인이라고 밝혔다. 그리고 그녀는 촛불을 밝혀 이러한 마음이 잘 퍼져나가도록 하는 바램으로, 종이컵에 틈을 넣어 주변에 빛을 발하게 하였다. 어둠 속에서 퍼져 나오는 붉은 광휘는 매우 신비스럽고 환상적인 느낌이 들었고, 그 빛은 생명의 에너지로서 그녀가 존재하고 살아가도록 하는 경이로운 빛이었다. 나는 결국은 같은 내용에 대해서 남자와 여자가 표현하는 방법의 차이를 자연스럽게 보게 되었다.

차렷! 한 자세가 좋다! 내 멋대로 살고 있는 나의 모습을 표현해 보았다

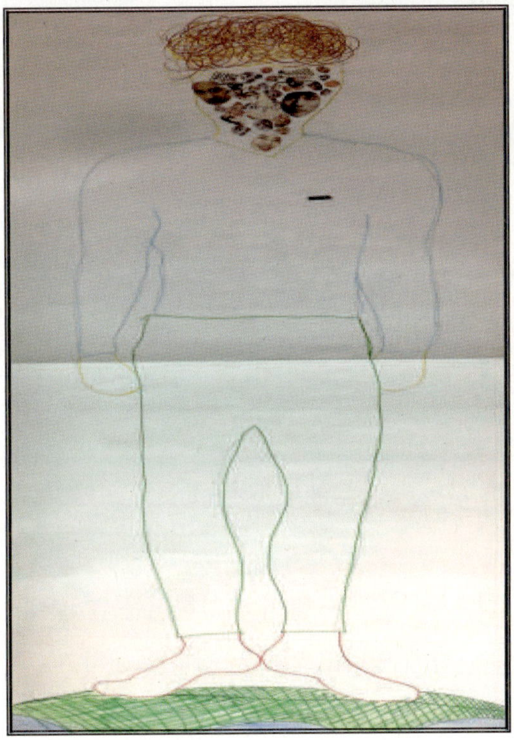

[그림 3-152] 이 세상 중심에서의 나

차렷! 한 자세가 좋다. 나의 몸의 형태가 멋있게 잘 나와서 본을 그려준 ○○형님께 감사를 표한다. 내 멋대로 살고 있는 나의 모습을 표현해 보았다. 파마머리는 내가 생각하는 일탈의 상징적 의미이다. 현재 나는 자기중심의 사고에서 일탈을 꿈꾸지만, 다른 사람의 시선을 신경 쓰며 살고 있지는 않나? 라는 고민을 해본다. 나 자신을 돌아보고 좀 더 당당해 지자! 라는 생각을 했다. 내가 좋아서 하는 것들이 진짜 좋아서 하는 것 인가? 나의 생각을 합리화하기 위한 것은 아닌지 고민해보았다.

정리되고 정돈된 모습으로 보이지만 내면에서 꿈틀꿈틀 터져 나오는 무언가를 형상화하다

[그림 3-153] 수줍음

나는 내성적인 성격으로 나서는 것을 많이 좋아하지는 않고 내세우지 않지만 자존감은 높아 나의 내면은 크고 찬란하게 빛나고 있다는 것을 표현하고 싶었다. 핑크는 사랑, 노란색은 재물, 빨강색은 열정, 파랑색은 지성, 하얀색은 휴식의 이미지로 표현하였다. 이번 경험은 정리되고 정돈된 모습으로 보이지만 내면에서 꿈틀꿈틀 터져 나오는 무언가를 형상화 할 수 있었다는 것이다. 내가 쫓았던 것들을 추억하여 필름을 사용하여 표현하였다. 나눔을 하면서 완성된 셀프박스가 구조적으로 불안감을 준다는 피드백이 수용되었는데, 그것은 내가 가진 무의식의 불안감이 그대로 표현된 것이 아닐까? 하고 공감하게 되었다.

나는 지금 내가 하고 있는 일을 4단계의 무의식적 지식단계로 즐겁게 임하고 싶다

[그림 3-154] 무의식의 지식

물에 적신 석고 붕대로 얼굴을 본뜨고 명상을 통해 내가 찾은 가면을 표현하였다. 지식의 단계는 4단계가 있는데 1단계와 4단계가 가장 행복하다고 한다.

첫 번째는 무의식적 무지단계이고 두 번째는 의식적 무지단계이며 세 번째는 의식적 지식단계이며 네 번째는 무의식적 지식단계라고 한다. 나는 지금 내가 하고 있는 일을 4단계의 무의식적 지식단계로 즐겁게 임하고 싶어 깃발을 만들었고, 다양한 지식으로 빛나는 나를 표현하고자, 얼굴에 신문을 붙이고 무지개 색으로 표현하였다. 석고의 느낌이 차갑지만 나쁘지 않았다. 나의 얼굴과 같은 형태가 떠지는 것이 신기하고 즐겁고 나의 모습이 사랑스러웠다.

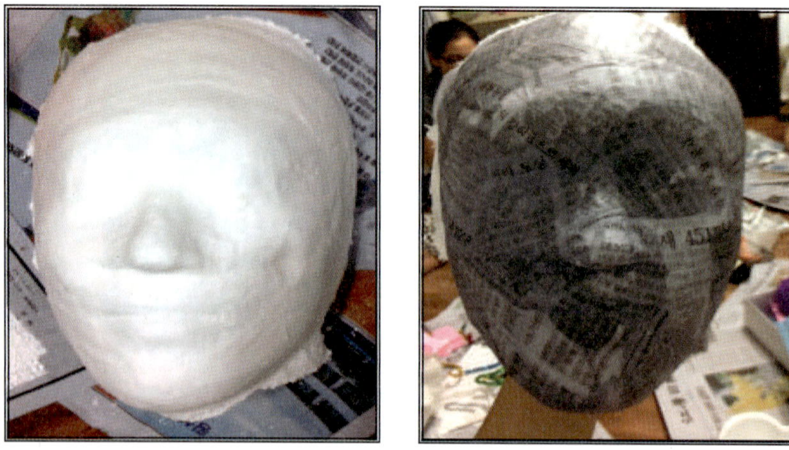

[그림 3-155] 신기하고 즐겁고 사랑스러운 나의 모습

명상을 하는 중에 싱그러운 가로수 길을 걸었다. 양쪽으로 커다란 플라타너스나무가 꽤 길게 늘어져 있는 아름다운 길이다. 원형의 땅에 들어설 때에 나를 인도하러 나온 동물은 어린 왕자에 나오는 여우였다. 어린 왕자는 소혹성 B612호에 살다가 일곱 번째 별인 지구에 와서 사람은 만나지 못하고 여우를 만난다. 이 여우는 왕자에게 다른 사람과 친구가 되는 법인 길들이는 법을 가르쳐 준다. 여우가 왕자에게 가르쳐준 것은 가장 중요한 것은 눈에 보이지 않고 마음으로 밖에는 볼 수 없다는 것이다. 마치 나는 어린 왕자처럼 그 여우의 인도를 받고 하얀 집으로 들어가서 가면이 있는 곳으로 가게 되었다. 지하의 원형의 방에는 갖가지 가면들이 놓여있었다. 다양하게 유쾌한 가면, 눈에 잘 보이지 않는 가면, 해맑게 웃고 있는 가면들이 눈에 띠었다. 그 중에서 심중에 가는 가면을 하나 집어 들고 나왔다. 여우는 나와 작별을 해야 하는 지점까지 동행해 주었다. 그리고 작별의 인사를 나누었다. 나는 가지고 나온 가면을 떠 올리면서 〈신기하고 즐겁고 사랑스러운 나의 모습〉을 원하는 얼굴로 꾸몄다. 즐겁고 사랑스러운 나의 얼굴들이 타자와의 관계에서 서로 잘 길들여지고 상대를 마음으로 볼 수 있는 지혜를 지니게 하고 싶었다.

블랙으로 상징되는 부정적 이미지가 다른 사람에 비해서 잘 생각나지 않는 나의 모습을 발견하다

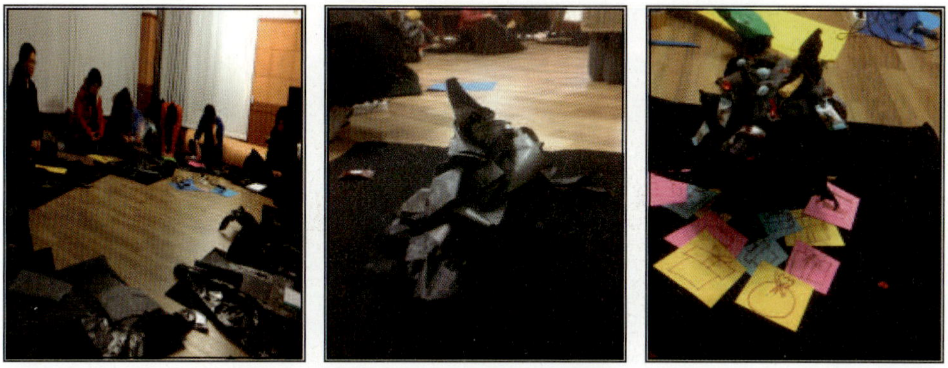

[그림 3-156] 크리스마스 트리

블랙의 부정적 이미지를 떠올리고 다양한 강도를 가진 소재에 감정을 이입하여 해체하였다. 나는 추위, 권위, 무지, 어둠, 정전, 죽음, 충치 등을 생각하였지만, 인상 깊은 부정적 이미지가 떠오르지 않아 해체 작업이 또한 소극적으로 진행되었다. 검정색의 도화지, 타공지, 비닐 등을 찢으며 해체하는 것 말고 다르게 해결할 방법은 없을까? 혼자 생각했지만 그냥 찢었다. 찢으면서 찢겨진 조각을 잃어버리지 않으려고 신경 썼다.

검정색을 해체하는 과정에서 블랙의 이미지에서 빛이 없어서, 어둠→가지지 못함→소외됨→연탄 등의 이미지가 떠올랐다. 블랙은 많은 색이 섞여 있는 풍요로움으로 생각되어 블랙이 가진 색을 나누어 주고 싶은 생각이 들었다. 그래서 재창조 과정에서 크리스마스 트리를 생각하였고, 성탄절에 소외된 아이들에게 따뜻함을 제공하고 나누고 싶었다. 한편 블랙으로 상징되는 부정적 이미지가 다른 사람에 비해서 잘 생각나지 않는 나의 모습을 발견하였다. 나 자신이 스트레스에 내성이 강해 부정적 이미지를 많이 갖고 있지 않아서 그럴 수 있다고 생각했다. 반면에 주의 깊게 생각하지 않고 살아가나? 라고 반성도 되었다. 완성된 작품을 감상하면서 같은 블랙 소재에서 풍부하고 다양하게 표현되는 작품들이 신기하고 아름다웠다. 나와는 다른 동료의 작품 중에 [집어삼키기]와 [생명폭발]을 소개하고 싶다.

한 동료는 내 작업과 비교가 되지 않을 만큼
분해해야 할 자기 안의 부정적인 어둠이 많았다

[그림 3-157] 집어삼키기

나는 검은색이나 어둠하면 떠오르는 단어를 연상하면서 명상을 할 때 부정적인 느낌이 신체로 느껴지는 경험을 했다. 근본적으로 내 문제가 어떤 건지 고민하고 명상하면서 '진실되지 못한 것'이 가장 부정적인 느낌으로 나에게 남았다. 검은색으로 된 다양한 소재가 각각 문제들의 무게와 성질을 상징하는 것 같아서 내가 가진 어려움들을 돌아볼 수 있었고, 각각의 소재에 따라 다르게 반응하며 해소하는 내 모습을 느끼면서 어려움에 직면했을 때 대처하는 방법을 성찰할 수 있었다. 다 분해한 검은색을 보면서 마음속에 있던 부정적인 상징이 오감으로 느낄 수 있는 명확한 실체가 되었다는 게 신기했다. 명확해진 내 문제를 꾸기고, 찢고, 태우고, 버릴 수 있다는 게 자유롭고 홀가분한 느낌을 주어서 좋았다. 소재들을 꾸기고, 찢고 하면서 마음속의 응어리들이 함께 풀리는 느낌이 들었고, 그래서 작업이 끝난 후에는 문제가 더 이상 문제로 보이지 않았다. 집단적으로 함께 진행하면 더 많은 시너지가 생기는 매체인 것 같다.

우리의 아픔도 하나의 폭발처럼 통증이 있지만
그 안에는 별들도 존재하는 것 같다

[그림 3-158] 생명폭발

나는 분해한 재료들을 재구성할 때 은폐하거나 숨기고 싶지 않았다. 또 이런 아픔과 부정적인 것들까지도 다 나의 것이기 때문에 버리고 싶지 않았다. 콤플렉스는 아픈 걸림이 되기도 하지만, 성장을 위한 촉진제가 되기도 하니까 말이다. 거짓된 마음이 있는 나라는 걸 스스로 인식해왔기 때문에 더 정직하게 표현하고 살아가려고 노력해왔던 것 같다. 검은색 작품에 빛깔을 넣고 보니 생명이 폭발하는 느낌이 들었다. 태초에 빅뱅으로 인해 많은 별 조각들이 생겼듯, 우리의 아픔도 하나의 폭발처럼 통증이 있지만, 그 안에는 별들도 존재하는 것 같다. 멀리서 보면 모두 아름다운 별들처럼 나의 아픔이나 고통도 하나의 에너지 같다는 생각을 했다. 이제 이 폭발물을 가지고 에너지를 좋은 쪽으로 흐르게 해야겠다. 부정적인 마음과 밝은 마음은 평행선 같아서 부정적인 마음을 없애려고 하기보다, 가운데에 있는 분홍빛 재기처럼 긍정적인 것을 육성해가면 되겠다는 생각을 했다. 그 검은색 가운데서 더 밝고 아름답게 빛날 정직을 보면서 아름답다고 생각했다. 또 이런 아픔을 그대로 들고 다니다가 아픈 누군가를 만나면 나에게도 이런 어둠이 있고, 이걸 완벽히 해결하기란 불가능하며 오로지 매일매일 성찰하며 온전함을 향해 노력할 수 있을 뿐이라고 이야기해 주며 위로해주고 싶다.

그림으로 말하는 男子 6

마지막에 흔들려서 그 자태를 지키는 50대의 포세이돈

흔들리지 않고 피는 꽃도 아름다울 수 있으나 마지막에는 흔들려야 정말 아름답고 그 자태를 온전히 지켜갈 수 있다는 포세이돈

54세의 포세이돈님은 두 딸을 둔 가장이며 군인 출신으로써 유능한 군 상담관이다. 예리한 판단력으로 가지고 있지만 동시에 타인을 배려하는 인간애를 소유하고 있다. 그는 흔들리지 않고 피는 꽃도 아름다울 수 있으나 그래도 마지막에는 흔들려야 정말 아름답고 그 자태를 온전히 지켜가지 않을까 생각하는 가치관을 가지고 있다. 그는 인생의 마지막에도 주변 요인으로 인해 흔들릴 수 있다는 것을 수용하면서, 그럼에도 불구하고 자신의 고고한 자태를 더욱 확고하게 지키고자 하였다.

**초등학교 시절 일등상을 받았던 기억은
자긍심이 부활하는 순간이다**

[그림 3-159] 삶과 길

지점토를 만지면서 나의 어린 시절을 회상해 보게 되었다. 초등학교 시절 미술 시간에 만든 내 조각 작품이 반에서 일등상을 타서 전시를 한 기억이 떠올랐다. 그리고 불우한 가정환경에서 자라는 나를 배려하셨던, 그때의 담임선생님의 사랑도 같이 떠오르면서 잠시 과거로 돌아가게 되었다. 정말 오랜만에 지점토의 촉감과 질감을 느꼈으며, 일등상을 받았던 기억은 내가 무언가를 잘했었다는 자긍심이 부활하는 순간이었다. 유년시절에 뒷동산에서 동무들과 같이 놀던 시간과 산딸기를 따던 추억을 생각하면서, 본능적이고 원초적 쾌락을 재 이해하는 시간이었다. 반면에 내가 살아왔던 시공간들의 환경적인 것들을 다 그려 놓고 보니, 한 눈에 내 삶의 길이 드러나면서, 이제까지 인지하지 못한 것을 보게 되었다. 지나간 시공간에서의 떠오르는 모든 추억들을 살피면서 힐링을 경험했다. 과거와는 달리 이제는 여유로움을 가지면서 남은 시간에 타인을 위해 봉사활동을 하고 있는 내 모습도 그렸다. 내 그림의 가을 노을과 흰 구름은 그래도 이루지 못한 것들에 대한 속마음을 표현한 것과 같으며, 자신의 내면에 내재된 불편함도 있을 것 같지만 미래지향적으로 꽃을 피울 소망을 표현한 것 같다는 기분 좋은 말도 들었다.

뒷동산

어릴 적 살던 집

일등상을 탄 조각품

그래도 마지막에는 흔들려야 정말 아름답고 그 자태를 온전히 지켜가지 않을까 생각해 본다

자신이 선정해온 시를 낭독하고 선택한 이유를 얘기해 보고 질문을 받는 과정에서, 좀 더 의식의 밑으로 들어간다는 느낌이 들었다. 또한 긍정적이거나 부정적인 피드백으로 자신을 드러낼 때 좀 더 자신다와지고 정체성과 자긍심을 느낄 수 있는 기회였다. 삶 자체는 어려움의 구렁텅이가 당연히 존재하는 현장이며, 그런 악조건을 극복하며 정상에 우뚝 서는 것이 아닌가 하는 생각이다. 이런 모진 비바람과 맞서는 용기가 절대로 필요한 것은, 그렇게 흔들리지만 끝내는 흔들리며 피는 꽃이 더 고고한 자태를 갖게 한다는 사실 때문이었다.

[그림 3-160] 흔들리며 피는 삶

흔들리며 피는 꽃이란 시에서 지금의 나를 생각해보았다. 그 동안의 악조건이 나를 모질게 흔듦으로 더 강해진 지금의 모습이 되지 않았나! 하는 생각에서 이 시를 선택하였다. 흔들리지 않고 피는 꽃도 아름다울 수 있으나 그래도 마지막에는 흔들려야 정말 아름답고 그 자태를 온전히 지켜가지 않을까! 생각해본다.

흔들리며 피는 꽃

도종환

흔들리지 않고 피는 꽃이 어디 있으랴
이 세상 그 어떤 아름다운 꽃들도
다 흔들리면서 피었나니
흔들리면서 줄기를 곧게 세웠나니
흔들리지 않고 가는 사랑이 어디 있으랴

젖지 않고 피는 꽃이 어디 있으랴

이 세상 그 어떤 빛나는 꽃들도
다 젖으며 젖으며 피었나니
바람과 비에 젖으며 꽃잎 따뜻하게 피었나니
젖지 않고 가는 삶이 어디 있으랴

음악에서 연상되는 그림을 그리면서 내 자신이 치유가 되는 경험을 하다

[그림 3-161] 기쁨. 슬픔과 에너지 교향곡

1번곡은 바닷가에서 그렇게 높지 않은 파도와 갈매기의 울음소리 그리고 유유히 떠 있는 돛단배를 연상케 하고, 파라솔이 있는 한적한 해변 가를 연인이 함께 거닐고 있는 아름다운 풍경을 연상케 하며 그 가운데 바닷물이 육지의 한 곳으로 밀려 들어와 더 이상 빠지지 않는 이미지이다. 나는 그곳에 머물며 안정과 행복을 만끽하는데, 석호를 연상하게 하며 잔잔한 기쁨을 주는 곡이라 느꼈다. 2번곡은 경쾌하면서도 자신의 애틋한 아픔과 이루지 못한 꿈을 토로하듯이 자신을 이끌어 주는 오묘한 힘에 이끌렸는데, 이끌려가면서도 그 애절한 아픔을 쓸어내려는 간절한 노력과 풀리지 않는 고민을 해소하려 하는 다구침을 느끼게 하는 곡이라 느꼈다. 3번곡은 푸른 목장과 아름다운 하늘과 그 가운데 양들이 있는 한가한 들판을 연상하게 하며, 지금 여기에서의 자신의 모습에 박수치고 있는 자신을 발견하는 곡이라 느꼈다.

1번곡 (파도와 갈매기와 돛단배 그리고 파라솔과 연인)

3번곡 (목장과 하늘과 양들이 있는 한가한 들판)

3곡의 음악을 들으면서 생활에서의 기쁨과 슬픔을 연상하였고, 한편으로 푸른 언덕과 목장에서의 여유로움과 자신의 꿈을 어느 정도 이뤘다는 폭죽과 풍악소리로 들리기도 하였다. 또한 행진곡과 교향곡 연주후의 우뢰와 같은 박수소리로 들리기도 했으며, 현재의 자신 모습에 박수치듯이 자긍심이 연상되는 곡이었다. 음악을 듣고 음악과 연상되는 그림을 그리면서 느껴지는 기쁨뿐만 아니라 슬픔을 통해서도 치유가 되는 경험을 하였다. 가보지 않아서 더 이루지 못하고, 할 수 없어서 해보지 못했던 것들이 그림으로 나오면서, 조금이나마 해소가 되는 것을 느낄 수 있었고 내 정체성을 대면하게 되었다. 마지막으로 에너지를 받는 곡을 듣고 나를 돌보는 과제를 무엇으로 할 것인지 고민해 보았다. 가장 필요하다고 생각한 것은, 가을바람이 부는 한적한 시골길을 걸으며 나를 자연에 내맡기는 시간을 갖는 것이었다.

그간 힘든 시간을 보냈다고 생각했는데 현 위치에서 뒤돌아보니 여유로움과 안정된 편안함을 느끼다

[그림 3-162] 행복한 시간과 포옹

여러 가지 색의 한지에서 두 가지색을 골라서 음미하고 만져보고 나름의 모양으로 만들었다. 모양이 만들어진 한지를 가지고 즉흥적이지만 내면에서 보내는 메시지대로 움직였다. 내가 동작을 끝내고 나서 관찰자들은 동작으로 피드백을 주었다 그리고 내가 몸으로 무엇을 말하였고 관찰자는 무엇을 느끼고 어떻게 만나는지에 대해 나눔을 하였다. 나는 한지의 부드러운 감촉을 이용하여 푸른 언덕의 편안함과 뭉개구름과 새들의 재잘거림을 들으면서, 일상생활에서의 어려움과 화해하고 소통하고 포용하는 내면을 추구하는 동작을 하였다. 뒤돌아보면 그간 힘든 시간을 보냈지만, 이제는 여유로움과 안정된 편안함을 가지고 주변인과 원만한 관계를 유지해야 한다고 생각했다. 이제는 홀로 이루는 것이 아니라 함께 이루는 조화로움에 박수를 쳐야 하기 때문이다. 나는 편안하고 기분이 좋은 한지를 이용하여 진정한 나를 표현하였고, 동작으로 지지하는 피드백을 받으면서 확신과 힘을 얻었다.

황금 독수리는 자신이 추구하는 평화롭고 행복한 시간으로 비상을 강렬하게 원하고 있다

[그림 3-163] 행복으로의 비상

만다라의 제목을 〈행복으로의 비상〉으로 정하였다. 만다라에서 가장 두드러진 색은 하늘색이고 가장 미미한 색은 빨간색으로 나타났다. 또한 연상되는 이미지와 느낌들은 괴로움과 슬픔과 억누름에서 벗어나 평화롭고 행복한 삶으로 비상을 하는 것이다. 그 만다라에서 느껴지는 나는 황금독수리였다.

마음속에 내재되어 있는 슬픔과 괴로움 그리고 억누름의 시간에서 벗어나, 자신이 추구하는 평화롭고 행복한 시간으로의 비상을 강렬하게 원하고 있음을 보았다. 내면의 내가 비상하며 날아오르는 황금 독수리와 동일시되면서 자아실현과의 만남을 느낄 수 있었다. 자아실현의 세계에 도달하려고 목에 훈장을 건 황금 독수리가 되었지만, 날아오르면서 살짝만 엿본 느낌이었다. 만다라에서 보게 된 내 자신은 무의식에 억압되어진 나쁜 감정에서 아직 완전하게 벗어나지 못하고 있는 모습이었다. 이제 그들을 용서해주고 평화롭고 행복한 삶을 기도해 주는 여유로움을 만나고 싶다, 그러나 한편으로 촛불을 놓으며 지지하는 과정에서 내면으로의 회귀가 일어났고, 그 순간에 용서와 만나게 되는 것을 느꼈다.

포세이돈님은 황금 독수리 목에 걸린 훈장이 독수리가 날아가는데 방해가 될 것이라는 피드백에 독수리가 지니고 있는 긍정의 표적이라고 설명했다. 반면에 독수리의 부리가 매우 약해 보여서 날아가는데 자신감이 없어 보인다는 말에는 자신도 자신감이 없는 것 때문에 걸림돌을 느낀다고 인정하였다. 그리곤 피드백을 한 동료가 촛불의 위치를 황금 독수리 부리위로 옮기는 것에 동의하였다. 그 후에 독수리 부리 주변의 촛불에서 퍼지는 빛의 현상에 탄성을 발하면서 경이로움을 나타냈다.

촛불을 황금 독수리의 부리 위로 옮기다

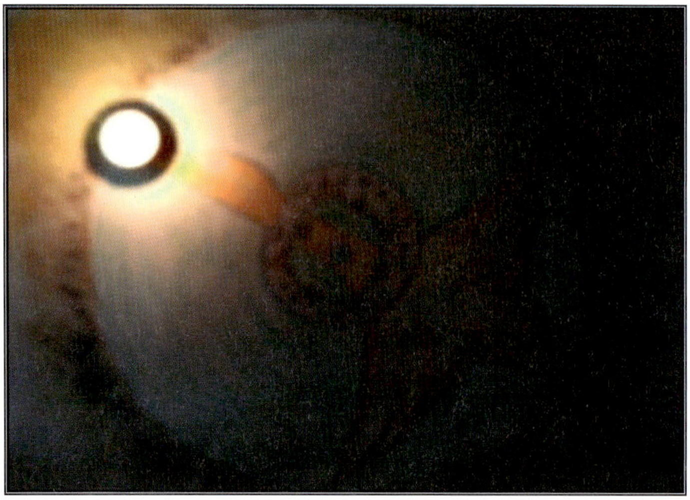

[그림 3-164] 빛과 괴로움의 검음

포세이돈님의 만다라 밖에 있던 촛불을 원주 상에 있는 황금 독수리 부리위로 옮겨 놓았다. 이 촛불 의식으로 독수리의 비상을 억제하고 있는 어두움이 두렵지 않다는 어떤 힘을 느끼게 되었다. 이 촛불에서 발하는 빛의 힘은 놀라웠으며 신비스러운 가운데 누멘의 신성한 힘을 접촉하는 과정을 주었다. 이러한 빛의 상징이 주는 연상은 검음 가운데서 힘이며, 잠재되어 있는 에너지이고, 신성력과의 조우였다.

빈 마음을 기댈 안정감 있는 큰 나무와 육체를 쉬게 할 수 있는 벤치를 선물로 받다

[그림 3-165] 호반의 벤취

20살의 어느 기분 좋은날 비를 흠뻑 맞으며 한바탕 기분 좋은 시간을 누리는 상태를 묘사하였다. 비오는 가을날 호수 주변을 거닐며 낙엽을 밟던 그 시절을 떠올리며, 호반에서 데이트를 하던 젊은 날의 추억을 회상해 보았다. 내 수준에서 그림을 완료해서 짝꿍과 교환하였다. 짝꿍은 허전하게 비어있는 도화지에 안정감 있는 큰 나무를 부가시켰고, 거닐다가 육체를 쉬게 할 수 있는 벤치를 보완하여 주었다. 짝꿍이 나보다 내 마음속과 내게 필요한 것을 더 잘 파악하고 있었다. 나도 짝의 그림에 내 마음을 전하였다. 짝은 어떤 것도 등장시키지 않고 비오는 날을 그렸다. 그래서 웃으면서 입을 벌리고 있는 아이의 옆얼굴을 그려주었고, 음표도 첨가하여 주었다. 짝은 함박웃음을 보이며 좋아했지만, 자신은 여기에 팔짝 뛰는 개구리 한 마리가 더 좋았을 것 같다고 서슴없이 의견을 말하였다.

이번 회기의 의미는 상대방의 마음을 반영하는 능력과 서로 간에 보완해주는 역할의 중요성과 이타심이 주는 치유성에 대해 생각하는 기회였다. 짝이 보완해 준 벤취 덕분에 오래전의 추억 속에서 흔들리는 마음속 소요와 변화를 느낄 수 있었다. 내가 자각하지 못한 것은 걷기만 한다는 것이었고, 그래서 주변에 있는 벤취를 그리지 못한 것이었다. 이제는 걷다가 쉼의 순간을 만끽할 수 있는 나이였다. 더욱이 기댈 수 있는 큰 나무를 통해서는 그 느낌이 더 강하게 전해져 왔다. 동시에 짝은 찰흙으로 만든 나뭇잎 배를 선물로 주면서, 마음을 활짝 열고 과거로의 멋진 시간 여행을 확실하게 즐길 것을 권유하였다.

활짝 웃는 아이의 옆모습을 선물하다

[그림 3-166] 비

[그림 3-167] 비의 즐거움

나는 짝에게 즐거움이 더하기를 바라면서 찰흙으로 음표(멜로디)를 만들어서 선물을 했다. 그러나 짝은 이 빗속에 팔짝 뛰는 청개구리가 있다면 더 운치 있는 비오는 날이 되었을 것이라고 답변을 하였다. 그 순간은 내담자와 상담자 관계를 새삼 재조명해 보는 유익한 경험이었다.

포세이돈님의 짝의 반응은 다음과 같았다.

'선생님께서는 내 그림에 환하게 웃는 아이의 옆모습과 음표를 그려 주셨다. 그 천진난만한 웃음에 저절로 입이 따라 웃는다. 저렇게 많이 웃어야지, 걱정 없이 까르르... 맘에 들었다. 다행히 선생님께서도 내가 첨가해서 그려드린 그림이 참 좋다고 해 주신다. 이제 점토로 상대방에게 선물을 만들어 그림위에 놓아주어야 한다. 나는 나뭇잎 배를 만들어 호수위에 띄워 드리며 "가끔 추억의 배에 타시고 여유를 느끼세요!" 하고 말했다. 선생님은 내게 점토로 음표를 만들어 주시며 "늘 웃음과 즐거움이 넘쳐 나길 바란다!" 라고 하셨다. 나중에 나눔 시간에 선물이 마음에 들었냐고 물으셔서 사실 개구리 한 마리였으면 더 좋았을 것 같았다고 또 솔직하게 말해 버렸다.'

자전거는 열린 세상을 달려보는 마음이며
구정물 흡입구와 귀 마개는
때 묻은 것과 나쁜 감정 등을
배출구에 떠내려 보내는 해방감을 드러내다

[그림 3-168] 연필 난화

내가 그린 연필 난화의 오른쪽에서는 자전거를 찾았는데, 열린 마음으로 열린 세상을 달려보는 상쾌하고 시원한 순간을 느껴 보았다. 또한 과일과 하트, 운동할 수 있는 둥근 공을 찾아내었는데 가족 사랑과 주변 배려와 건강에 대한 마음을 확인하였다. 왼쪽에서는 물과 구정물 흡입구와 귀 마개 등을 찾았는데, 여기선 조직 생활에서의 때 묻은 것과 나쁜 감정 그리고 스트레스 등을 배출구에 떠내려 보내고 싶은 갈망을 읽었다. 그간 듣지 말았어야 하는 말과 내용에서 해방되고 싶었으며, 이제는 그렇게 할 수 있는 힘이 있다고 느꼈다.

아직도 용서하지 못한 자에 대한 용서와 화합의 큰 횃불을 보다...

[그림 3-169] 용서와 화합의 횃불

동굴 명상이 나에게 준 의미는 아직도 용서하지 못한 자에 대한 용서와 화합을 가져올 수 있는 상징적인 이미지를 본 것이다. 적극적 명상 후 동굴에서 분명하게 보았던 성전의 큰 불에서 용서의 힘과 기운을 느꼈다. 내가 간절히 원했는지는 모르겠지만 상대를 용서해 주고 내 마음도 치유할 수 있는 비젼 때문에 희망을 체험하였다. 불은 연금술에서 연소 작업에 해당된다. 연소 작업은 불이 가지는 풍부한 상징성을 가지고 있으며, 검은 찌꺼기를 연소한다는 것은 그림자를 변형시키거나 건조시키는 것에 해당한다. 용서하지 못한 검은 덩어리를 용이라고 하는데, 용은 반드시 연소의 과정이 있어야 변환이 된다. 자아중심적인 연소는 태워서 재로 변화거나 건조시키는 방법이며, 자기중심적으로의 연소는 풀무불이나 성령의 불속에서 거듭나면서 자기의 전체성을 만나는 방법이다.

서로의 작품에 남긴 이야기를 나누는 과정에서 조원들을 더욱 깊이 이해하고 서로 토닥거리게 되다

[그림 3-170] 희망의 나라로

조원들은 각자의 지점토를 가지고 묵언상태에서 만들고 싶은 것을 만들었다. 다른 사람이 만든 것에 대해 말로 의논하지 않고, 마음과 눈짓으로 작품들을 섞어 하나의 스토리가 있는 그림으로 만들어가는 과정이 어렵고 웃음이 나기도 했다. 동시에 진지함도 있었고 말하지 않아도 마음이 일치할 때의 희열과 진한 동료애를 느꼈다. 묵언 상태에서 서로 소통 없이 각자의 생각으로 만든 작품이 하나의 스토리로 엮어질 수 있었다. 또한 소통할 수 있는 새로운 시각을 경험하면서 겸손해야 한다는 것을 다시 한번 느꼈다. 지점토로 작품을 만들고 모두 섞어 이야기를 만드는 이 과정이 각자가 살아온 인생을 기저로 하기 때문이었다. 또한 서로의 작품에 남긴 이야기를 가지고 나누는 과정에서 조원들을 더욱 깊이 이해하고, 서로 토닥거리게 된 것은 오늘 느끼는 만족 중에 하나가 아닌가 생각하였다.

아저씨가 손수 만든 음식을 다 같이 먹은 후 배를 탔다
이렇게 가족 사랑을 확인해주고 싶어했다

[그림 3-171] 가족여행

내가 만든 작품 [그림 3-171]을 가지고 만든 스토리는 다음과 같다. '배를 타고 있는 그 아저씨는 가족 여행 중이다. 큰 따님이 해외 봉사를 마치고 국내 복귀하였고 집에서 그 아저씨가 손수 만든 음식을 다 같이 먹은 후에 배를 탔다. 그 아저씨는 그 동안 가족 모두가 함께 여행한 적이 없어서 이번 기회에 가족 구성원의 존재를 각인시키고 가족 사랑을 확인해 주고 싶어 한다.' 이다.

모든 조원들이 만든 작품 [그림 3-170]의 이야기를 엮었다. 그 이야기의 주제는 <희망의 나라>이며, 각자의 인생이 기저가 된 지점토 동화는 다음과 같다.

[V는 요즘 가족과 사이가 좋지 않아 또 한바탕 싸우고 배를 타고 여행을 떠났습니다. '집 아니라도 살 곳은 많지! 새로 정착할 만한 곳을 찾아보자!' V는 새로운 희망에 가득 차 있었습니다. 그러나 배가 출발한지 얼마 지나지 않아 출렁이는 높은 파도가 쳐서 견디기가 힘들었습니다. 멀미로 힘들어하고 있을 때 한 아저씨가 등을 두드려 줬습니다. 잠시 후 파도를 견딜만해진 V는 그 아저씨와 대화를 하기 시작했습니다. 그 아저씨는 가족 여행 중이라고 하셨습니다. 큰 따님이 해외 봉사를 마치고 오셨고, 집에서 아저씨가 손수 만든 음식을 다 같이 먹은 후에 배를 타셨다고 하셨습니다. 그동안 가족 모두가 여행한 적이 없어서, 이번 기회로 가족 구성원의 존재를 돈독히 하고 가족 사랑을 확인해 주고 싶다고 말씀

하셨습니다. 그 사이에 파도는 잔잔해지고 바다 빛이 맑아져 헤엄치는 물고기 떼도 보았습니다. 잔잔한 바람을 맞으며 V는 아저씨 가족과 인사를 나눈 후 배에서 내려와 뭍으로 왔습니다. 뒤를 돌아보니 떠나는 배에서 손을 흔들고 있는 아저씨 가족 위로, 금빛 햇살이 하염없이 내리쬐고 있었습니다. V가 내린 섬은 산으로 둘러싸여 있고 짙은 초록의 상큼한 향기가 가득했습니다. 기운차게 뻗어나간 세 그루의 소나무를 보니까, 보고 싶은 가족들이 떠올라 한 아름 팔을 크게 벌려 안아보고 싶었습니다. 휙~ 하고 불어오는 바람에 우수수 떨어지는 낙엽들을 황홀하게 바라보고 있는데, 소나무에 앉아있던 파랑새가 '푸드득' 소리와 함께 여유롭게 날아갔습니다.

"어이쿠, 놀래라."

새를 하염없이 바라보던 V는 조금씩 배가 고파왔습니다.

다시 한발을 내딛는 순간 V는 앞에 놓여 있는 빨간 사과를 발견하게 되었습니다.

"우와~맛있겠다. 먹어도 되는 거겠지?"

하고 사과를 집기 위해 손을 내미는 순간 소나무 사이에서 새하얀 사슴이 나타났습니다. V는 '흰 사슴은 처음보네~ 숲의 정령 같아!' 라고 생각 했습니다. 사슴은 '배가 고프니 이건 내가 먹으면 안 될까?' 라는 표정으로 초롱초롱하게 V를 쳐다봤습니다. '음... ... 나도 배가 고프지만... ... 양보해야겠지!' 라고 생각 했습니다.

"그래 너 먹어~"

마음이 착한 V는 사슴에게 사과를 양보하고 다시 길을 떠났습니다.

"아~~ 배가 더 고프다, 어디 먹을 거 없나?"

V는 섬의 안쪽으로 더 깊이 들어갔습니다. 그 곳에는 아담한 집이 두 채 있었는데, 사람은 아무도 없었습니다. 집 안으로 들어가니 갓 만든 듯 김이 모락모락 올라오는 만두국과 송편이 있었습니다.

"이야~~ 맛있겠다. 먹고 싶지만 이 집 주인들이 먹어야겠지?!"

V는 배가 많이 고파서 힘들었지만 이 집에 사는 사람들이 사랑하는 가족을 위해 무언가를 준비하던 중이었을 거란 생각에 마음이 따뜻하고 행복해지며 자기 가족들이 보고 싶어졌습니다. '생각 해 보니, 내가 가족들한테 잘못했어....마음을 좀 더 열었어야 했던 건데, 집에 가고 싶다.'

후회로 V의 눈이 촉촉해지는 순간 앞에 선물상자가 짠~ 하고 나타났습니다. '또 뭐지? 이 섬에는 신기한 일이 많이 생기네. 이건 열어봐도 되겠지?' 라고 생각하며 V는 선물상자를 풀었습니다. 그 순간 하늘에서 폭죽이 펑펑 터지고, 여러 고비를 양보하고 참았던 걸 칭찬하는 듯이 핑크빛으로 물들었습니다. 선물상자 속에는 솜사탕이 들어 있었습니다. V가 솜사탕의 막대를 잡는 순간 솜사탕이 점점 커지며 하늘로 날아갔습니다.

"우왓~ 어디로 가는 거지? 으아아아아아~~~~~~~!!!"

발이 땅에 닿는 느낌이 들어 V는 눈을 뜨게 되었습니다.

"앗, 집이잖아~엄마~~ 아빠~~~ 얘들아~~~나 왔어!"

그렇게 V는 바람에 날려 다시 집으로 돌아가 가족들에게 화해와 용서를 바랬습니다. V는 이번 여행을 통해 모든 고민들을 훌훌 털어버렸으며 인연의 소중함을 느끼고, 희망은 다른 곳에 있는 게 아니며 지금 이 순간 함께하는 이들에게 있다는 것을 깨닫게 되었습니다.]

이와 같이 각각의 작품으로부터 하나의 스토리가 엮어질 수 있었으며, 그림과 조형물을 통하여 살아온 인생을 점검하게 되었다. 또한 지점토로 만든 작품을 이야기로 섞는 과정에서 세대 차이의 상호보완적 영향은 자연스럽게 일어났고, 지난 시간의 회한과 지금의 행복이 통합되면서, 궁극적으로 중요한 주제를 찾는데 무리가 없었다.

포세이돈님을 포함한 조원들의 지점토 동화는 읽는 이들에게 자신이 머무를 궁극적인 장소를 가정에서 찾았다는 메시지를 주고 있다. 이 메시지는 동화 속에서 존재하는 지점토 작품에서 독특한 의미를 가져올 수 있었다. 중요한 사실은 그림의 상징과 지점토 작품의 이미지가, 각각의 맥락을 연결시키고 동화적 풍경으로 제공했기 때문에, 조원들의 인생에 녹아있는 핵심들을 통합하면서 메시지를 전할 수 있었다는 것이다.

원만한 생활에 감사하는 시간을 갖으면서 내면을 고뇌하는 시간이었다

[그림 3-172] 초연

[그림 3-173] 멋스러움

[그림 3-174] 절개

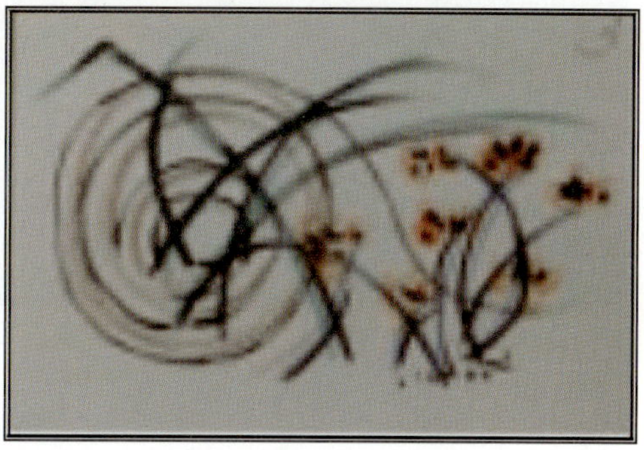

[그림 3-175] 대기만성

먹물을 접하는 순간에 난을 치고 돛단배를 타고 유유자적하는 선비의 고고함과 멋스러움과 초연함을 추구하면서 감사하고픈 마음을 만났다.

〈절개〉 난화처럼 어릴 적의 불우한 환경과 어려움 속에서도 굳건히 꽃을 피우는 기개를 배양하려고 노력한 인생이었다. 먹물이 주는 독특한 느낌대로 붓을 움직였다. 그려진 난화는 특히 모나지 않고 화려하지 않고 은은하면서도 절개 곧은 국화꽃을 피우기에 노력한 시간의 연속이었다고 사고하게 되었다.

〈갈채〉의 의미는 화려한 꽃들과 정상에서의 포효를 상징하듯이, 이제는 어느 정도의 사회적 위치에서 나눔을 하는 나에게 보내는 박수에 동참함을 말한다. 〈풍년〉에서는 태양과 같은 열정에서 오는 축복의 에너지로 결실을 맺을 수 있었던 것을 나타냈다. 그리고 감사하고 싶었다.

[그림 3-176] 갈채

[그림 3-177] 풍년

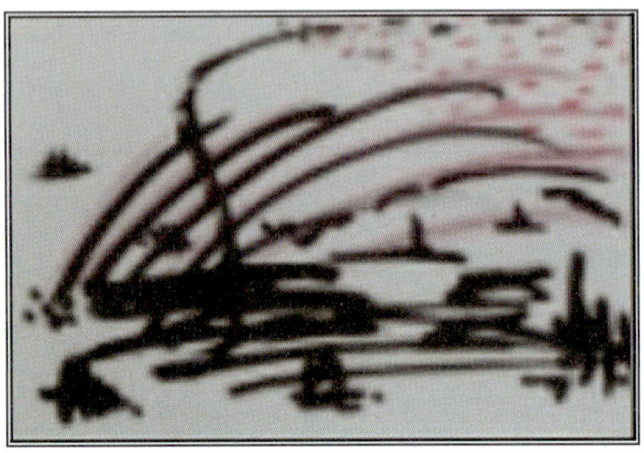

[그림 3-178] 나눔과 베품

[그림 3-179] 확산

〈나눔과 베품〉의 의미는 그 자체로서 베풀 수 있고 나눌 수 있는 감사함을 표현하였고, 〈확산〉은 이 화려한 꽃들이 만발하고 흩날리는 것처럼, 주변이 함께 풍성함을 맛볼 수 있도록 확산되기를 원하는 마음을 읽게 되었다. 난화 10장을 쭉 펼치고 숙고하는 중에 50대의 나는, 어렵지만 잘 지나온 시간에 감사하고 내가 받은 축복을 남에게 나누어야 하는 시기는 현재이고, 그러다 보면 인생은 출발했던 원점으로 향한다고 생각되었다. 먹물로 그려진 10장의 난화가 내 인생의 과정을 그렇게 읽혀지게 하였으며, 먹물 매체가 주는 영향인지 마지막에는 차분해짐을 느꼈다.

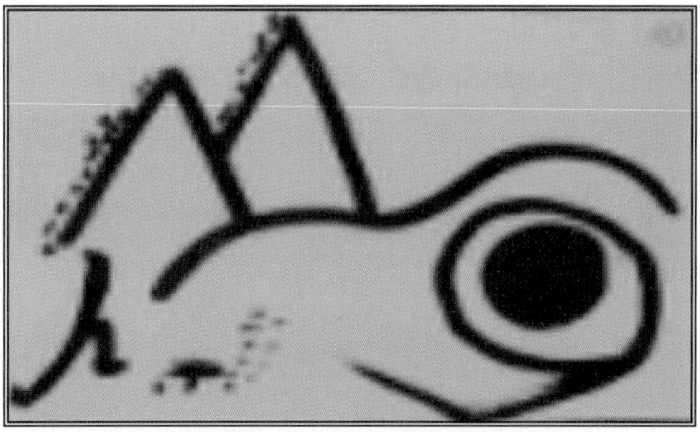

[그림 3-180] 온 마음

〈온 마음〉의 의미는 결국 나중에 가서는 산은 산이고 물은 물이듯이, 모남이 없는 원만한 생활에 감사하는 시간을 맞이하고 싶은 내면을 표현한 난화였지 않나, 생각해보면서 고뇌하는 시간이었다.

[그림 3-181] 무화

포세이돈님이 그린 10장의 먹물 난화 중에서 다섯 번째 난화이다. 그가 한참을 들여다 보고 고민해 봐도 무엇인지 모르겠으며, 보고 싶지 않아서 나중에는 버리게 된 난화 작품이다. 〈온 마음〉과 〈무화〉의 그림에 같은 요소가 존재하였다. 두 산이 있고 산 앞에 정체 모를 존재감이 있었다. 그러나 두 난화에서 알 수 있는 것은 이미지에서 분명한 차이가 느껴진다는 것이다. 그래서 포세이돈님은 혼란한 〈무화〉를 버리고 정리되고 원만한 〈온 마음〉으로 종결점을 찾았다.

이 여정에서 후회 없는 생활을 하고 다음 여정을 맞이하는 노력을 아끼지 말아야겠다고 다짐하다

[그림 3-182] 인생의 여정

조원 5명이 3마 정도의 천에 무엇을 표현할 것인가에 대해 대화를 나누었다. 표현될 세부내용을 대화한 후에, 각 샘들이 4개의 여정에 대해 돌아가며 그리고, 제목을 선정하고 채색하여 공동화를 완성하였다. 완성된 공동화를 보고 자기의 생각을 서로 나누며 1개의 시나리오를 작성해 보았다. 유아기, 청소년기, 장년기, 노년기의 인생의 삶을 봄, 여름, 가을, 겨울 사 계절에 대치시키고, 비유될 수 있는 대표적인 활동을 토의 하였다. 그 과정은 각 개인의 내면세계를 엿볼 수 있는 소중한 시간이었다. 사용한 매체는 다양하였으며, 특히 자연의 재료인 솔방울, 돌, 나뭇잎, 항아리 등을 이용하여 자신을 표현하려 하였다. 또한 그림물감과 색연필, 은분, 금분, 꽃, 실타래 등을 사용하여 〈인생의 여정〉이라는 제목에 따른 내용을 풍부하게 해서 그 속에 존재했던 혹은 존재 할 자신을 표현하고자 한 것은 독특한 경험이 아닐 수 없다.

무엇인가 쏟아내는 것처럼 그림을 그리고 독특한 오브제로 작업한 〈인생의 여정〉은 저항하면서 진지했고 예견이 되면서 만족하였다. 나는 장년기이거나 혹은 그 이상인 만큼 이 여정에서 후회됨이 없는 생활을 하고, 그렇게 보내고 나서 준비된 다음 여정을 맞이하고자 노력을 아끼지 말아야겠고 다짐하였다.

어떤 조원은 '자신은 왠지 유년기를 표현하는데 집중하게 된다. 어린 시절의 순수함이 그립고 인생을 다시 한번 생각해 보는 계기가 되었지만, 내가 어린 시절에 집착한다고 해서 머무를 수 있는 것도 아니고 계절처럼 자연히 흘러가게 될 인생이었다. 더 멋진 인생을 위해 순간을 행복하게 즐기고 다음 계절에 뭘 할 지 미리 생각하고 계획하고 준비하는 것이 필요할 것 같다.'라고 하였다. 다른 조원은 '내가 보기엔 유년기의 그림이 마냥 밝기만 한 것 같아 싫다고 느꼈다. 그러나 유년기는 많은 사람들의 관심과 사랑과 보호를 받으며 성장하는 시기라고 하는, 설명을 듣고 나니 거부감이 많이 사라졌다. 힘든 시기는 있었지만 나 역시 부모님의 사랑과 보호를 많이 받고 자랐음을 한 번 더 깨달았다.' 라고 하였다.

[그림 3-183] 유년기

[그림 3-184] 청년기

어떤 조원이 처음에는 기분이 좋지 않고 무엇을 그려야 할지도 떠오르지 않는다고 하다가, 청년기 단계의 그림에 가로등 아래서 좌절하고 있는 사람을 그렸다. 나는 청년이 가는 길을 막고 있는 돌을 배치하였다. 청년기에는 고뇌도 하고 가로막는 돌을 극복하는 시간도 있어야, 인생을 반석처럼 만들 것 같았다.

한 조원이 장년기 그림에 자신이 좋아하는 운동기구인 케틀 벨을 그렸다. 그것을 그리고 나서 마음이 조금 가라앉고 차분해짐을 느낀다고 하였다. 나는 찰흙으로 복과 사랑을 배치하였다. 청년기에는 가는 길에 돌을 놓았지만, 좌절을 겪고 고민하고 극복하면, 장년기에 이르러서 반드시 복과 사랑을 누릴 수 있다는 확신을 주고 싶었다. 그리고 분명히 그렇게 될 수 있는 인생의 단계임에 틀림이 없다. 케틀 벨 밑에 놓은 복과 사랑이 장년의 단계를 회복시켰다. 아무도 생각하지 못한 청년기의 돌과 장년기의 복과 사랑의 상징을 내가 놓았는데, 그 만큼 인생 여정을 가는 조원들에게 연장자로서 도움을 주고 싶었다.

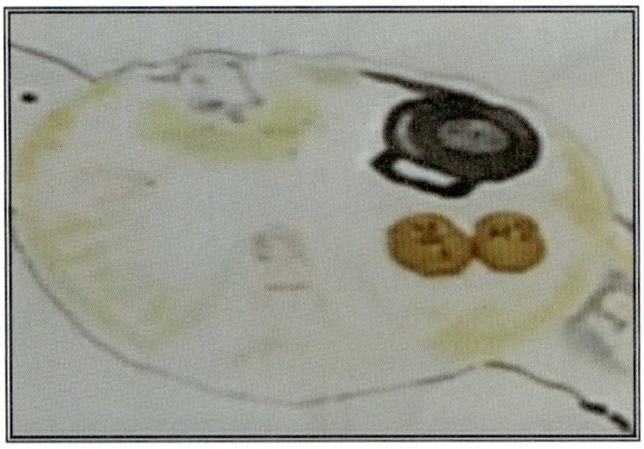

[그림 3-185] 장년기

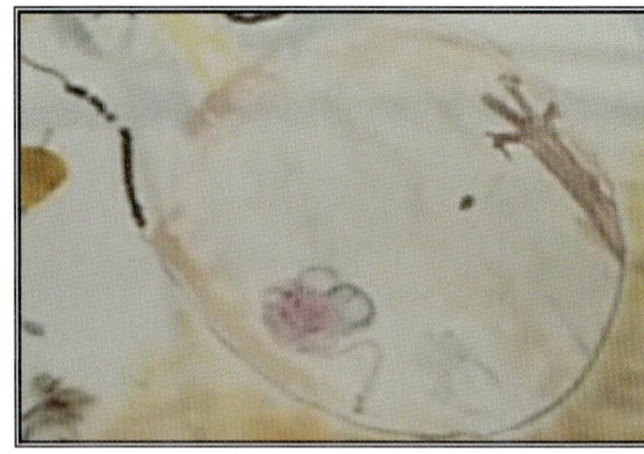

[그림 3-186] 노년기

모든 조원들이 노년기의 겨울을 표현하는데 생각처럼 잘 되지 않는 것 같았다. 모두들 늙고 싶지 않은 생각이 있는 모양이었다. 노년기 그림을 맡은 조원이 노년을 상징하는 잎이 다 떨어진 겨울나무를 표현하는 데 생각처럼 잘 되지 않는다고 했다. 그리고 그 아래에 누군가 내미는 손을 그렸다. 이 아이디어는 모두가 공감하고 찬성을 하였다. 인생의 노년기에 누군가 손을 잡아주는 동반자가 있다면 외롭지 않은 노년기가 될 것 같다고 생각하였다. 그러한 노년기를 갖기 위해 우리 모두 지금 현재를 잘 살아내자고 나눔을 했다. 그리고 준비된 이 여정을 잘 살고 다음 여정을 향하기로 하였다. 이런 과정으로 〈인생여정〉이 탄생하였다.

이웃과 소통하며 느끼는 만족의 미소를 짓고 자연을 산책하며 삶의 기쁨에 흠뻑 취하고 싶다

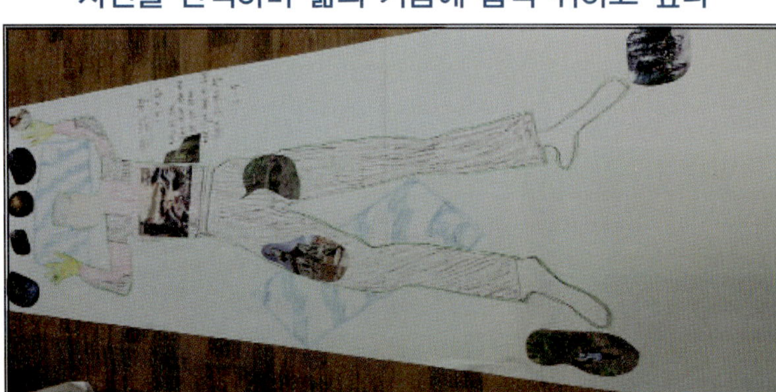

[그림 3-187] 삶의 기쁨

나는 가사 없는 음악을 틀어놓고 동작으로 자신을 표현해 보았다. 관찰자들에게 피드백을 받은 후에 내가 한 동작 표현을 객관적으로 이해하였다.

내 몸의 깊은 곳에서 느껴지는 메시지를 최대한 놓치지 않으려고 동작에 대한 피드백을 수용하였다. 그리고 전지에 엎드렸고 베개 위로 엎드린 머리 위에는 기와 에너지의 파장을 나타내는 잡지 그림을 세장 붙였다. 그 에너지를 받아서 자전거를 타고 트레킹을 하고 여행을 하며 숲을 거니는 자신의 모습을 잡지 사진으로 안정감 있게 표현하였다. 왜냐하면 복부에 있는 잡지속의 남자는 안정적인 무게감을 가지고 있었으며, 그 무게감으로 머리 위의 에너지와 신체 아래의 움직임을 조절하고 관장을 하고 있었다. 나는 나의 전신에서 일어나고 있는 신체적인 반응을 잡지 사진과 그림으로 구체화하면서 나를 이해하고 점검할 수 있었다.

포세이돈님의 오른쪽 손바닥 안에는 미소를 짓고 있는 잡지 속의 남자가 보인다. 그와 동일시하고 있는 이 장년의 남자는 자신의 장년기의 삶을 바라보며 만족의 미소를 짓고 있었다.

귀를 귀이개로 후벼서 더 잘 들어주고 싶고
다 못 꿴 것은 소원대로 꿰어주고 싶다

[그림 3-188] 해결중심의 셀프박스

나는 Self를 표현하는데 직사각형의 조그만 박스를 사용하였다. 잡지에서는 엉키고 설킨 실타래 그림과 흐트러져서 어지러운 방석과 맥주 등의 주류 그림을 선택해서 오렸다. 또한 1회용 컵의 반쪽은 소통의 귀를 표현하는데 활용하였으며, 그리고 2개의 하늘 꽃과 원만함을 나타내는 파란원 등은 소통과 화해를 상징하고자 하였다. 이러한 것으로 나의 Self를 표현하면서 해결중심의 셀프박스를 나타내려고 노력했다.

군 상담자로서의 눈에 보였던 치유 되어야 할 상황들은 매우 다양했다. 술에 찌들리고 실타래 같은 인간관계 속에서 고민하고 울부짖는 문제들을 두 귀로 더 잘 들어주고 싶은 마음을 표현하였다. 이 셀프상자에서 더욱 더 신경을 쓰고 강조하고 싶었던 것은 들어주는 귀를 귀이개로 시원하게 후비겠다는 상담가의 각오를 옮겨놓았다. 또한 다 못 꿴 것은 소원대로 전부 꿰어주고 싶음도 부각시켜서 표현했다. 내담자가 원만한 삶과 생활을 누리게 되어서 평화와 자유로움을 갖게 하고 싶었다.

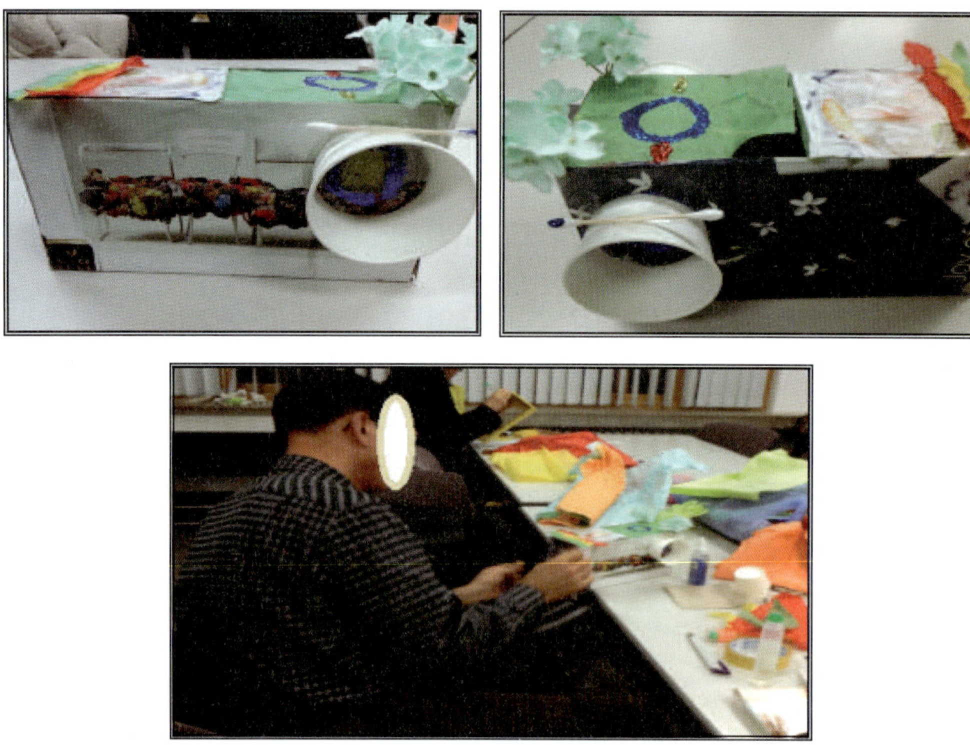

[그림 3-189] Self 박스의 다른 면과 포세이돈

처음에는 그냥 의미 없는 조그만 박스였으나 그 박스에 내가 의미하고자 하는데 적합하고 독특한 매체를 부착하고 채색하고 활용하니까 다른 차원으로 변환이 되었다. 이미 상자의 크기와 종류에서 타자와 구별이 시작되었고, 상자 안을 들여다 볼 개폐의 양식에서

두드러진 차이가 나기 시작하였다. 아예 뚜껑 없이 상자를 오픈한 사람, A4 용지 상자처럼 큰 상자를 준비한 사람, 그리고 예쁜 상자를 사온 사람들도 있었다. 우리는 이렇게 조금도 같지 않은 인격을 가진 개체들이었다. 나는 다양한 개체들 속에서 그들과 무엇이 다른지 볼 수 있었고 차이를 확인할 수 있었던 귀한 경험을 하였다.

나의 분신을 떼어 내놓은 듯한 느낌이 드는 야릇한 시간의 연속이었다

[그림 3-190] 청가면

석고붕대와 나뭇가지, 한지, 채색도구, 각종 꾸미기 재료 등을 가지고 숲 체험장에서의 석고붕대로 가면 만들기 제작은 나에게 특별한 의미가 있었다. 또한 주변은 몰입하기에 충분한 환경을 갖추고 있었다. 가면을 찾아 떠나는 명상 여행에서 나를 인도하는 청양을 만났다. 그리고 원형의 땅에 도착해서 백발의 노현자를 만나게 되었다. 원형의 땅의 하얀 집에 있는 지하실에서 여러 가지 가면들을 보았으며, 그 중에서 나는 한 가면을 가지고 나왔다.

한 동료가 내 얼굴에 물이 묻은 석고붕대를 얼굴에 밀착시켰다. 물을 묻혔으므로 일정 시간이 경과 되니까 얼굴 표면의 오목 볼록한 상태가 그대로 굳어졌다. 양육적인 손에 의해서 매끈하기도 거칠기도 한 느낌이 교차되면서 마법에 걸린 듯 나를 그대로 맡겼다. 이 느낌 그대로 내담자에게 나의 조그만 손짓이 색다른 느낌을 느끼게 해줄 것이라는 생각을 해보았다. 그리고 시간이 경과되어서 석고붕대를 얼굴에서 떼어낼 때에 나의 분신을 떼어 내놓은 듯한 느낌이 드는 야릇한 시간의 연속이기도 하였다. 떼어낸 석고가면에 나는 지하실에서 가지고 온 가면의 느낌대로 작업을 하였다. 청색의 얼굴에 금가루를 뿌린 얼굴이었다. 나같지 않게 신비한 느낌이 들었고 내년에 청양의 해를 맞아 청색의 긍정적인 기운을 가면에 심었다.

뒤이어 작업하게 된 깃발작업을 끝으로 거대한 무의식의 사이클이 완성되고 마무리가 된다는 경이로움마저 느꼈다. 나아가 다양한 매체인 반짝이, 물풀, 스프레이, 한지 등은 가면과 깃발에 새로운 의미를 부여하는데 필요한 소 재료임에 분명했다. 나의 분신 같은 가면과 깃발을 활용하여서, 현재보다 더 강건한 모습으로, 흔들려서 피는 꽃처럼 더 고고한 자태를 지킬 것을 다짐하였다. 이 귀하고 소중한 경험을 잘 간직해서 내담자와 더 잘 소통할 수 있도록 내적인 관리에 힘을 기울여야 하겠다.

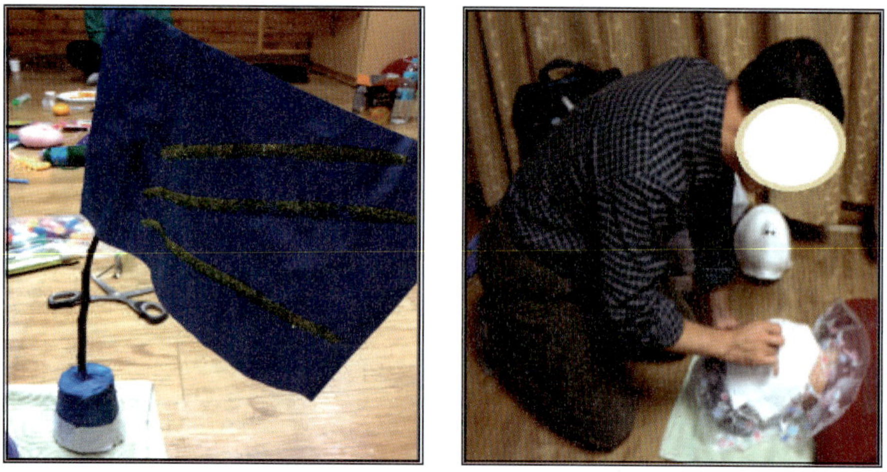

[그림 3-191] 청 깃발과 포세이돈의 가면본뜨기 작업

그림으로 말하는 男子 7

경직된 삶을 벗어나
공감 능력을 원하는 제우스

주관식 보다는 객관식에 익숙해져 있는 생활패턴과 타인의 이야기를 경청하지 못하는 것을 해결하고 싶은 제우스

58세의 제우스님은 1남 1녀를 둔 가장으로써 사회에서 도움을 받아야 하는 곳에 사랑을 전하는 기관의 장으로 일하고 있다. 제우스님의 그림 이야기는 신체적 질병으로 인하여 단기로 끝이 났다. 그러나 직접 시를 지으시기도 하면서 열의를 보이셨기 때문에 아쉽지만 그가 그림을 그리면서 이야기 한 몇 가지 그림을 소개하고자 한다. 그는 자신의 작업과정을 숙고해 보면서 다른 사람들은 많은 시간을 보내며 작성하는데, 가장 먼저 마친 것을 보면서 효율성을 중심으로 경직된 삶을 살고 있다는 생각이 들었고, 주관식 보다는 객관식에 해답보다는 정답에 익숙해져 있는 생활 패턴을 가지고 있다고 하였다.

한편 제우스님은 자신의 정서와 관계되고 영향을 미치고 있는 전반적인 생활 양식에 대해 그림을 통해 자각한 내용을 다음과 같이 말하였다. 자신은 엘리베이터 보고에 익숙해져서 단순 명확한 것을 선호하고 감정이 절제되었다는 생각이 들었으며, 과정보다는 결론을 중시하는 성과 지향적 성향이 아닐까? 걱정이 되며 타인을 받아드릴 준비가 안 되어 있음을 자각하였다. 또한 과거에 지니고 있었던 정서라는 감정이 어디 갔을까? 당황스럽고 원칙주의가 아닐까? 하는 생각도 들었다. 그러나 그가 깊이 숙고해보는 과정에서 알 수 있었던 것은, 현재 완성한 것 또는 소유하고 있는 것들을 잃어버릴까! 걱정하고 있는 것 같았다고 한다. 그래서 이런 내적 문제를 가진 자신이 치유받기를 갈망하였다.

정답에 익숙해져 있는 생활패턴을 그림을 통하여 해결하고 싶다

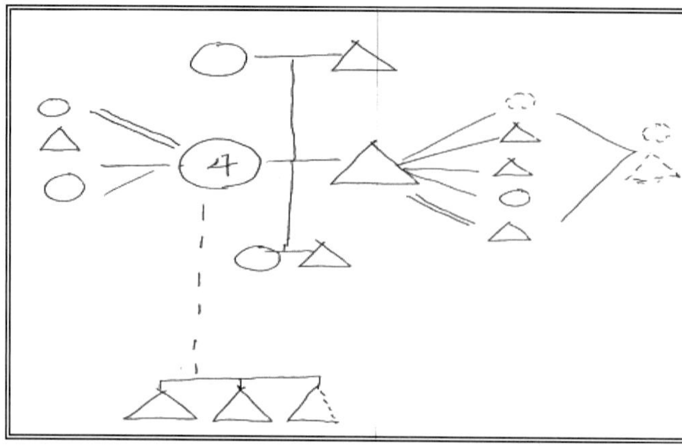

[그림 3-192] 나의 인간관계도

Social Atom이란 용어를 생각해보면 물체속의 원자처럼 사회에서 나의 존재가 어떤 위치에 있는가를 생각해보는 시간이라 생각했다. 처음에는 동그라미와 세모와의 구별도 안 돼 칠판을 쳐다보며 작성하였다. 주입식 세대의 교육을 받아서 전형적인 가계도를 망설임도 없이 작성하였다. 우선 나부터 표시하고 아내 그리고 나와 아내의 친인척들 그리고 아이들을 표시했고 부모님을 제일 나중에 표시했다. 우측의 점선들로 표시한 것은 별세한 분들이고 가장 아래 삼각형 3개는 지인들이 있어 표시된 것이고 지인들 중 점선은 친밀도에 따라 표시된 것이다.

작성 후에 느낀 것은 첫 번째는 친구와 직장동료 등 사회의 인적 관계가 너무 복잡해서 표시가 안 되었거나 너무 없어서 표시에서 제외된 것이 아닌가 자문하였지만 별다른 생각이 나지 않았다. 두 번째는 다른 사람들은 많은 시간을 보내며 작성하는데 가장 먼저 마친 것을 보면서 효율성을 중심으로 경직된 삶을 살고 있다는 생각이 들었다. 세 번째는 주관식보다는 객관식에 해답보다는 정답에 익숙해져 있는 생활 패턴을 이번 기회를 통하여 해결하고 싶고 혹시 타인의 이야기를 경청하지 못했나 반성을 하였고 내담자의 마음속으로 들어가는 연습을 많이 하여 공감 능력을 향상시키는 기회가 되었으면 좋겠다.

조그만 하얀 가루가 떨어졌고 떨어진 가루가 아픔으로 다가왔다

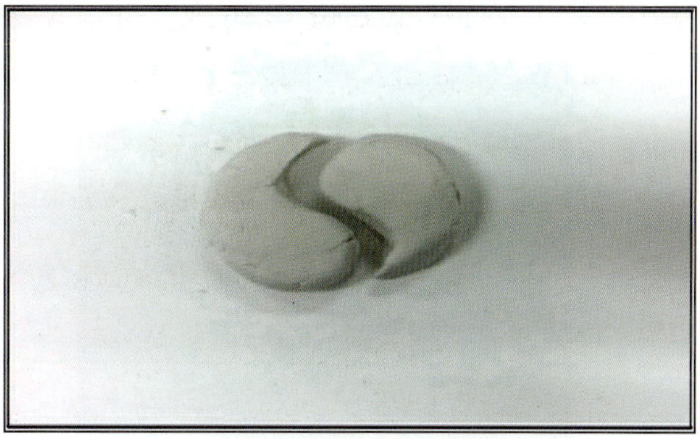

[그림 3-193] 선택의 두려움

우리 세대에는 진흙에만 익숙하다가 지점토라는 새로운 물체를 만났다. 눈을 감고 지점토를 만지니 촉촉한 감촉이 너무 좋아 8절 도화지 위에 그냥 내버려 두고 싶었다. 흰 도화지위에 덩그러니 사각 지점토를 중앙에 놓고 "끝"하고 싶었으나 다들 열심히 무엇인가 하기에 반으로 분리했다. 그리고 반쪽을 반죽을 하다 보니 도화지 위에 조그만 하얀 가루가 떨어졌고 떨어진 가루가 아픔으로 다가왔다. 그리고 창조하는 일이니 음과 양의 의미로 태극 문양을 만들었다. 도화지 바탕에 색칠을 왜 안하느냐는 물음에 "그냥요"라고 대답했다. 도화지는 우주요, 떨어진 조각들은 별이요, 중앙의 지점토는 천지 창조의 시작이라는 생각으로 표현 작업을 멈추었다.

작업 후의 느낌은 첫 번째는 엘리베이터 보고에 익숙해져서 단순 명확한 것을 선호하고 감정이 절제되었다는 생각이 들었으며 마음에 집중하기 어려웠다. 두 번째는 과정보다는 결론을 중시하는 성과 지향적 성향이 아닐까 걱정을 하며 타인을 받아드릴 준비가 안 되어 있음을 자각하였다. 세 번째는 과거에 지니고 있었던 정서라는 감정이 어디 갔을까 당황스럽고 원칙주의가 아닐까 생각하였다. 네 번째는 좀 더 깊이 생각해보면 현재 완성한 것 또는 소유하고 있는 것들을 잃어버릴까 걱정하고 있는 것 같았다. 연령상 퇴직으로 인한 감정 표현일 수 있겠다고 발표하고 지점토 작품 제목이 시간이 지남에 따라 달라졌음을 인지하였다. 처음에는 "깨어짐" 수정한 제목이 "깨어짐의 두려움" 최종적인 제목은 "선택의 두려움"이다. 내가 받은 피드백 중에서 기억에 남는 것은 태극 문양 중에 중간이 깨어지는 것은 걱정거리가 깨어지고 있음을 의미하니 희망을 내기 바란다는 것이다.

**직사각형을 받치고 있는 위태로운 역삼각형을 그렸다
아마 삶의 무게에 힘겨워 하고 있는지도 모른다**

[그림 3-194] 무거움

A4 용지 2장에다 한쪽은 오른손으로 한쪽은 왼손으로 이름을 썼다. 오른손잡이인 만큼 오른손으로 쓸 때는 기분 좋음을 느꼈고, 왼손으로 쓸 때는 무엇인가 슬픔을 느꼈다. 감정이 무디어서 그런지 깊은 마음으로 들어갈 수 없어서 기계적으로 작성했고, 오른손으로 쓴 것은 반쯤 쓰다가 말고 왼손은 끝까지 썼다. 아마 슬픔에 더 집중하려는 마음인 것 같았다. 8절 도화지를 가로가 아닌 세로로 준비하고 가운데에 검은 직사각형을 그리고, 직사각형을 받치고 있는 위태로운 역삼각형을 그렸다. 아마 삶의 무게에 힘겨워 하고 있는지도 모른다. 그 다음 송사리와 검은 직사각형이 폭발하는 형태를 그렸는데 평안을 찾고자하는 욕구가 강한 것 같다. 발표할 때 연륜이 있고 다채로운 사회경험을 가진 동료들에게 비난을 받을 것을 두렵다는 이야기를 하였다. 피드백을 들으면서 동료들도 타인을 의식하는 부분이 있다는 것을 알게 되었으며, 비난 받을 것을 두려워하지 말라는 격려를 받았다. 동시에 반대편에 있는 동료가 그림을 반대편에서 보면 로켓을 쏘아 올리는 것 같다고 희망을 주었는데 그림도 보는 시각에 따라 달라질 수 있음을 느꼈다.

반대편에서 보면 로켓을 쏘아 올리는 것 같아서
시각을 달리하면 모든 문제는 희망을 찾을 수 있다

[그림 3-195] 거꾸로 보면 로켓

내가 용서라는 단어를 실행할 수 있을까? 생각하며
그림을 그리기 시작하였다

[그림 3-196] 용서를 기원하며

"용서"라는 제목의 글을 한번 읽고 자애라는 글을 3번 읽고 공덕회향이라는 글을 한번 읽었다. 우선 매체의 경험은 사실 소리 내어 읽지를 못했고 웅얼거리듯 읽어보았다. 지각하지 않았으면 음악과 함께 마음속 여행을 떠났을 텐데 하는 아쉬움이 가득했다. 어떤 의미가 있었을까 글을 읽으면서 "용서"라는 단어와 "회향"이라는 단어가 화두처럼 떠나지 않았다. 회향이라는 단어는 자기가 닦은 공덕을 중생에게 널리 베풀어 중생이 깨닫도록 하겠다는 것인데 내가 용서라는 단어를 실행할 수 있을까? 생각하며 그림을 그리기 시작하였다. 그림은 현재와 미래에 대해 2장으로 그리기 시작했는데 우선 현재는 "용서를 기원하며" 라는 제목으로 위와 같은 그림이 완성되었다.

용서를 할 마음은 불타고 있는데 검은 둘레가 방해하다
답답한 마음이 들어서 칼로 상단과 하단을 제거하다

[그림 3-197] 못다한 용서

처음 시작한 것은 현재이다. 현재는 정확하게 말하면 과거에서 현재까지는 남을 "용서"를 할 수 있는 여유가 있었다. 그 용서의 대상은 녹색과 청색 계열처럼 여리고, 2개를 그린 것은 몇 개라도 가능할 것이라고 생각이 들어서 이런 그림이 되었던 것 같다. 처음에는 나무처럼 그렸는데 나중에는 향을 피우는 듯 모양이 아닌가 생각이 들었다. 미래의 그림은 용서가 점차 힘들어지고 용서라는 것이 정말 가능한 일일까? 라는 생각이 들었다. 미래는 먼 미래가 아니라 지금부터 미래이다. 그림의 제목은 "못다한 용서"이다. 밑에 집은 귀촌하여 생활이 안정된 것이고 가운데 원은 용서에 관한 것인데, 용서를 할 마음은 불타고 있는데 검은 둘레가 방해하고 있었다. 처음에는 용서를 통과하는 화살표로 용서하고자 하는 마음을 표현하고자 하였으나, 답답한 마음이 시원해지지 않아 칼로 상단과 하단을 제거해서 숨통은 트인 것 같지만 청량한 느낌은 들지 않았다. 조원들의 질문이 현재 그림이 낮인가 밤인가를 물어서 숙고해 본 바 용서에 대해 생각하니 밤인 것 같았다. 미래의 그림에서 향불이 위에 가득하니 답답한 것 같다고 해서, 나는 향불의 향이 위로 올라가니 가득해질 것이라 생각한다고 답변하였다. 또 다른 조원이 '무슨 일이 있으세요? 도화지는 마음인데 칼을 대셨으니...' 라는 질문에 특별한 마음도 없었고 갈등도 없었다고 하였다. 현재와 미래가 바뀌었으면 좋겠다는 피드백에는 그럼 좋겠다는 이야기는 했지만 미래 그림에 대해 답답한 마음은 없었다. 오히려 더 깨트려야 할 대상으로 칼로 제거한 부분을 더욱 더 넓히고 싶은 심정이었다.

평소 어깨에 통증이 있었기 때문에 그것이 완쾌되기를 바라는 소망이 있다

[그림 3-198] 힐링소식

우선 붉은 한지가 소중하기 때문에 찢어서 작업하기가 싫었고 평소 어깨에 통증이 있었기 때문에 그것이 완쾌되기를 바라는 소망이 있었나 보다. 힐링 소식이라는 쪽지를 통해 좋은 소식이 있었으면 하고 우측 날개를 3단으로 접은 것은 빨리 오기를 바라는 날개를 의미하고 3이란 숫자가 행운의 숫자이기 때문이다. 반대편에서 뒤집어보면 날개가 되어 날아오는 것 같아 좋았다. 수강생이 누가 힐링 소식을 주었으면 좋겠느냐는 질문에 누구든 좋다는 답변을 하였다. 수강생들은 완쾌를 기원하여 주었다. 옛날에는 포스트잇이 없어 이렇게 쪽지를 접었던 생각이 나서 이런 표현이 된 것 같다.

짝꿍이 그림 위를 파스텔로 전체를 덮으니
색들이 개성을 잃고 편안한 색이 되어 버리다

[그림 3-199] 금빛 바다

짝꿍끼리 진지하게 마음을 터놓고 이야기를 나누다가 자기가 그리고 싶은 마음 그림을 그렸다. 그린 후에 짝꿍이 나의 그림에 그림으로 피드백을 주는 시간을 가졌다. 또한 짝은 내게 필요한 것을 찰흙으로 만들어서 선물을 하였다. 그림을 그리고 글을 쓰면서 세월호의 충격에 온 국민이 외상 후 스트레스 장애를 보인 것처럼, 나도 충격을 받아서 오늘 작업은 그저 의무적으로 숙제를 하는 기분이었다.

"아, 살아남은 자들의 이 무력감…"

처음에 제목은 '봄 바다'였다. 테두리는 녹색으로 봄을, 하단의 금색은 모래를, 중간은 청색으로 바다를, 상단의 붉은 색은 태양을 의미하는 그림을 그렸다. 그리고 짝꿍에게 넘겼다. 짝꿍이 내 그림을 보고 그림 위를 파스텔로 전체를 덮으니 금색, 청색, 붉은 색이 개성을 잃고 편안한 색이 되어 버렸다. 그래서 나중에 제목은 '금빛 바다'로 바뀌었고, 또한 짝꿍이 내 그림에서 휴식이 필요할 것 같다는 느낌이 와서, 차 한잔하라고 찰흙으로 다기를 준비하여 주셨다. 짝꿍의 마음이 고맙고 감사하다. 그러나 나는 지금의 금빛 바다를 먹물의 검은 색으로 덮어버리고 싶은 심정이었다. 내가 할 수 있는 일이 하나도 없이 세월호 희생자들의 명복을 비는 애도의 시간을 보내고 있는 자신이 무력할 뿐이어서다. 내가 누리는 밖의 봄 햇살마저 야속스럽고 미안하게 느껴진다.

제우스님은 이 그림을 끝으로 지병으로 인하여 아쉽게 종결을 하였고 나중을 약속하면서 떠났다. 그는 그림으로 자신을 말할 수 있었던 시간을 좋아했었고 내면이 그대로 그림에 전이되는 것에 대해서 신비로움을 느꼈다. 그는 그림을 다른 위치에서 보면 다른 시각으로 말할 수 있어서 통찰의 기회가 자연스럽게 왔고, 그림을 통한 피드백이 진지하고 진실하게 가슴으로 다가 왔었다고 고백하였다. 그리고 그는 한 편의 시를 남겼다.

마떠미 새내기

대한(大韓)이란 이름의 이 땅에 365일 어두움을 젖히고 동트는 강원도에서 키 큰 나무와 작은 나무가 어깨동무하듯 조금씩 키 돋움하며 이웃과 함께 삶의 터전을 가꾸는 마떠미 새내기님들의 발걸음에 마음의 주단을 깔아 드립니다.

인간이란 외로운 섬에 미술이란 다리를 놓아 응달지던 이웃에게 햇빛이 들이치는 기쁨이 있게 하고 그들의 근심에 손 내밀어 그리움에 보답하며 환한 빛으로 곁에 서서 들꽃처럼 웃어 주시겠다는 님들은 생각만 해도 든든한 백두대간을 닮았습니다.

님이여! 가슴 멍든 이웃들의 이야기는 귀 기울려야 알 수 있는 산울림 같습니다. 계절의 바뀜을 누구보다 먼저 알아채는 새벽길의 풀잎 이슬처럼 귓속말까지 헤아리는 여린 마음으로 가슴을 여는 것은 시지프의 바윗돌 같은 인내심의 반추입니다.

축복받은 이 땅에 태어난 기쁨으로 손에 손잡고 앞으로 나아가며 203호실에서 나눈 이야기들이 패총처럼 쌓이면 힘들고 막힐 때마다 손 셈법해야 나오는 할머니 쌈짓돈 같이 해답의 이야기들이 봄날 수 수꽃다리 향기가 되어 다가올 것입니다.

그리고 또 하나, 태허의 깊은 침묵의 동해가 불덩이 해돋이로 생명의 환희를 느끼게 하고 산천초목의 그윽한 향기가 충만하여 가슴속 깊이 스며드는 봄날 매주 화요일 청춘열차를 타고 입춘(入春)하시는 김은숙 교수님 준비하시는 학위 논문에 대길(大吉)기운 가득할 것입니다.

나가기

남자들은 자신의 내면의 삶에 대해서 잘 드러내지 않는다. 또한 내적으로 문제를 겪고 있다는 사실에 대해서 침묵하며 감정을 공유하지 않고 다른 물질로 대치시키기도 한다. 한편으로는 슬퍼서 우는 것 대신에 남자답게 보여야 한다는 사회적 기대감에 부응하며 살아간다. 그러나 남자들도 자신이 치유받기를 원하고, 동시에 적절하게 환경만 주어지면 스스로 치유할 수 있는 셀프 힐링의 힘을 지니고 있는 것도 분명한 사실이다. 최근 들어서 남자들의 개인적인 내적 문제가 가족에게로 그리고 사회전체에 부정적인 영향을 미치는 사건들이 빈번하게 발생하고 있다. 이러한 시점에서 현대의 남자들에게 적절하게 내면의 문제를 다루는 다양한 심리치료법들이 제시되고 있는 가운데, 저자는 그림을 그리면서 자신을 이야기하는 7인의 남자들을 소개하고 싶었다. 제 1부에 소개한 이 방법이 다른 심리치료적인 방법과 어떻게 다른지 알 수 있도록 주관적 해석을 하지 않았고, 남자들이 그림으로 그들 자신의 문제를 보고 만나고 다루고 풀어가는 과정을 그대로 전하였다.

7인의 남자 중에서 1인은 저자의 내담자였으며, 여섯 분은 미술심리상담 전문가 과정의 교육생들이다. 남자들의 특성상 더 억압을 시킬 수 밖에 없었던 내면의 무의식의 창조성을 활성화시키기 위해, 음악과 동작과 적극적 명상 그리고 글쓰기를 활용하였다. 그러나 반면에 각각의 개인적인 특성에 따라 그 중에서 그림만을 선호하시는 분도 계셨고, 그림 중에서 자신의 자화상을 즐겨 그린 분도 계셨다. 이 책을 쓰고 싶었던 이유는 이 땅에 사는 가부장적 사회의 한국 남자들에게 내면 치유에 이르는 새로운 방향을 널리 알리고 싶었다. 7인의 남자들이 그림을 그리면서 자신을 치유하고 있듯이, 인성이 회복될 수 있는 생명력의 원동력인 창조성이 발휘되는 길을 제시하였다.

다음의 제 2부에서는 7인의 남자들이 경험한 표현예술치료의 치유요인으로써 창조성에 관한 연구 자료를 제시하고자 한다. 그리고 제 2부의 연구에서 양적 연구방법론을 도와주신 박성현 교수님께 진심으로 감사드린다. 늦은 나이의 학업이 힘들지 않게 이끌어주시고 도와주신 은혜에 조금이라도 보답이 될 수 있기를 바라면서 이 책의 끝을 마무리 하였다. 주변의 어려움을 극복하시고 긍정적인 결과가 나올 수 있게 도와주신 것에 다시 한 번 고개 숙여 감사함을 전하고 싶은 마음이다.

• 제 2 부 •

표현예술치료의 치유요인과 창조성

제4장

표현예술치료 이론의 이해와 프로그램

1. 표현예술치료

표현예술치료는 미술, 음악, 무용, 동작 및 기타 여러 영역의 예술분야들이 서로 상호작용하여 예술매체가 가진 치료성과 현대 심층심리치료라는 학문이 합쳐져서 정신적인 문제를 효율적으로 치료하는 작업이다. 미술치료, 음악치료, 무용 · 동작치료 등 예술의 매체별로 전문화된 예술치료 발달과정에서 매체별 예술과 심리치료와의 통합적 시도가 점진적으로 이루어졌으며 결과적으로 각 영역의 벽이 무너졌다.

Weller[1](Halprin, 2003)는 '표현예술치료는 복합 모형의 예술과정과 심리치료를 통합한 것이다'라고 피력하였다. 이와같이 시간과 공간의 동일한 시점에서 다양한 표현예술매체를 통하여 개인의 지각, 애정, 인지와 감각이 통합된 전체적인 경험으로 표현예술치료가 이루어진다고 한다.

다양한 예술매체를 사용하는 표현예술치료에서는 어떤 예술양식의 표현이 포기되는 동시에 다른 양식의 예술과 상호 보완될 필요가 있는 연계점들을 파악하여 통합적으로 사용할 수 있는 전문성을 필요로 한다. 여기서 전문성이란 특정 예술 분야의 전문가이기보다는 여러 양식의 예술을 사용할 수 있는 높은 감수성의 능력을 말한다. 21C의 새로운 패러

1 CIIS (California Institute of Intergral Studies)의 표현예술치료 Director

다임은 혼돈 및 다양성, 어떤 새로운 질서의 탄생 및 끊임없는 의식의 기를 요구한다. 이런 시대적 이유에서 표현예술치료는 동서양의 전통들과 고대 치유예술의 실제들을 통합시켜서 탄생하였다. 그러나 Ritual, 드라마, 무용, 음악, 미술을 치료의 수단으로 사용하는 것이 고대 풍속으로 되돌아가는 것을 의미하는 것은 아니다. 물론 근원적인 의미에서 예술치료의 뿌리는 고대 샤만의 주술적인 치료라고 할 수 있다. 주술적인 목적의 암각화, 무화, 무구, 부적 등을 제작하여 사용하거나 상징적인 색상을 이용하여 치병을 한 예가 좋은 예가 될 수 있다. 무용, 음악치료의 경우 안무를 시도한 것으로 보이는 동굴 바닥에 그려진 표식과 그 무용을 위하여 사용되어 오던 악기들의 발견 등으로 미루어 언어로 표현하기 힘든 숭배, 경의, 공포 등을 춤과 음악으로 표현하여 종교의식과 주술치료로 사용한 것을 보면 알 수 있다(김진숙, 1996). 이러한 고대의 풍속인 주술적인 치료방식이 표현예술치료에서는 의식적 전통을 행함으로써 치료 상황과 절차를 구조화하였고 각각의 매체별 표현예술치료의 치료적 가치들을 높이 평가하면서 동시에 예술과 심리치료의 통합적 성격을 수용하여 인간을 돕고자 하는 것으로 발전했다고 할 수 있다.

예술과 심리치료의 통합적 측면에서 살펴보면 인간의 질병은 양극성(Polarity)의 치우침, 또는 부조화의 원리로 설명되는데 우리가 강물같이 흐르는 생명력의 창조적 에너지를 막아버리면 정신적으로 아프고 마비가 오고 신체적으로 스트레스를 받게 된다. 나아가 개인적인 슬픔, 고난, 절망, 또는 사악한 충동을 인정하지 않아서 무기력, 우울, 무감각, 폭력으로 이어지게 된다. 표현예술은 이 강물을 다시 흐르게 하는 방법을 제공하여 알아차림, 해방, 통찰, 실행을 위해 창조성을 사용하면서 강력한 정서를 자연스럽게 활성화 시킨다. 이렇게 생명력 있는 정서가 양극성을 연결하여 심리 및 정서 상태를 원만하고 조화롭게 하는 것이다. 양극성을 조화롭게 통합하는 방법으로 Jung이 적극적 상상을 실천하면서 그린 그림들은 대표적인 무의식의 의식화 과정이었다. Jung은 Freud의 자유연상이란 방법이 편안한 분위기에서 자유롭게 떠오르는 기억이나 상상을 지켜보는 관찰일 수는 있지만 구체적인 증세를 밝혀내는 데는 한계가 있다고 하면서 자아의 창조적인 참여에 의해 무의식을 의식화하는 적극적 상상으로 통합적이고 구성적으로 사용하는 표현예술치료를 실천한 선구자였다.

현대에 이르러 표현예술치료를 실천하고 있는 Natalie Rogers는 내담자 중심의 인본주의 철학을 받아들이고 여러 예술양식의 창조적 통합을 통해 개인의 변화와 성장을 돕고 있다. 그녀는 표현예술치료의 치료요소는 예술의 창조 행위 속에 일어나는 변화와 창작품에 나타나는 이미지 연구와 그 이미지의 의미를 찾기 위한 과정에서 일어나는 통찰과 성장이라고 하였다. Natalie Rogers(1993)는 저서 「인간중심 표현예술치료」에서 표현예술 덕분에 아버지의 죽음을 애도할 수 있었다고 회상하며, 그녀의 내적 존재의 놀랄만한 일들이 일어났던 특별한 경험으로 동시성과 특별한 메시지, 엄청난 이미지에 대해서 이렇게 말하였다. '나는 녹아들고 완전하게 놓아버릴 기회를 갖게 되어 좋았다. 바닥으로 녹아내리니 완벽하게 이완되는 기분이었다. 나는 항복했다! 그때 갑자기 믿을 수 없을 만큼 밝은 빛이 나를 치는 듯한 경험을 하였다. 눈을 감고 있었지만 사방이 아주 환했다. 나는 깜짝 놀라서 잠시 조용히 누워 있다가 서서히 성장하기 시작하여 마침내 최대한 높이로 몸을 쭉 뻗었다.'라고 표현하였다.

미국 표현치료협회에서는 표현예술치료를 포함해서 표현치료를 내담자의 내적인 것, 신체 내에 갇혀 있는 것들을 표현치료과정에서 형태를 이루어서 또는 변형시켜서 밖으로 꺼내도록 돕는 일이라고 하였다. 그러나 상호통합 모형의 폭넓은 예술 활동 속에서 진정한 자기표현과 동시에 심신통합 그리고 자기와 타인의 연결을 위해서 개인 내적인 방법과 인간 관계적인 방법을 모두 포함시키는 것이 내담자들을 효과적으로 돕게 된다고 한다. 미국에는 1994년에 발족한 국제표현예술치료협회에서 춤, 드라마, 음악, 시각예술, 글쓰기의 통합예술의 중요성을 인정하고 예술의 복합적 접근을 장려하면서 개인 및 사회공동체의 성장과 발달을 돕고 있다.

2. 창조성

1) 예술과 창조성

Platon은 예술가들이 창조해내는 가시적 모방의 형태는 진리가 아니므로, 예술가들은 진정한 존재(being)의 세계를 모른다고 예술과 예술가들을 폄하하였다. 반면 Nietzsche는 예술의 필요성은 천재적이고 영웅적인 소명이 아니라 일상인의 보편적 삶을 긍정하고 그

의미를 찾는 도구로 평가하였다. 인간이 자신의 의지로 삶을 긍정하고, 그 의미를 만들어 내는 예술의 창조성과 인간의 심미적 가치를 높이 평가하였으며, 예술을 삶의 차원으로 일상화 시키는데 기여하였다. Heidegger는 예술은 존재들이 자신을 드러내는 장소라고 하였고, 인간이 세상 안에서 자신을 드러내는 예술적 작업인 '포이시스'는 고통의 부인이나 제거가 아니라 고통 가운데 그 혼돈을 견디게 하는 능력이라고 하였다.

초현실주의자들은 무의식의 해방에서 오는 절대자유를 화면에 옮기는 과정에서 카타르시스를 느끼게 되는데, 그들은 비선형적인 원리로 무의식이 발생하도록(Let It Happen) 하기 위해 자발적 표현을 사용하였고, 악몽의 세계와 우리가 모르는 다른 세상에서 오는 '또 다른 현실(Another Reality)'을 나타내는 꿈의 상태 같은 이미지들을 작업하면서 내적 진실(Inner Truth)을 탐구할 수 있었다. McNiff(1981)는 초현실주의를 '예술과 생활' 사이의 분리를 제거하는데 사회전체가 참여하는 것이라고 보았으며, 예술은 순전히 장식이나 연예를 위한 목적 이상의 큰 목표를 가지고 있어서 인간 삶의 핵심적 욕구들을 표현하고 충족시키는데 기여하는 것으로 보았다. Kandinsky는 예술은 관찰과 제작의 전문적인 기술을 뛰어넘는 창조적인 작업이어야 하며, 예술가들이 영적 성장의 방법을 제공해야만 한다고 믿었다(Wilber, 1990). Kandinsky의 추종자인 Markowitz(1997)는 '그림을 그리는 것은 황금으로 빛나는 불꽃인 더 높은 자아와 내 자신이 연결되는 하나의 방법이다. 예술은 멀리 떨어져 있는 기억에 접근하고 우리의 근원과 끝을 기억하는 것이다.' 라고 주장하였다.

이렇듯 일상적인 예술은 우리 자신을 극적으로 신랄하고 다채롭게 표현할 기회를 제공해주며, 우리가 만들어 내는 예술작품의 창조과정과 이미지가 우리에게 메시지를 전달해 줌으로써 내면 깊은 곳에 있는 자기(Self)에 대해 통찰하고 탐색하게 하여 치유하고 성장할 수 있다고 할 수 있다. 예술의 치료적 관점에서 인간의 고통을 보는 것은 예술을 도입하지 않고 고통을 보는 일반적인 관점과 다르다. 즉 세상 속에서 인간 존재가 복잡한 실같이 엮어지는데 그것이 예술이란 통로를 통해 공포 및 어리석음의 행위, 분노 및 지혜의 말로, 영혼의 노래로, 선과 악의 춤으로, 기초 이미지들로 표현되기 때문이다.

Halprin(2003)은 인간 생명의 중심부에는 항상 움직이는 창조 에너지가 존재한다고 하였다. 이 에너지의 움직임을 흘러가거나, 끊어지거나, 부드럽거나, 힘차거나, 팽창하거나, 수축하거나, 무겁거나, 가볍거나, 흩어지거나, 모이거나 하는 등의 다양한 움직임을 가진 내적 '생명의 댄스' 또는 '창조적 놀이'가 생성되는데, 이런 특성의 창조성은 생물학적 수준과 정서적 수준 뿐 아니라 심리적, 영적인 수준에서도 존재하는 자연적 과정이라고 하였다. Rhyne(1973)은 예술체험은 감각을 통해 자신과 만나는 방법이며, 춤추기, 찰흙작업하기, 그리기, 색칠하기 등은 그 일을 왜 하는지 굳이 알려고 노력하지 않아도 감각차원에서 자신을 알게 해 준다고 하였다. 나아가 예술의 창조적 과정은 개인이 표현하지 못하는 것들을 표현하도록 하지 않고, 비현실적인 것과 상징적인 것들을 상상의 양식에 따라 구체적이고 다양한 예술 매체로 심화시켜 표현케 함으로써 심리적 왜곡의 현실들을 구분 짓고 이해하도록 하는 힘을 가지고 있는 것이다.

2) 표현예술의 창조적 연결

우뇌를 활용하는 것이 창조성에 있어 가장 중요하다. 창조성은 우뇌를 자극한다. 이런 자발성, 즐거움, 직관, 모호함을 견디는 능력은 창조과정에 속하는 부분이며 창조적 연결을 통해 키울 수 있다. 우리가 알아차리면서 동작을 하면 심오한 느낌을 불러 일으킬 수 있다. 이것을 색채와 선, 형태로 표현할 수 있으며, 동작을 하고 그림을 그리고 글쓰기를 하면 자유로운 연상이 일어나 시가 되기도 한다. 다양한 예술매체로 창조적 연결을 하면 어떤 제한, 돌파, 자유흐름 등을 경험하고, 예술이 주는 메시지와 만나게 되면서 자연의 생명 에너지와 동일시하게 되고, 또한 무의식 및 상상기능과 제휴 시키고 심리적 은유를 찾아내기 때문이다.

Natalie Rogers(1993)는 창조적 연결은 연꽃이 꽃잎을 펼치는 것처럼 내면의 귀중한 것을 드러나게 하며, 꽃잎이 펼쳐지는 것처럼 느낌이 톡톡 건드려 지면 깊은 자기이해와 창조성의 근원이 되는데 새로운 가능성이 깨어나도록 받아들이기만 하면 된다고 하였다. 깨어나는 열림을 통해 자신의 경험을 심화 시킬 수 있으며, 우리의 내면의 핵심에 도달하게 되면 우리의 내적 원천과 연결되고 나아가 세계와 우주로 뻗어나가기 때문이다.

3) 창조성의 치료요인

고대는 예술과 치료를 분리하지 않고 일상적인 삶속에 속해 있었다. 춤, 노래, 시각예술은 일상생활의 구성요소였으며 '완전한 하나'가 되려면 자기의 모든 면이 다 삶에 참여해야 한다고 믿었다.

자기의 모든 면이란 자신의 어두운 그림자까지 포함이 되며, 이 어두운 그림자를 만나기 위해서는 우리를 무의식으로 안내하는 내적 창조성이 절대적으로 필요하다. 창조성은 우리에게 파괴적이고 장애적인 형태를 의식화해서 직면하게 하고 자기반영의 시간을 갖게 하며, 어두운 곳을 비쳐줄 빛을 가져다가 변화되고 확장된 삶으로 되돌아오게 한다. 그리하여 자기는 자유로워지고 긍정적이며 창조적이 되어서 삶의 동기를 높게 만들 수 있다. 20세기에 이르러 이러한 예술의 창조성으로 인간의 내면을 보다 더 진지하게 탐구하게 되는데, 시각예술은 내면세계를 외부로 표출하여 가시적으로 볼 수 있게 해주는 마술적 징표로까지 생각하게 되었다. 이렇게 시각적 표현에 내재된 보편성과 원형을 찾으려 했던 것은 Freud의 무의식의 인식을 발전시킨 Jung이었다.

Jung의 연구는 무의식과 의식이 서로 직면하여 화해하는 방법을 밝히려는 시도로 출발하였다. 그의 치료기법인 적극적 상상(Active Imagination)은 인간이 이미지를 만들어 내는데 정신적 기능인 상상에 치료의 기초를 두었다. 적극적 상상은 살아있는 상징을 형성해내고 상징을 변형시키는 창조적이고 통합적인 기능이다. Jung은 상상의 창조성의 본질은 개인의 성장과 발달뿐 아니라, 인류 문화의 발전에 무한대의 가치를 가졌다고 하였다. Jung은 적극적 상상을 통하여 만다라를 그릴 때 내면을 반영하는 것을 느꼈고, 자신의 진정한 만다라를 발견했다고 하였다. 이것은 인격이 진정으로 원만하고 조화롭게 통합되었을 때 형성되는 자신의 모습으로 느꼈던 것이라고 할 수 있다.[2] 만다라의 창조성의 치료요인을 살펴보면 Jung의 이론 중에 총체적 원형으로서 향하는 예술치료의 효과인 투사, 전치, 승화의 단계를 거친 후 결과로서 남겨진 작품에서 찾아 볼 수가 있다(이선경, 2007). 투사는 문제가 있는 상황에 자신의 경험이나 기억을 대입하여 해결의 실마리를 찾고, 전치는 심적 장애를 포함하는 내 외부적인 자극과 파괴적 충동과 위협을 창조적이거나 편안한 생각으로 바꾸는 것이며, 승화는 전치된 생각이나 관념을 범인류적인 가치관으로 유도하는 것이다. 이는 밀교에서 이지=금강계, 감성=태장계의 결합에 의한 즉신성불, 즉 이 몸이 부처가 된다는 이른바 통합에 의한 조화와 완성과 같은 흐름이라는 점에서 밀교 만

2 Jung, C. G. (1965). Memories, Dreams, Reflections. ED. Aniela Jaffe. Trans. Richard and Clara Winston. NY: Random House. pp. 195-196

다라의 사상과 궁극적으로 통하는 사상이라 할 수 있다.

이와 같이 모든 창조과정에는 비선형적인 원리로 자기탐색 과정이 존재하여 근원적인 것을 회복하고 내재적인 고통을 치료하는 요인들이 내포되어 있다. 창조성의 치료요인은 새로운 관점으로 삶의 경험과 자료들을 보게 하고 거기서 새로운 자원과 해결을 이끌어내기 위해서 어떤 고착된 틀을 깨뜨리는 방법이며, 실제 모든 표현예술치료현장에서는 이와 같은 창조성의 치료요인으로 세상화의 대안적 경험을 제공하고 있는 것이다.

3. 분석심리학

1) 분석심리학과 표현예술치료

예술치료사들이 초개인적인 속성을 가지고 있는 예술을 통하여 인간 심리를 다룬다는 점에서 분석심리학에서 상징의 이해는 필수적이다. 분석심리학의 객체적인 정신(objective psyche)의 의미는 인간정신에 주어진 심혼적인 조건이 동일한 형태와 구조를 가지고 있다는 것과 절대적인 타자의 속성을 가진다는 것이다. 이러한 인간의 정신현상은 상징(symbol)으로서의 이미지로 나타나며, 상징은 전일(totality)을 향한 목적 의미를 잉태하고 있는 이미지로 누구에게나 같게 주어진 심혼적인 조건이지만, 그 내용물은 개체를 통해서 경험으로만 표현되기 때문에 상징을 관찰하고 그 의미를 이해해야 할 필요성이 대두 된다.

창작예술의 중요성을 피력한 분석심리학자들 중에 Neumann(1959), Jaffe(1964), Jacobi(1979), Wallace(1987)등을 들 수 있다. 국내에선 이부영(1987)이 Jung의 예술론에 대해서 세밀하게 다루었다. Jung(1969)은 적극적인 상상은 내향적인 관찰의 한 방법으로 개성화를 위한 성숙과정에 중요한 접근 방법이라고 밝혔으며, 이에 모든 창조적 활동에 중심을 둔 예술치료는 적극적 상상을 활용하고 있다고 하였다. Jung이 제시하는 상징의 의미를 알기 위한 합성적인 방법에는 적극적 상상과 확충이라는 방법이 있으며, 적극적 상상의 상징적 의미를 이해하기 위해서는 확충을 필요로 하고 확충은 그 중심적인 위치에 있다. 신화, 민담, 민간전승, 종교의식, 신들의 본풀이, 꿈의 심리극, 예술 등에서는 많은 상징들이 나타난다. 이미지들을 확충하면서 특정한 모티브와 형식으로 압축되고 다양함과 질서, 밝음과 어둠, 위와 아래, 좌우의 대극들이 드러나면 확충으로 이 대극들의 통합이 일어나면서 사위성의 체계에 중심이 생기게 된다. 상징의 모티브는 보편적인 인간정신의 자가 조절자인 자기원형의 역동으로 시공을 초월하여 반복적으로 나타나는데, 자율적으로 기능하는 객체정신의 속성과 확충이 무의식과 의식이 전체가 되는 경험에서 솟아나는 초월기능이라는 경험으로 이어질 수 있고, 개인의 자아에 영향을 줄 수 있다.

Wallace의 색종이 꼴라쥬, Whitehouse의 진정한 동작, Bonny의 Guided Imagery through Music 등은 Jung의 적극적 상상을 활용한다. Wallace는 융의 집단 무의식 개념에 적극적 상상을 적용하는 것이 매우 적절하다고 하였으며, 그의 논문 'Healing Through the Visual Art'(1987)에서 개인의 원형인 Self를 찾는 것이 개인의 삶을 구제하게 된다고 밝혔다. 또한 Wallas는 원형적인 개인의 내면을 창조적인 원천이라고 불렀으며, 원형적인 내면이 창작을 통해 외면화 되도록 자연스럽게 도와주는 것이 예술치료라고 하였다.

Jung은 재생(rebirth)에 관한 논문 중 신비의 제례의식에서 사용된 마술적인 방법들을 언급하는 부분에서 병자가 치유라는 변화를 하기 위하여 '새로워져야'하는 방법 중에서 병자가 마치 소에 삼켜지듯이, 소의 몸 안에 들어갔다가 소의 뒷부분으로 빠져나오는 행위를 한다는 것에 주목하고 Jung은 이러한 과정을 통해 개인은 기적적으로 '반쯤 신성한(semi-devine)' 존재가 되고 새로운 성격의 개체가 만들어져 형이상학적인 운명의 변화(alter metaphysical destiny)를 가지게 된다고 하였다.

은유적으로 예술의 창작과정이 이러한 신비의 제례의식 과정을 제공해 주고 있다고 할 수 있으며, 모든 표현예술치료 현장에서는 반쯤 신성한 새로운 의식성의 획득으로 내담자는 새로워지고 새로운 성격의 개체가 되어서 운명이 변화되는 경이롭고 놀라운 일들이 발생한다고 할 수 있다.

2) Jung의 예술론

Jung은 무의식의 용솟음치는 예술적 창조의 충동이 얼마나 강하게 작가의 의식에 작용하는가 하는 것은 예술가의 분석을 통해서 늘 증명되고 있는 사실이라고 지적하였다. 창조적 충동이 너무나 커서 그것이 그 작가의 인간적인 것, 평범한 행복, 건강까지를 희생시키는데 이것을 분석심리학에서는 무의식의 자율적 콤플렉스(Autonome Complex)라고 한다. 이것은 상징으로 예술작품 속에 모습을 드러낸다. 분석심리학은 바로 이 상징을 이해하는 방향에서 예술에 접근하는 것이다. 창조적 콤플렉스는 개인적 무의식보다도 집단적 무의식을 구성하는 원형들이다. 이와 같은 원초적 상들은 작가의 의해 그 시대의 예술로 번역됨으로써 그 시대 사람들의 무의식의 심층을 활성화하고 의식을 새롭게 한다. 그 이유는 언어는 사회적 의미를 지니며 시대정신의 교육에 종사하지만, 그 상들은 바로 시대정신에 부족한 것을 묘사하고 있기 때문이다.

예술작품의 형성과정에는 두 가지가 있다. 첫째는 F. Schiller의 희곡처럼 내향적인 작가의 의도에 따라 소재가 다루어지고 작품이 되는 것으로 창조과정과 작가가 하나가 되는 것이다. 둘째는 Goethe의 Faust 2부나 Nietsche의 〈Zarathustra〉는 소재에 대해 외향적 자세에서 산출된 것이다. 이것은 작가의 의도보다는 창조적 관념이 작가로 하여금 이를 옮겨 쓰지 않을 수 없게 한다. 작가의 작품이 작가보다도 크고 그를 압도하여 작가의 자아는 결코 창조과정과 일치되지 않는다. 이리하여 Goethe는 신을 위협할 만큼 큰 파우스트적 인간을 묘사하고 이 상의 비인간성을 감지하면서 이를 구원한 여성, 모성적 Sophia, 즉 Anima상과 합일케 한 것이라고 Jung은 설명하였다.

이렇듯 Jung은 예술에 대한 탐구대상은 예술 그 자체의 가치라기보다 예술의 창조과정의 심리학, 예술작품 속에 나타난 상징성에 국한시켰다. 또한 그는 예술가를 개인의 생활사로서 분석하는 것은 하나의 환원적 접근이라고 비판했으며, 예술가를 집단적 무의식을 표현하고 이를 예감 할 수 있는 매개자로 보았다. 나아가 그는 원형적 상징이 분출하는 예술작품이 관심의 대상이었으며 예술가나 예술을 하나의 병리로 따지려 들지 않았다. Jung은 Picasso의 추상화에 대해 다음과 같이 말하였다. Picasso의 그림은 자신이 다루는 환자의 그림과 비슷하다고 하였고, 그의 그림은 노이로제보다 정신분열병에 가깝다고 하였다. Jung은 그의 그림은 지상의 세계와 이별하고 지하계로의 여행을 묘사하고 있다고 하였다. 그것은 죽음의 세계로 하강이며 무의식으로의 여행이었다. Picasso는 그의 내면의 영원한 여성들, 비극적 곡예사의 숙명적인 지하계상들을 그리며 온갖 기존의 미와 선을 거역하면서 추악함과 악마적인, 반 기독교적인 세계몰락감을 치명적인 해체와 팽창으로 생산해 내고 있다고 하였다. Jung은 2만 명의 관중을 동원한 Picasso 전시는 하나의 시대적 현상이라고 단언하였다. 지하계로의 여행, 선사시대로의 회귀는 새로운 가능성을 무의식으로부터 얻어내는 창조적인 목적이 있었다고 논하였다. Jung은 Picasso가 그리는 섬뜩한 광대에서 Nietsche의 의식을 붕괴시킨 그의 초인 Zarathustra를 연상하고 있었다. 마찬가지로 Joyce의 Ulysses는 당대 사람들의 찬반의 물의를 일으켰을 뿐 아니라 10판이나 간행되는 시대적 현상을 낳았다. 예술가들은 혼돈된 시대현상을 지각하여 작품 속에 옮겨 놓으며, 그것은 온갖 기존의 아름다움과 질서를 무자비하게 파괴함으로써 새로운 질서에의 변환을 준비하고 예언한다. Jung은 Ulysses는 인간 Joyce에 있어서 창조신이며 진정한 상징성을 철저히 배제한 세계조형자라고 하였다. 더불어 Jung은 명백한 의식성을 지니고 있는 Ulysses에서 영웅을 짐작 할 수 있지만, 그의 냉혹함은 당대의 정신풍토를 뒤흔드는 역할을 하였고 시대적 감상주의를 보상하고 있다고 논하였다. Ulysses는 인간 Joyce에게 마치 Goethe에 대한 Faust, Nietsche에 대한 Zarathustra와 같은 관계를 가지고 있다고 하겠다.

Jung은 자신을 내향적 직관형이라고 생각하였다. 그의 섬세한 미술 감각이 보상작용의 결과인지는 알 수 없지만 그가 말한 대로 당대 유럽의 가톨릭주의의 미적 감각과 감상주의적 감각에 스스로 머물러 있었던 것이 아닐까 생각한다. 그래서 Joyces와 Picasso의 작품에 의하여 가장 충격을 받고 화내고 회의하면서 이들의 작품 앞에서 일으킨 자신의 마음을 분석하였다고 할 수 있다. 그러므로 Picasso의 미적, 예술적 변형과 해체가 Jung에게는 은폐이며 위험한 것 심지어 병적인 것으로까지 비추어졌고, Joyce가 하는 의식의 해방은 그 책의 안개 뒤에 숨은 목표이며 자아가 없는 것으로까지 비추어졌던 것이다. 그러나 오늘 우리가 보는 Picasso나 Joyce가 1930년대의 이들의 등장이 준 충격에 비길 수 없는 것이라면, Jung의 직관은 반세기 뒤의 오늘의 지리멸렬된 세계를 예고하는 몇 안 되는 위대한 또는 기괴한 거인을 Goethe와 Nietsche에서, 그리고 Joyce와 Picasso에서 정확하게 발견했다고 할 수 있다.[3]

3) Neumann의 의식발달 이론

Neumann의 이론은 자아가 무의식으로부터 떠오른다는 Jung의 연구를 토대로 인간정

3 한국표현예술심리치료협회 문헌에서 요약

신이 근원적인 무의식 상태로부터 분리되는 과정을 인류문화사와 연결하여 세부적으로 다루고 있다. 남아이건 여아이건 자신의 개성을 찾기 위하여 스스로의 삶을 여행하는 '영웅'으로 보고 있다. Neumann 이론을 바탕으로 Lewis(1984)가 만든 의식발달단계는 다음〈표 1〉과 같다.

〈표 1〉 본체생성론적으로 본 자기의식성의 발달 (Lewis,1984, 재인용)

<table>
<tr><td>생후 0–3주</td><td colspan="2">우로보로스 – 낙원단계</td></tr>
<tr><td>3주 – 6개월</td><td colspan="2">일차적 모성 – 출생 후 배아(胚兒) 단계</td></tr>
<tr><td>6개월–2 1/2년</td><td colspan="2">이차적 모성–세계 부모와 분리 단계</td></tr>
<tr><td>2 1/2년–4 1/2년</td><td colspan="2">토양적 – 내외(內外) 생식기 단계</td></tr>
<tr><td>4 1/2년– 아동기</td><td>남성/아니무스 마술적 – 전투적 단계</td><td>여성/아니마 마술적 – 창조적 단계</td></tr>
<tr><td>사춘기</td><td>태양적 – 전투적 단계</td><td>달 – 순환적 단계</td></tr>
<tr><td>사춘기적 성인기</td><td>태양적 – 이성적 단계</td><td>달 – 직관적 단계</td></tr>
<tr><td>성인기 전반기</td><td>영웅의 여로 : 신성한 결혼</td><td>영웅의 여로 : 신성한 결혼</td></tr>
<tr><td>성인기 후반기</td><td>영웅의 여로 : 자아 – 자기의 축</td><td>영웅의 여로 : 자아 – 자기의 축</td></tr>
</table>

Neumann(1973)은 정상적인 유아의 첫 인간관계는 대부분 어머니를 통하여 이루어지다가 아버지, 다른 가족구성원, 그리고 현실세계 속의 다른 사람들과의 관계로 이어진다고 하였다. 유아의 자기의 첫 이미지는 어머니와 뒤엉켜 있으며 이 상태에서 유아의 경험은 필요한 영양분과 보호를 받고 있다는 것으로 이 심리적 상태를 신비적 분유라고 하였다. Neumann은 이러한 개인적인 경험을 기저로 전체적, 우주적인 경험을 받아들이게 되는 것으로 발전하게 된다고 하면서 정상적인 유아가 어머니로부터 분리하여 자기를 만들어 가는 과정은 길고 어려운 과정을 필요로 하지만 심리적으로 질서를 잡아주고 안정감을 주는 아버지가 있는 경우 훨씬 쉽게 해결된다고 하였다. 남자유아는 이러한 '남성적'적인 요소를 어머니가 보유하고 있는 아니무스를 통해 최초로 받아들이게 되고 그의 자아가 강건해지고 자기보호를 위한 방어를 할 수 있는 능력이 생기게 되면, 개인적인 아버지뿐만 아니라 원형적인 부성정신을 대변하는 구조, 질서, 그리고 문화역사적인 요소가 아이의 자

아형성에 관여하게 되면서 자기 의식성이 발달하게 된다. 따라서 어머니의 Self로부터 분리되지 못하고 있는 아이의 Self는 명령, 지시조의 도덕적인 권위에 집착하는 성격을 띠게 된다. 이러한 갈등이 자아와 자기가 분리되는 과정에서 나타나고 이러한 요소들은 자아의 정상적 혹은 병리적인 발달과정에서 매우 중요한 역할을 하게 된다. Neumann(1973)은 모성원형의 활성화는 아이 차원에서 느끼고 있는 모자관계와 관련이 있고, 아이의 분리와 개성화과정은 자신의 의식성장을 향한 여로로서 이 과정동안 아이에게 세 가지 치원의 갈등이 나타난다고 하였다. 첫째는 아이가 개인적인 어머니로부터 분리하는 것에서 오는 갈등이며, 둘째는 아이의 자아가 강한 무의식의 힘과 대면하고 그로부터 분리하려는 것에서 생기는 갈등이며, 셋째는 아이가 원초적인 정신의 차원에서 현대를 사는 이지적인 성인의 차원이 되기까지 거쳐야만 하는 과제에서 오는 갈등이다. 그는 우리의 정신세계 속에 있는 부성적인 정신은 인류역사의 후기에 해당되며, 이 의식성은 남녀에 관계없이 우리의 내면세계에 있으며, 모성정신은 부성정신보다 더 원초적인 곳에 뿌리를 두고 있으며 인류역사의 초기에 해당되며 역시 남녀 모두에게 있다고 하였다. 모성적 경향의 의식성은 자유의지를 가지고 있는 자아가 존재하지 않는 반의식적인 과정이며 무의식에 가깝다고 하였다.

비언어적인 차원의 이해, 즉 묵상(contemplation), 수태(conception), 둘레를 돌아감(circumambulation), 깨달음(realization)과 훈육(bringing forth)등 일종의 심리적인 부화기간으로 볼 수 있다. Neumann(1955)은 모성정신이 가지고 있는 치유력에 대해 '이는 재생시키는 힘이다. 이는 마치 회복이 이루어지고 있는 어둠과 같으며, 우리의 영혼 속에 확실하지 않는 모습으로 남아 있는 일련의 사건들을, 오직 우리의 가슴만이 알 수 있는 과정들로, 스스로의 미해결 상황 속에서의 울음으로부터 곁가지를 치는 성장을 허용하게 힘이다.' 라고 표현하였다.

Neumann(1955)은 모성정신에 관련된 치유에 관련된 모든 것이 모래상자치료에서 치유를 가능하게 하는 요소들이라고 하였다. 비록 그가 예술치료라고 언급하지는 않았지만 비언어적인 차원의 예술치료의 경우에 그대로 적용해도 좋을 것이다(김진숙, 2007). 이와 같이 Neumann의 이론을 토대로 실제 예술치료 현장을 살펴보면 표현되는 놀이와 작품의 상징, 모래상자, 그림 등에 나오는 공격적이며 충동적이고 기괴한 표현들이 회기가 진행

되면서 변화 되어 치료가 되는 과정을 볼 수 있다.

4. 표현예술치료 프로그램 구성

본 연구에서의 프로그램 구성은 프로그램 세션을 진행하는 동안 그림, 조형, 음악, 동작, 천, 악기, 글쓰기, 명상 등이 적절하게 활용이 되도록 구성하였고, 공동 작업에는 연구자가 좀 더 세심한 관찰을 할 수 있도록 적절한 그룹을 짜기로 결정하였다. 나아가 예술치료사들이 표현예술치료 과정에 나타나는 불가해한 원형적인 현상들을 이해하기 위해 분석심리학적 관점에서 보는 것이 필요하여 분석심리학적 예술치료를 이론적 배경으로 하였고, 프로그램 단계별 과정은 아이의 분리와 개성화 과정은 자신의 의식 성장의 여로로서 그 과정에 특정한 이미지와 상징의 결집으로 구성되어 나타난다는 Neumann의 의식 성장의 발달 단계를 활용하였다. 이 이론이 가지는 예술치료적인 의의는 치료사와 내담자의 관계에서 이루어지는 치료과정을 모아 발달적인 차원에서 단계적으로 접근 할 수 있게 개념적인 틀을 제공해 주고 있다고 본다.

회기별로 본 의식성장 단계와 표현예술치료 프로그램 내용은 다음 〈표 2〉에서 〈표 3〉에 제시하였다.

Neumann의 원형적인 의식성장 발달단계를 표현예술치료 프로그램의 회기별로 나누어 설명하였다. 본 연구자가 Neumann의 원형적인 의식성장 발달 이론을 회기별 치료과정의 개념적인 틀로 구성하고자 시도 할 때에 조금은 조심스러웠다. 그렇지만 Neumann 이론을 표현예술치료 프로그램의 단계별에 적용한 이유는, Neumann의 아이의 분리와 개성화 과정은 개인의 의식성장을 향한 여로로서 남아이건 여아이건 자신의 개성을 찾기 위하여 스스로의 삶을 여행하는 '영웅'으로 보는 분석심리학적 자기실현과정이므로 의식성장 발달 단계별로 프로그램 회기를 구성하였다.

〈표 2〉 회기별로 본 의식성장 단계

단계	내용
① 우로보로스-낙원단계 Uroboric-Pleromatic Stage	1회기 뱀이 자기 꼬리를 물고 있는 아직 부화되지 않은 단계
② 일차적 모성단계 First Matriarchal Stage	2회기, 3회기 모계와 분리되지 않은 혼합된 단계
③ 이차적 모성단계 Second Matriarchal stage	4회기, 5회기, 6회기 모계와 서서히 분리가 일어나는 단계
④ 토양적-內外 생식기 단계 Chthonian Stages-Inner and Outer Genital Phases	7회기, 8회기 본능적인 만족감을 느끼는 단계
⑤ 마술적-창조적 단계(여성) Magic Stage Creative 마술적-전투적 단계(남성) Magic Warlike Stage	9회기, 10회기, 11회기 자율적인 자아 발달에 필요한 제의적인 의식단계
⑥ 달-순환적 단계(여성) Lunar Cyclic Phase 태양적-전투적 단계(남성) Solar Warlike Phase	12회기 팽창된 자아가 이완되는 우울적인 단계
⑦ 달-직관적 단계(여성) Lunar Intuitive Phase 태양적-이성적 단계(남성) Solar Rational Stage	13회기 구조, 질서, 이성 등의 부성적인 의식의 발달 단계
⑧ 영웅의 여로-신성한 결혼 Heroic Quest-Hieros Gamos	14회기 성인기 전반기인 영웅의 여행단계
⑨ 영웅의 여로-자아-자기의 축 Heroic Quest-Ego-self Axis	15회기, 16회기 성인기 후반기인 자아-자기의 축 단계

1회기의 우로보로스 낙원단계는 아직은 모호하고 부화되지 않은 상태로, 자신을 중심으로 관계를 맺는 사람을 도형으로 그려보는 social atom 과정으로 설정하였다. 자신과 관계를 맺고 있는 사람들에 대해 자아는 아직은 알아차릴 수 없는 모호함을 느끼기 때문이다. 2, 3회기의 일차적 모성 단계는 모계와 분리되지 않은 혼합된 상태로 지점토작업과 이름그림을 설정하였다. 지점토 작업은 아직 분화되지 않은 원초적인 자아의 경험을 표현하게 한다. 또한 개인의 이름은 관심과 사랑을 받기를 원했던 자아의 분리 되지 않은 신비적 분유 상태를 표현할 수 있게 하기 때문이다. 4, 5, 6회기는 이차적 모성 단계로 모계와 서서

히 분리가 일어나는 단계이다. Guided Imagery through Music과 한지 작업과 현재와 미래 그림으로 설정하였다. Guided Imagery through Music으로 자아가 깊은 무의식 상태에서 분리되는 새로운 창조가 서서히 일어나고, 한지로 하는 동작과 부드러움은 분화되지 않은 의식 상태에서 서서히 깨어나는 자아를 표현하게 한다. 그리고 적극적 상상으로 자신의 미래를 표현하면서 자아를 향한 여정인 분리가 서서히 일어나기 때문이다.

7, 8회기는 토양적-내외 생식기 단계로 본능적인 만족감을 느끼는 단계이다. 연필 난화와 둘이 함께를 설정하였다. 신체의 움직임과 적극적 상상을 사용하는 난화 작업은 무의식을 의식화하여 자아를 향한 여정을 촉진시킨다. 둘이 함께는 자아전체가 어머니의 자기의 연장으로 아직은 완전히 분리되지 않은 상태와 같은 표현을 하기 때문이다. 9, 10, 11회기는 마술적-창조적 단계로 자율적인 자아 발달에 필요한 제의적인 의식단계이다. 칵테일파티, 먹물난화, 광목천공동화로 설정하였다. 9회기의 묵언상태에서 서로의 세계를 연결하는 칵테일파티(지점토로 하는 전지 공동화)는 비언어적인 상태에서 서로의 무의식을 연결하는 상징놀이며, 10회기의 먹물난화에서 버리고 싶은 난화를 버리는 의식과 이미지 찾기는 인지적인 능력이 발달 되었지만 자신이 우주의 중심이라는 마술적인 형태(버리는 제의적인 의식)를 통해 세상과 교류하는 것을 표현하게 된다. 또한 11회기의 광목천 공동화는 언어를 사용하여 공동체라는 세상 안에서 주위세계와 다른 개별화된 자율적인 자아를 사용하여 표현을 하는 회기이다. 점진적으로 자율적인 자아가 발달하는데 필요한 마술적인 제의단계이다. 12회기는 달-순환적 단계로 팽창된 자아가 이완되는 우울적인 단계로 신체 본뜨기를 설정하였다. 자신만의 천으로 음악을 들으면서 진정한 동작을 하고 자신의 전신을 표현하는 회기인데 이때에 여러 가지 강력한 기법으로 팽창되었던 자아가 이완되는 단계이다. 13회기는 달-직관적 단계로 구조, 질서, 이성 등의 부성적인 의식의 발달 단계로 만다라를 설정하였다. 초를 바라보며 집중명상을 한 후에 마음을 표현하는 만다라 제작과정은 통합적인 정신의 패턴을 실현하고자 하는 과정이기 때문이다. 14회기는 영웅의 여로-신성한 결혼 단계로 성인기 전반기의 자아-자기의 축 단계로 셀프박스를 설정하였다. 적극적 상상을 한 후에 Self 상자의 안과 밖을 자신의 내면과 외면으로 작업을 하면서 자아-자기의 축을 세우는 과정이기 때문이다. 15, 16회기는 영웅의 여로-신성한 결혼단계로 성인기 후반기의 자아-자기의 축 단계인데 가면작업과 깃발 만들기를 설정하

였다. 원형의 지하실로 여행을 하여 자신의 가면을 가져온다. 자기의 가면은 깃발과 함께 자아-자기의 축 단계를 이루기 때문이다. 영웅은 삶의 주인공으로서 자신의 노력으로 축을 이루게 되며 이것은 곧 자기실현이며 개인의 개성화 과정이 되는 것이다.

〈표 3〉 표현예술치료 프로그램

단계	회기	주제	내용 및 사용매체
①	1	* 사전검사 * social atom	나를 중심으로 관계를 △와 ○로 그리기 자신의 대인관계 패턴 인식하기 나눔과 치료요인 질문지 쓰기
②	2	* 지점토와 배경그림	명상 후 양손으로 지점토 탐색하기 적극적 상상 후 창작 작업 나눔과 치료요인 질문지 쓰기
	3	* 이름 그림	자신의 이름에 대해 적극적 상상 하기 이름시 낭송. 이름으로 창작 작업 나눔과 치료요인 질문지 쓰기
	4	* G. I. M	편한 복장으로 4곡의 음악 감상 음악에 따라 신체동작 하기 이미지로 창작작업 나눔과 치료요인 질문지 쓰기
③	5	* 한지 꼴라쥬	선택한 색의 한지로 동작하기 한지로 탐색하고 적극적 상상 하기 창작 작업 나눔과 치료요인 질문지 쓰기
	6	* 현재 · 미래	명상 후 현재상과 미래상 탐색하기 적극적 상상 후 미래상 설정하기 창작 작업 나눔과 치료요인 질문지 쓰기
④	7	* 연필 난화	명상 후 양손 사용하여 허공에 동작하기 연필로 자유롭게 양손 난화작업 나눔과 치료요인 질문지 쓰기
	8	* 둘이 함께	짝끼리 친밀하게 눈 맞추며 대화하기 묵언 상태로 한 장의 그림 그리기 바꾸어 함께 그리기 등 대고 찰흙으로 마음의 선물 만들기 나눔과 치료요인 질문지 쓰기

⑤	9	* 칵테일 파티	팀 만들고 팀명 짓기 전지에 원 그리기 묵언상태에서 지점토로 칵테일 만들기 나눔과 치료요인 질문지 쓰기
	10	* 먹물 난화	먹물 탐색하기 붓이 가는대로 10장 표현하기 버리고 싶은 난화 버리기 선택한 난화에서 이미지 찾기 나눔과 치료요인 질문지 쓰기
	11	* 공동화	팀 만들고 팀명 짓기 주제 의논하기 언어사용, 모든 오브제 사용하여 공동화작업 나눔과 치료요인 질문지 쓰기
⑥	12	* 신체 본뜨기	음악을 들으면서 명상하기 천으로 신체의 알아차림 동작하기 서로서로 신체윤곽 그려주기 전지에 자신의 신체 느낌을 표현하기 나눔과 치료요인 질문지 쓰기
⑦	13	* 만다라	초를 보며 집중명상하기 원 제작 만다라 제작하기 나눔과 치료요인 질문지 쓰기
⑧	14	* Self박스	거울보고 명상하기 Self에 대해 적극적 상상하기 Self상자의 안과 밖의 창작 작업 나눔과 치료요인 질문지 쓰기
⑨	15 • 16	* 가면작업 * 깃발 만들기 * 사후검사 * Q-sort 실시	원형의 지하실 여행으로 자신의 가면 찾기 석고붕대로 자기가면 제작하기 깃발 제작하기 가면 쓰고 진정한 동작하기 나눔과 치료요인 질문지 쓰기

제5장

연구사례

1. 집단상담의 치료요인

우리나라 집단상담은 윤호균(2006, 재인용)이 1970년 미국에서의 T집단 경험을 기초로 70년대 초반부터 각급학교, 종교단체, 산업체로 그 관심이 확대되었다. 언어집단뿐 아니라 예술, 음악, 사이코드라마 등 여러 영역에서 다양한 집단프로그램 개발이 활발해지고 번성하는 이유는 사회가 산업화, 핵가족화 되면서 발생하는 사회문화적인 원인으로 볼 수 있다. 인간은 사회적인 존재로서 서로 강하게 영향을 주고받으며 성장한다. 그러므로 집단 속에서 성장과 발달에 필요한 최상의 조건이 마련되고 나아가서 개인의 문제 해결뿐 아니라 개인의 성장 발달을 기대할 수 있는 것이다. 이러한 집단상담의 치료요인에 대한 연구들을 살펴보면 크게 세 가지 범주로 나누어 볼 수 있다. 첫째는 집단유형에 따른 치료요인 연구로 집단 참가자의 유형이나 특정 집단의 유형을 강조한 연구들이며, 둘째는 집단발달 단계에 따른 치료요인 연구이며, 셋째는 집단 참가자들의 특성에 따른 치료요인 연구들로 분류된다(권경인, 2001).

집단 참가자들은 집단의 유형에 따라 주요한 치료요인을 각각 다르게 지각한다. 치료요인 자체가 임상적인 경험을 통하여 출발되고 정리된 개념이므로, 높은 임상적 가치에도 불구하고 요인체제의 의미 중첩과 모호성으로 인해 객관화된 측정도구의 개발이 어렵기 때문으로 본다. 또한 객관적인 척도를 사용하여 치료요인을 측정하고자 하는 시도는 치료적 요인간의 내적 상관이 너무 높아서 구별된 요인으로서 하위요인을 설명하는데는 한계가 있다는 연구 결과가 있다. 대부분의 연구들이 채택하고 있는 치료요인 체계는 Yalom(1985)의 Q-Sort 방법에 의한 12개의 치료요인이다. 그러나 Yalom의 치료요인을 측정하는 Q-Sort 방법은 측정이 어렵고 신뢰도를 판단하기가 어렵기 때문에 본 연구에서는 Yalom과는 다른 방법으로 치료요인을 측정하였다. 본 연구에서 사용한 방법으로 Bloch(1985)는 치료요인 측정방법을 직접적인 것과 간접적인 것으로 분류하였는데, 직접적인 방법은 집단원에게 도움이 된 항목카드나 치료범주를 제시하고 직접 순위를 매기라고 요구하는 것이고, 간접적인 방법은 집단원들이 '가장 의미 있고 중요한 사건'에 대한 개방형 질문에 답하는 것이다. 기록한 집단원들의 반응을 치료요인에 따라 분류하는데 이 방법은 직접적인 방법보다 편파가 덜해서 좀 더 신뢰할 만하다고 한다(Bloch, 1985, 재인용). 최근의 집단의 치료요인에 관한 연구는 집단원의 주관적인 자기보고와 이것의 편파를 줄이기 위해 객관적인 평정을 거치고 있는 추세이다(김은경, 2006). 본 연구에서 사용한 윤호균(1996)이 개발한 치료요인 척도는 Yalom(1985)의 분류 체계 중 가족재정립을 제외시키고 타인이해와 장점발견을 포함시켰다. 장점발견은 Yalom의 분류체계 중 자기이해에 속하는 부분이지만 특별한 의미가 있어 별도로 구분한 것이다. 집단유형에 따른 치료요인과 윤호균(1996)이 Yalom(1986)의 분류체계를 수정 보완한 집단치료의 13가지의 치료요인을 다음 〈표 4〉와 〈표 5〉에 제시하였다.

〈표 4〉 집단 유형에 따른 치료요인

집단 유형	치료요인	연구자
사이코드라마 집단	정화, 인지적 통찰	Felix(1987)
컴퓨터를 활용한 지지집단	희망의 고취, 보편성, 집단응집력	Nancy, Janel, John, Margart(1995)
단주 침목 집단	실존적 요인, 보편성, 희망의 고취	전명희(1994)
자기통합진단	자기이해, 대인관계입력, 보편성	김은경(1995)

자기통합집단	삶의 방식에 대한 정보 획득, 자기이해, 보편성 (Yalom의 치료요인 분류를 변형하여 사용)	윤호균(1996)
음악치료집단	실존적요인, 응집력, 보편성	박소영(1999)
사회공포증 사이버 집단	삶의 방식에 대한 정보 획득, 자기이해, 보편성 (Yalom의 치료요인 분류의 변형하여 사용)	정현아(2001)
가족조각기법	의사소통 패턴이해, 신뢰와 공감, 보편성 (삼각측정법 사용)	김수연, 심혜숙(2001)
대인관계능력 개발집단	자기이해, 수용, 대인관계	민경화, 권경인(2002)
언어집단과 예술집단	공통: 집단응집력, 정화, 사회기술 예술: 자기이해	Scechtman,Ofraperl- Dekel(2000)
개인상담과 집단상담	개인: 정서, 자각-통찰, 문제, 정의 변화 집단: 관계-분위기, 타인/자기-집중	Holemes, Kivlighan(2000)

〈표 5〉 윤호균의 13가지 치료요인

요인	범주 내용
1	이타주의: 자신도 남에게 도움을 줄 수 있는 사람이라는 것을 깨달음.
2	집단 응집력: 집단에 대해 소속감을 느끼며 다른 집단원들이 자신을 이해, 수용해 준다고 느낌.
3	보편성: 다른 집단원들도 자신과 유사한 감정, 문제 등을 갖고 있음을 알게 됨.
4	대인관계유형 인식: 자신이 다른 집단원들에게 어떻게 보이는지를 알게됨으로써 자신에 대한 객관적 시각을 얻음.
5	사회적 기술: 사람들과의 관계를 보다 잘 맺을 수 있는 새로운 대인관계 기술을 발견, 시도 습득하게 됨.
6	생활방식에 대한 정보의 획득: 상담자나 다른 집단원들로부터 자신에게 도움이 되는 제안이나 조언을 들음.
7	정화: 자기마음속에 가두어 두었던 생각, 감정들을 다른 집단원들 앞에서 솔직하게 털어 놓음.
8	모방: 상담자나 다른 집단원들의 어떤 모습들을 배우려고 노력.

9	자기이해: 이전에는 알지 못했던 자신의 생각, 느낌, 문제가 비롯된 근원을 발견하고 받아들이게 됨.
10	타인이해: 자기에게 감정적으로 의미 있는 사람들에 대해서 이해하고 받아들임.
11	희망의 고취: 자신의 문제를 해결할 수 있다는 신념과 희망을 갖게 됨.
12	장점의 발견: 자신의 능력과 장점을 새롭게 발견하고 받아들이게 됨.
13	실존적 요인: 인간이라는 존재의 근원적 한계, 고통의 불가피성을 발견.

2. 실험집단과 통제집단

〈표 6〉 실험집단의 연구대상 인적사항 및 개인적 특성

대상	연령/나이	학력/결혼상태	직업	개인적 특성
A	30/여	대졸/미혼	무	보통체격에 무남독녀로 내향적인 성격임.
B	38/여	고졸/결혼	보육교사	밝고 긍정적이며 헌신적인 어머니상임.
C	23/여	대재/미혼	학생	명랑하고 애교가 많으며 여성성이 강함.
D	36/여	대졸/결혼	교사	중학교교사로 미래지향적이지만 복직을 앞두고 불안감을 보임.
E	24/여	대졸/결혼	사회복지사	작은 키에 적극적인 생활태도를 가졌음.
F	26/여	석사/미혼	사회복지사	미모이며 부모이혼 후 가장 역할을 함.
G	36/여	대졸/결혼	농원운영	가정적이며 자신의 양육태도를 재검토하면서 불안과 안도감을 동시에 보임.
H	31/여	석사중/이혼	학생	이혼 후 우울증을 보이며 부모와도 소원.
I	34/남	석사이상/결혼	학생	성실하고 배려심이 많고 가정적임.
J	30/여	대졸/결혼	사무직	남편의 입양사실에 괴로움을 호소함.
K	35/여	고졸/미혼	수도자	개척교회의 목회활동의 어려움을 호소함.
L	41/여	석사/결혼	간호사	큰 체격에 대인관계의 갈등을 보임.
M	23/여	대졸/미혼	휴직	미모이며 밝고 긍정적인 성격임.

N	24/여	대재/미혼	학생	남친과의 이별과 졸업 후 진로문제로 불안과 갈등을 호소함.
O	30/여	대졸/미혼	사무직	작은 체격에 상대를 기분좋게 사로잡음.
P	41/여	대졸/결혼	간호사	작은 키에 야무지게 자기관리를 잘함.
Q	44/여	석사/이혼	교사	자기개방을 어려워하고 자신감이 부족함.
R	25/여	대졸/미혼	교사	자기의지가 분명하고 배려심이 있음.
S	39/여	대졸/미혼	사회복지사	호기심이 많고 내향적이며 자기중심적인 성향으로 타인의 시각을 조망하지 못함.
T	46/여	대졸/결혼	사회복지사	어린시절 어머니와 미해결문제로 상담을 받고 있으며, 상처를 잘 받는 내향성임.
U	31/여	대졸/미혼	사무직	왜소한 체격에 자기 개방이 없는 불안한 모습을 보임.
V	51/여	석사/결혼	상담사	차갑고 공격적인 언어를 사용하여 분위기를 무겁게 하지만 성찰하는 태도를 보임
W	49/여	대졸/결혼	보육교사	큰 체격에 배려심이 커서 분위기를 훈훈하게 하지만 성격이 급함.

〈표 7〉 통제집단의 연구대상 인적사항 및 개인적 특성

대상	연령/나이	학력/결혼상태	직업	개인적 특성
A	46/여	고졸/이혼	사무직	리더십이 뛰어나고 대처능력이 강함
B	28/여	대졸/미혼	사무직	내향적이지만 원만한 인간관계를 가짐
C	47/여	대졸/결혼	건축사	책임감이 강하지만 자기표현을 하지 않는 외고집임.
D	51/여	대졸/결혼	교사	밝고 긍정적인 대인관계로 사람들을 편하게 함
E	41/여	석사/결혼	주부	마른 체격에 여린 성격이지만 자기중심성이 강함.
F	53/남	석사/미혼	수도자	키가 크고 책임감이 있으며 유머감각도 있지만 소심함.
G	38/여	무 답변	무	내향적이고 목소리가 작지만 자기 성취욕이 강함.
H	47/여	석사/결혼	상담사	우호적이며 조용하고 예민한 편임.
I	54/여	석사/결혼	상담사	긍정적이며 만학도로서 속도감이 느림.

J	33/여	대졸/결혼	치료사	낙천적이지만 호탕한 웃음속에 그늘을 감추려는 모습이 있음.
K	42/여	대졸/결혼	교사	책임감이 강하고 성실한 편이지만 다소 우유부단함.
L	43/남	대졸/결혼	사업	약간 마른 체격에 직선적이고 정확하며 남과 타협하는 것을 싫어함.
M	45/여	대졸/결혼	전문직	마르고 왜소하지만 인정이 많고 책임감이 강하며 공과 사를 잘 구분한다.
N	45/여	고졸/결혼	사무직	성격이 활발하고 자기주장이 강하며 직선적인 성격에 솔직하지만 잘 부딪힘.
O	41/여	대졸/결혼	시민단체	자기성장에 관심이 많고 배려심 때문에 상처를 받음.
P	38/여	대졸/결혼	임상병리사	사교적, 적극적이지만 진정한 자기를 찾는 모습을 보임.
Q	36/여	석사이상/미혼	교사	긍정적인 성격이며 논리적이고 책임감과 배려심이 많음.
R	37/남	석사/결혼	교사	긍정적이고 솔선수범 하지만 다소 따지는 성격이 있음.
S	27/여	대졸/미혼	사회복지사	매우 마른 체격에 무척 큰 목소리로 호탕하게 웃음을 보이지만 섬세함.
T	31/여	석사/미혼	사회복지사	남성적인 면이 있어 보이지만 의외로 소심한 부분이 있음.

3. 연구 설계

표현예술치료의 심리치료 효과를 연구하기 위해 실험집단과 통제집단의 현실적 자아가치관 및 사회 심리적 건강 점수의 사전·사후·추후 검사를 비교하고, DAS 검사의 사전·사후를 비교하는 설계를 하였다. 연구 설계는 다음 〈표 8〉에 제시하였다.

〈표 8〉 실험 · 통제 집단 설계 모형

집단	사전검사	처치	사후검사	추후검사
실험	O_1	X	O_2	O_3
통제	O_4		O_5	O_6

X : 표현예술치료 프로그램

O_1O_4 : 사전검사(현실적 자아가치관, 사회 심리적 건강측정, Draw a Story 검사)

O_2O_5 : 사후검사(현실적 자아가치관, 사회 심리적 건강측정, Draw a Story 검사)

O_3O_6 : 추후검사(현실적 자아가치관, 사회 심리적 건강측정검사)

치료요인을 알아보기 위해 실험집단에는 프로그램 진행 중 16회기에 걸쳐 '도움이 되는 경험'의 개방형 질문지를 기술하게 하였고, 마지막 치료회기에는 Q-Sort를 실시하여 치료요인의 순위를 살펴보았다.

4. 측정 도구

1) 현실적 자아가치관 검사

자아가치관 검사는 피검자가 타인과의 관계 속에서 자신을 어떻게 생각하고 느끼는지 알아보기 위한 검사도구이다. 이 검사는 김정규(2003)가 Deusinger(1986)의 프랑크푸르트 자기개념 검사와 Battle(1992)의 문화공평 자기존중감(Culture Free Self Esteem Inventory) 검사를 바탕으로 한국 실정에 맞게 새롭게 제작하고 표준화시킨 것이다. 이 검사는 현실적 자아가치관 검사(86문항)와 자아가치관 일치도 검사(76문항)로 구성되어 있으며 단독 실시도 가능하다. 본 연구에서는 현실적 자아가치관 검사를 사용하였다. 이는 자기존중감(19문항), 정서안정성(16문항), 대인관계능력 (16문항), 문제해결능력(17문항), 대인신뢰감(18문항)등 다섯가지 하위척도로 구성되어 있다. 응답자는 자기의 주관적인 느낌을 1. 아주 그렇다 2. 그렇다 3. 중간이다 4. 아니다 5. 전혀 아니다의 5단계로 평정하며 획득한 점수가 높을수록 자아가치관이 높은 것으로 해석된다. 김정규에 의해 산출된 현실적 자아가치관 검사의 내적 합치도(Cronbach's α)는 .97이었다. 본 연구에서의 Cronbachs α는 자기존중감 .89, 정서안정성 .89, 대인관계능력 .89, 문제해결능력 .88, 대인신뢰감 .81로 나타났으며 전체척도의 내적 합치도는(Cronbachs α)는 .92 이었다. 현실적 자아가치관의 하위요인별 문항은 다음 〈표 9〉 에 제시하였다.

〈표 9〉 현실적 자아가치관 하위요인별 문항 분류

하위요인(척도명)	정방향	역방향	문항수
자기존중감(SV)	5, 8, 17, 37	7, 11, 12, 21, 32, 40, 41, 49, 50, 64, 71, 77, 79, 81, 83	19
정서안정성(ES)	1, 3, 6, 9, 28, 51, 55, 58, 65, 67, 78, 80, 82, 84	76,85	16
대인관계 능력(IR)	2, 10, 19, 22, 29, 31, 44, 45, 53, 69, 70	15, 26, 46, 56, 72	16
문제해결능력(PS)	13, 16, 23, 39, 47, 60, 61, 63	18, 25, 27, 30, 36, 52, 59, 68, 73	17
대인신뢰감(IT)	24, 33, 38, 42, 43, 48, 54, 57, 62, 66, 74	4, 14, 20, 34, 35, 75, 86	18
총 (ST)자아가치관	ST=	SV+ES+IR+PS+IT	86

2) 사회 심리적 건강 측정검사 (PWI-SF)

사회 심리적 건강 측정 도구는 신체적 질병발생에 밀접한 영향을 주는 것으로 널리 알려진 스트레스 측정을 표준화하기 위해 개발된 도구이다. 정신건강 수준을 측정하기 위해 Goldberg(1972)가 개발한 일반건강측정 질문지(General Health Questionare : GHQ)를 기초로 국내에서 장세진(2000)이 재구성하였다. 이는 기존의 사회 심리적 건강 측정도구 중에서 가장 유용성을 인정받은 GHQ-60을 토대로 우리나라의 현실적 상황에 맞게 수정하여 45문항을 구성한 것으로 내적 합치도는 .94이고, 반분신뢰도는 .88이다. PWI의 문항수가 너무 많아서 단축형을 개발한 것이 PWI-SF인데 단축형도 내적 합치도가 .90을 비롯해 신뢰도 및 타당도 검증에서 만족할만하였다. 4점 척도로 평정하며 역 채점 문항이 있고 총 점수 범위는 0–54이며, 점수가 높을수록 스트레스 수준이 높음을 의미한다. 본 연구에서의 내적 합치도(Cronbachs α)는 .93로 나타났다.

3) Draw A Story 그림검사

Silver(1993)가 개발한 DAS(Draw–A–Story) 검사는 제시되는 14개의 자극 그림들 중 두 가지를 선택하여 어떠한 관계가 있을지 상상하여 그리는 검사이다. 이 상상화는 정서적 안정성을 확인하는 검사이며 검사 도구는 연필, 지우개이다. Silver는 DAS를 집단으로도 개인으로도 실시할 수 있다고 소개한다. 검사시간의 제한은 없으며, 검사의 지시는 "다음 그림들 중 2개를 선택하여 그 2개 간에 어떤 일이 일어나고 있는지 상상해 보세요. 준비가 되면 상상하신 것을 그려 주세요. 어떤 일이 벌어지는지 그림을 통해 보여 주세요. 그림을 변형해서 그리셔도 됩니다. 다 그린 뒤에는 이야기를 적어 주세요."라고 한다. 그림을 다 그린 후에는 이야기를 쓰도록 하고 간략한 개인 정보와 기분을 묻는 질문에 대답하도록 한다. 기분은 예시된 내용들 중 자신의 기분에 가까운 것을 체크하면 되는데, '행복하다, 괜찮다, 화났다, 무섭다, 슬프다' 등 5가지 중에서 선택할 수 있다. DAS의 채점은 강한 부정에서 강한 긍정으로 1–5점으로 이루어지며 내용평가는 다음에 제시하는 〈표 10〉에 기준해서 채점하였다.

〈표 10〉 DAS의 내용 평가표

점수	내용
1점	가장 부정적인 내용이 나타나며 그림에 나타난 대상이 슬프거나 고립되어 있고 무기력하거나 자살, 혹은 치명적인 위험에 노출되어 있다. 대상 간 관계는 파괴적이거나 한 쪽이 다른 쪽을 살해하거나 위협한다.
2점	다소 부정적인 내용으로 대상이 좌절하거나 겁에 질려 있고 불운하다. 표현된 관계에 스트레스를 주거나 적대적이다.
3점	대상이나 관계가 부정적인 면과 긍정적인 면 양쪽이 다 드러나거나 양가적, 혹은 갈등적이다. 관계가 모호하거나 분명하지 않은 경우도 이에 해당되며 어떠한 감정도 드러나지 않은 경우도 여기에 해당된다.

4점	다소 긍정적인 내용이 드러난 경우로 대상이 수동적이기는 하나 운이 좋은 경우 혹은 관계가 우호적인 경우이다.
5점	상당히 긍정적인 내용으로서 대상이 행복하거나 목표를 성취한 경우이다. 표현된 관계는 서로를 보살피거나 사랑하는 관계이다.

4) 치료요인 분류체계

Yalom(1985)의 분류체계를 바탕으로 윤호균(1996)이 수정 보완한 검사를 본 연구자가 수정 보완해서 사용하였다. 윤호균은 Yalom의 12가지 치료요인들 중 가족 재정립을 제외시키고 타인이해와 장점발견을 포함시켰다. 본 연구자는 윤호균의 13가지 치료요인 범주에 창조성요인을 더하여 사용하였다. 이는 표현예술치료의 치료요인으로 창조성요인이 포함될 것이라는 연구가설을 확인하기 위해서다. 본 연구에 사용된 치료요인 범주는 다음 〈표 11〉에 제시하였다.

〈표 11〉 본 연구의 치료요인

요인명	본 연구의 치료요인
1요인–이타주의	자신도 남에게 도움을 줄 수 있는 사람이라는 것을 깨달음.
2요인–집단응집력	집단에 대해 소속감을 느끼며 다른 집단원들이 자신을 이해, 수용해 준다고 느낌.
3요인–보편성	다른 집단원들도 자신과 유사한 감정, 문제들을 갖고 있음을 알게 됨.
4요인–대인관계 유형 인식	자신이 다른 집단원들에게 어떻게 보이는지 알게됨으로써 자신에 대한 객관적 시각을 얻음.
5요인–사회적기술	사람들과 관계를 보다 잘 맺을 수 있는 새로운 대인관계 기술을 발견, 시도 습득하게 됨.
6요인–생활방식에 대한 정보획득	상담자나 다른 집단원들로부터 자신에게 도움이 되는 제안이나 조언을 들음.
7요인–정화	자기 마음속에 가두어 두었던 생각, 감정들을 다른 집단원들 앞에서 솔직하게 털어놓음.
8요인–모방	상담자나 다른 집단원들의 어떤 모습, 측면들을 배우려고 노력.

9요인-자기이해	이전에는 알지 못했던 자신의 생각, 느낌, 문제가 비롯된 근원을 발견하고 받아들이게 됨.
10요인-타인이해	자신에게 감정적으로 의미 있는 사람들에 대해서 이해하고 받아들임.
11요인-희망의 고취	자신의 문제를 해결할 수 있다는 신념과 희망을 갖게 됨.
12요인-장점의 발견	자신의 능력과 장점을 새롭게 발견하고 받아들이게 됨.
13요인-실존적 요인	인간이라는 존재의 근원적 한계, 고통의 불가피성을 발견.
14요인-창조성 요인	자신의 창조성을 발견하고 발휘하여 만족감과 기쁨을 느낌.

4)-1. Q-Sort 분류검사

마지막 종일회기에 직접 측정방법인 Q-Sort를 실시하여 14가지의 치료요인들의 빈도를 분류하였다. Yalom이 사용한 Q-Sort 분류는 Yalom의 치료적 요인 12가지 범주에 대해 각각의 범주를 기술하기 위해 5가지 항목이 사용되었다. 전체적으로는 60개의 항목이 만들어졌다. 각 항목은 3×5 크기의 카드에 기록되었으며 7개의 파일에다 지정된 수의 카드를 넣도록 하였다. Q-Sort 분류는 임상적 직관에 기초하여 연역적으로 구성된 도구이다. 대략적으로 검사-재검사 신뢰도는 좋은 것으로 판명이 되었고 요인분석 연구는 다양한 결과를 보였다. 본 연구에서는 본 연구자가 전문가의 감수를 받아서 수정 보완한 14가지 치료요인의 항목을 8×6 크기의 카드 200장에 기록 하였다. 200장의 치료요인 항목카드로 종일회기에 23명의 참가자들에게 Q-Sort를 실시하였고 가장 치료적 요인이 되었다고 생각되는 요인의 카드를 순위대로 5장씩을 선택하게 하였다.

4)-2. 치료요인 측정 검사

본 연구에서는 참가자의 개방형 질문지의 기술문을 분석하여 전문가의 객관적인 평정을 통해 분류하는 측정방법도 사용하였다. 표현예술치료 프로그램 진행 과정 중에 작용하는 내재적 치료요인이 무엇인지 확인하기 위해서 16회기에 걸쳐 수거한 318장의 치료요인 질문지에 대해 평정작업을 실시하였다. 본 연구자가 수정 보완한 위의 〈표 8〉의 치료요인 분류표에 의하여 4명의 전문가들의 객관적인 평정작업을 거쳐 치료요인을 분석하였다. 치료요인을 측정하기 위해 매회기 '도움이 되는 경험'의 개방형 질문지를 나누어주고 기록 후에 바로 수거하였다. 시작부터 종결까지 실험집단에서 총 318장의 기술문의 자료가 수

집되었다. 회기질문지의 치료요인 분석의 보기는 다음 〈표 12〉에 제시하였다.

〈표 12〉 회기 질문지 치료요인 분석의 보기

치료요인 범주	대표적 진술문
이타주의	상대방이 뭔가 힘을 얻을 지지를 해주는 것은 나에게도 힘이 나게 된다. 상대의 표정이 변하는 것을 느낄 때 나도 힘이 나고 뿌듯해지는 것을 느꼈다.
집단응집력	관계지향, 작은 것을 소중히 여기며 사랑과 나눔 실천 더불어 사는 세상 속에서 함께하기 등으로 마음이 편안해지고 따뜻해진다.
보편성	나와 생각과 미래를 생각하며 살아가는 모습, 생활하는 자세나 마음가짐이 비슷하고 얘기가 통해서 나눔 시간이 즐거웠다.
사회적 기술	살아가면서 원치 않는 상황에 처했을 때 모나지 않고 원만한 대화를 이끌어나갈 수 있을 것 같아요.
생활방식에 대한 정보	표현예술치료를 통해서 내 마음의 심리상태를 알게 되었고 혼자서 생각하는 것보다 인생선배가 해주는 조언이 좋았다.
정화	힘든 하루를 보내고 화가 난 상태에서 왔는데 먹으로 그림을 그리며 내 자신이 편안함을 느꼈다.
모방	많이 나눔을 생각하시는 분들의 모습에서 나 자신을 다시 돌아보고... ....
자기이해	밝은 마음을 가지고 있다는 건 알았지만 이중적인 마음이라는 생각이 들었다. 하얀 백지장처럼 마음을 비우고 내적인 면을 새로이 채우고 싶다.
타인이해	이름을 통하여 누구의 아픔이나 성격, 꿈, 가정환경 등을 알 수 있는 시간, 특히 가족 경험을 나누기에 좋은 시간이었다.
희망의 고취	옛날만큼 사고 싶은 물건이 머릿속을 가득 메우지 않아 스스로 나아지고 있구나 하는 생각이 든다.
장점의 발견	말이 많지 않은 나인데 상대에 따라서 내가 대화를 주도하는 역할을 할 수 도 있다는 경험을 했고... ....
실존적요인	이미지 중에 마지막에 의자하나가 느껴졌다. 마지막에 돌아갈 곳인가. 무슨 의미인지 잘 모르겠다.
창조성요인	생명, 감정, 만남, 자아.... 그래서 탄생, 생명의 탄생. 감정의 탄생. 자아의 찾음으로 새로움. 새로운 만남을 통해 관계의 탄생.

5. 연구 절차

1) 집단의 구성

2010년 3월 9일부터 6월 20일까지 K시 S구에 있는 K교육원의 표현예술치료 연구생을 대상으로 본 연구에 참여를 동의한 연구생을 실험집단으로 선정하였다. 통제집단은 나머지 연구생들 중 본 연구에 참여를 동의한 사람들로 선정하였다. 실험집단은 매주 1회 3시간씩 오후 6시 30분에서 오후 9시 30분까지 14회기를 실시하였고 15회기, 16회기는 종일회기로 진행하였다.

2) 사전 검사

본 연구를 위해 표현예술치료 프로그램 실시 전 두 집단 간의 동질성 검증을 위해 인구학적 질문지 검사를 실시하였다. 또한 현실적 자아가치관 검사, 사회 심리적 건강 측정 검사를 프로그램 실시 전 실험집단과 통제집단 차례로 실시하였다. DAS 검사는 실험집단에만 실시하였다.

3) 표현예술치료 프로그램 실시

실험집단 참가자 23명을 대상으로 총 16회기의 프로그램을 실시하였고, 15, 16회기는 종일회기로 실시하였다. 세션 자료로는 워크 북, 음악, 다양한 악기 종류, 오디오 세트, 천등을 활용했으며 프로그램의 주 진행은 연구자가 했으며 협력자 2명은 활동준비, 진행과정에 도움을 주었다. 프로그램을 실시 한 실험집단에는 표현예술치료의 유의미한 내재적 치료요인으로 '창조성 요인'을 확인하기 위해 총 16회기에 걸쳐 '도움이 되는 경험'의 개방형 질문지를 기술하게 하였다.

4) 사후 검사

총 16회기의 표현예술치료 프로그램이 끝난 후 실험집단이 통제집단보다 표현예술치료의 유의미한 효과를 보였는지 검증하기 위해 현실적 자아가치관 검사, 사회 심리적 건강 측정검사를 실험집단과 통제집단 차례로 실시하였다. 그리고 15, 16회기의 종일회기에서 가장 도움이 되었던 치료요인 항목카드를 선택하는 Q-Sort를 실시하였다. DAS검사는 실험집단에만 실시하였다.

5) 추후 검사

표현예술치료 프로그램 종료 1개월 후에 현실적 자아가치관 검사, 사회 심리적 건강 측정검사를 실험집단과 통제집단 차례로 실시하였다. 연구절차를 단계적으로 구분해 놓은 것을 다음 〈표 13〉에 제시하였다.

〈표 13〉 연구절차

제 1단계(2010년 1월) 실험집단 선정-K시 S교육원 표현예술치료 연구생 남녀 23명 통제집단 선정-K시 S교육원 표현예술치료 연구생 남녀 20명
제 2단계 2009년 9월- 2010년 2월 표현예술치료 프로그램 구성
제 3단계 (2010년 3월 9일) 실험집단과 통제집단-동질성검사 실시, 사전검사 실시 실험집단-현실적 자아가치관 검사, 사회 심리적 건강 측정검사, DAS 검사 통제집단-현실적 자아가치관 검사, 사회 심리적 건강 측정검사
제 4단계 실험집단- 표현예술치료 프로그램 실시 (2010년 3월 9일부터 6월 20일 까지) 총 16회기 중 매회기 치료요인 질문지 검사
제 5단계 사후검사 실시 (2010년 6월 20일) 실험집단- 현실적 자아가치관 검사, 사회 심리적 건강 측정검사, DAS 검사 통제집단- 현실적 자아가치관 검사, 사회 심리적 건강 측정검사 실험집단- Q-Sort 실시

제 6단계
추후검사 실시 (2010년 7월 20일)
실험집단- 현실적 자아가치관 검사, 사회 심리적 건강 측정검사
통제집단- 현실적 자아가치관 검사, 사회 심리적 건강 측정검사

6. 자료처리 및 분석방법

본 연구에서 표현예술치료 프로그램이 현실적 자아가치관, 사회 심리적 건강성, 정서 안정성에 미치는 영향을 알아보기 위하여 다음과 같이 결과처리를 하였다. 그리고 수집된 모든 자료처리 및 분석은 SPSS win 17.0 프로그램을 사용하였다. 첫째, 실험집단과 통제집단의 동질성을 알아보기 위하여 인구학적 변인에 대해서 교차분석(검증)과 나이에 대한 t-검증을 실시하였으며 실험집단과 통제집단의 사전검사를 대응표본 t-검증 하였다. 둘째, 실험집단에 표현예술치료 프로그램을 실시한 후 실험집단과 통제집단 각각의 현실적 자아가치관, 사회 심리적 건강성의 변화를 알아보기 위하여 사전검사를 공변인으로 하고 사후검사를 종속변인으로 하여 공변량 분석(ANCOVA)을 실시하였으며, 다시 사전검사를 공변인으로 하고 추후검사를 종속변인으로 하여 공변량 분석(ANCOVA)을 실시하였다. 셋째, 실험집단에 표현예술치료 프로그램을 실시 한 후 실험집단의 Draw A Story의 변화를 알아보기 위하여 사전검사와 사후검사를 실시하였다. 이때 46장의 그림은 3명의 미술치료 전문가의 객관적인 평정을 거쳤으며 이때 평정자간 일치도를 알아보기 위하여 Kendall 일치계수를 통하여 파악하였으며, 대응표본 t-검증을 실시하였다. 넷째, 표현예술치료 프로그램 실시 중 창조성요인의 치료적인 작용을 확인하기 위하여 매회기 '도움이 되는 경험'의 개방형 질문지를 기술하게 하였으며, 참가자의 개방형 기술문은 전문가의 객관적인 평정을 거치는 측정방법으로 치료요인을 분석하였다. 이때 Yalom의 치료요인 분류체계를 본 연구자가 수정 보완하여 개발한 치료요인 분류체계를 사용하였다. 318장의 '도움이 되는 경험'의 개방형 질문지의 기술문은 4명의 전문가의 객관적인 평정을 거쳐 치료요인을 분석하였다. 다섯째, 마지막 종일회기에서는 참가자가 직접 항목카드의 순위를 선별하는 Q-Sort를 실시하여 가장 치료적인 요인이 된다고 생각하는 5요인을 선별하게 하였다.

제6장

결론 및 요약

1. 연구결과 및 해석

1) 집단 간 동질성 검사 결과

두 집단의 동질성 여부를 알아보기 위하여 인구학적 변인에 대해서 교차분석(검증)과 나이에 대해 t-검증을 실시하였으며 실험집단과 통제집단의 사전검사를 t-검증하였다.

① 인구학적 변인에 대한 동질성 검증

인구학적 변인인 성별, 표현예술치료 프로그램 참가경험, 결혼, 학력, 나이에 대해서 실험 집단원 23명과 응답을 거부한 1명을 제외한 19명의 통제 집단원 간의 차이가 있는지 알아보기 위하여 교차분석(검증)과 나이에 대한 t-검증을 실시한 결과는 다음 〈표 14〉에 제시하였다.

집단에 따라서 인구학적 변인의 차이가 있는지를 알아보기 위하여 교차분석(검증)한 결과, 성별((1)=2.77, $p>0.5$), 참가경험((2)=5.99, $p>0.5$) 결혼((3)=1.15, $p>0.5$), 학력 수준은 ((4)=2.04, $p>0.5$)으로 모두 두 집단은 통계적으로 유의한 차이가 없었다. 그러나 나이에 대한 변인으로 실험집단과 통제집단을 비교한 결과 $t=-2.748$로 $p<.05$에서 통계적으로 유의한 차이가 있었다.

〈표 14〉 인구학적 변인에 대한 동질성 검증

구 분		실험집단	통제집단	전체	X^2
성별	남 자	1 (4.3)	4 (21.1)	5 (11.9)	2.77
	여 자	22 (95.7)	15 (78.9)	37 (88.1)	
표현예술치료 프로그램 참가경험	있 다	1 (4.3)	2 (10.5)	3 (7.1)	5.99
	없 다	22 (95.7)	17 (89.5)	39 (92.9)	
결혼	결 혼	11 (47.8)	12 (63.2)	23 (54.8)	1.15
	미 혼	9 (39.1)	5 (26.3)	14 (33.3)	
	이 혼	2 (8.7)	1 (5.3)	3 (7.1)	
	수도자	1 (4.3)	1 (5.3)	2 (4.8)	
학력	고 졸	2 (8.7)	2 (10.5)	4 (9.5)	2.04
	대 졸	15 (65.2)	10 (52.6)	25 (59.5)	
	대 재	1 (4.3)	–	1 (2.4)	
	석 사	4 (17.4)	6 (31.6)	10 (23.8)	
	석사이상	1 (4.3)	1 (5.3)	2 (4.8)	
전체		23 (100.0)	19 (100.0)	42 (100.0)	
나이		34.22(8.42)	41.00 (7.66)	t=-2.748	** p〈.05

② 실험집단과 통제 집단의 사전검사의 t-검증 결과

실험집단 23명과 통제집단 20명의 사전검사를 t-검증한 결과는 다음 〈표 15〉에 제시하였다.

<표 15> 실험집단과 통제집단의 사전검사 점수에 대한 t-검증 결과

구 분		실험집단 (n=23)	통제집단 (n=20)	t
현실적 자아가치관	자기존중감	68.43(10.29)	69.45(9.17)	-.342
	정서안정성	51.57(9.77)	55.05(8.37)	-1.246
	대인관계능력	54.74(8.15)	59.40(7.73)	-1.915
	문제해결능력	59.04(9.42)	63.40(7.13)	-1.689
	대인신뢰감	66.52(7.39)	67.20(6.40)	-.319
	현실적 자아가치관 전체	300.30(39.32)	314.50(31.86)	-1.288
사회심리적 건강성		44.13(11.86)	40.65(9.23)	1.062

현실적 자아가치관 하위요인들인 자기존중감($t(41)=-.342$, $p>0.5$), 정서안정성($t(41)=-1.246$, $p>0.5$) 대인관계능력($t(41)=-1.915$, $p>0.5$), 문제해결능력($t(41)=-1.689$, $p>0.5$), 대인신뢰감($t(41)=-.319$, $p>0.5$)로 실험집단과 통제집단 간 유의한 차이가 나타나지 않았다. 자아가치관 전체점수($t(41)=-1.288$, $p>0.5$)와 사회심리적 건강성($t(41)=1.062$, $p>0.5$) 또한 두 집단 간 차이가 없었다. 이 연구의 종속변인들의 실험집단과 통제집단의 사전검사 점수에 대해서 t-검증 한 결과 모든 요인에서 차이가 없는 것으로 나타났다. 이상의 결과를 종합하여 볼 때 실험집단과 통제집단은 유의한 차이가 없으므로 두 집단을 동질한 집단으로 간주하고 실험 설계를 하였다.

2. 현실적 자아가치관에 미치는 효과 분석

표현예술치료 프로그램이 현실적 자아가치관에 미치는 효과를 알아보기 위하여 실험집단과 통제집단의 사전검사, 사후검사 및 추후검사에 대한 분석 결과를 다음 <표 16>에서 <표 18>에 제시하였다.

1) 현실적 자아가치관의 공분산 분석

먼저 사전, 사후, 추후검사에서 얻어진 현실적 자아가치관의 평균과 표준편차는 다음 〈표 16〉에 제시하였으며, 함께 제시된 교정평균은 사전검사의 집단 간 차이를 감안하여 교정된 평균 수치이다.

〈표 16〉 현실적 자아가치관의 사전 · 사후 · 추후검사의 측정시기별 분석

구 분		사전검사	사후검사	교정평균	추후검사	교정평균
자기 존중감	실험집단	68.43(10.29)	72.35(8.16)	72.67	71.96(8.70)	72.30
	통제집단	69.45(9.17)	70.90(8.87)	70.53	69.75(9.55)	69.34
정서안정성	실험집단	51.57(9.77)	53.83(8.14)	55.05	54.30(8.65)	55.57
	통제집단	55.05(8.37)	53.75(7.94)	52.33	53.75(8.38)	52.28
대인관계능력	실험집단	54.74(8.15)	57.78(6.93)	59.42	59.35(7.35)	60.97
	통제집단	59.40(7.73)	59.00(8.39)	57.11	59.05(8.85)	57.17
문제해결능력	실험집단	59.04(9.42)	60.83(8.08)	62.21	62.30(8.47)	63.76
	통제집단	63.40(7.13)	63.35(5.89)	61.75	62.80(6.96)	61.15
대인신뢰감	실험집단	66.52(7.39)	68.39(5.98)	68.62	68.30(5.30)	68.51
	통제집단	67.20(6.40)	67.30(7.08)	67.02	67.25(7.92)	67.00
현실적 자아가치관 전체	실험집단	300.30(39.32)	313.17(32.02)	318.46	316.22(34.69)	321.71
	통제집단	314.50(31.86)	314.30(34.06)	308.21	312.60(37.18)	306.32

프로그램을 실시한 후 표현예술치료가 현실적 자아가치관에 미치는 효과를 알아보기 위하여 사전검사를 공변인으로 하고 사후검사 및 추후검사를 종속변인으로 한공변량 분석(ANCOVA)의 결과를 다음 〈표 17〉와 〈표 18〉에 제시하였다.

〈표 17〉 현실적 자아가치관 사후검사 점수 공변량 분석

구 분		자승화	자유도	평균자승화	F
자기존중감	사전(공변인)	1,805.25	1	1,805.25	62.48***
	집단	48.68	1	48.68	1.68
	오차	1,155.77	40	28.89	
	합	223,884.00	43		
정서안정성	사전(공변인)	1,976.19	1	1,976.19	116.44***
	집단	76.27	1	76.27	4.49*
	오차	678.86	40	16.97	
	합	127,073.00	43		
대인관계능력	사전(공변인)	1,484.69	1	1,484.69	65.32***
	집단	52.24	1	52.24	2.30
	오차	909.22	40	22.73	
	합	148,807.00	43		
문제해결능력	사전(공변인)	1,367.32	1	1,367.32	75.28***
	집단	2.10	1	2.10	.12
	오차	726.54	40	18.16	
	합	167,454.00	43		
대인신뢰감	사전(공변인)	1,122.02	1	1,122.02	72.90***
	집단	27.39	1	27.39	1.78
	오차	615.66	40	15.39	
	합	199,903.00	43		
현실적 자아가치관 전체	사전(공변인)	34,193.71	1	34,193.71	131.47***
	집단	1,079.15	1	1,079.15	4.15
	오차	10,403.79	40	260.09	
	합	4,276,079.00	43		

* p〈.01, *** p〈.001

〈표 17〉에 제시한 바와 같이 사전검사 점수의 효과를 통제한 상태에서 집단 간 현실적 자아가치관 하위요인 중 '정서안정성' 점수(F(1.40)=4.49, p〈.05)에서만 실험집단과 통제집단 간에 유의미한 차이가 나타났다.

〈표 18〉 현실적 자아가치관 추후검사 점수 공변량 분석

구 분		자승화	자유도	평균자승화	F
자기존중감	사전(공변인)	2,176.93	1	2,176.93	71.27***
	집단	93.62	1	93.62	3.07
	오차	1,221.78	40	30.54	
	합	219,788.00	43		
정서안정성	사전(공변인)	2,108.51	1	2,108.51	96.71***
	집단	111.27	1	111.27	5.10*
	오차	872.11	40	21.80	
	합	128,588.00	43		
대인관계능력	사전(공변인)	1,468.09	1	1,468.09	48.53***
	집단	141.94	1	141.94	4.69*
	오차	1,210.07	40	30.25	
	합	153,426.00	43		
문제해결능력	사전(공변인)	1,524.85	1	1,524.85	62.67***
	집단	70.44	1	70.44	2.89
	오차	973.22	40	24.33	
	합	170,657.00	43		
대인신뢰감	사전(공변인)	894.33	1	894.33	39.13***
	집단	24.34	1	24.34	1.06
	오차	914.29	40	22.86	
	합	199,566.00	43		
현실적 자아가치관 전체	사전(공변인)	36,769.61	1	36,769.61	92.04***
	집단	2,441.24	1	2,441.24	6.11*
	오차	15,979.11	40	399.48	
	합	4,306,973.00	43		

* p〈.01, *** p〈.001

〈표 18〉에 제시한 바와 같이 사전검사 점수의 효과를 통제한 상태에서 집단 간 현실적 자아가치관의 추후검사 차이를 살펴보면 다음과 같다. 정서안정성(F(1.40)=5.10, p〈.05)과 대인관계능력(F(1.40)=4.69, p〈.05) 요인에서 유의한 집단 차이가 나타났다. 자아가치관 전체 점수에서도 (F(1.40)=6.11, p〈.05)로 나타나 실험집단이 통제집단에 비해 통계적으로

유의하게 높은 점수를 보였다.

표현예술치료 프로그램이 현실적 자아가치관에 미치는 집단 간 하위영역별 사전 · 사후 · 추후 변화 그래프는 다음 〈그림 1〉에 제시하였다.

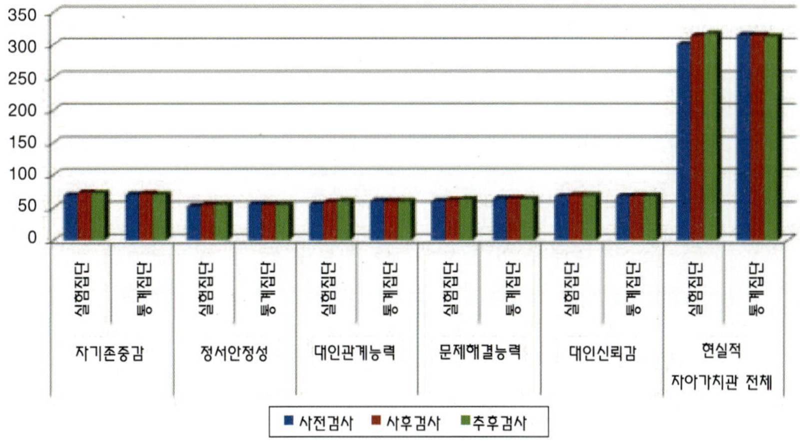

〈그림 1〉 사전 · 사후 · 추후검사 현실적 자아가치관 하위 요인별 변화그래프

사전검사 점수의 효과를 통제한 상태에서 집단 간 현실적 자아가치관 하위요인 중 유의미한 차이가 나타난 '정서안정성' 변화그래프는 다음 〈그림 2〉에 제시하였다.

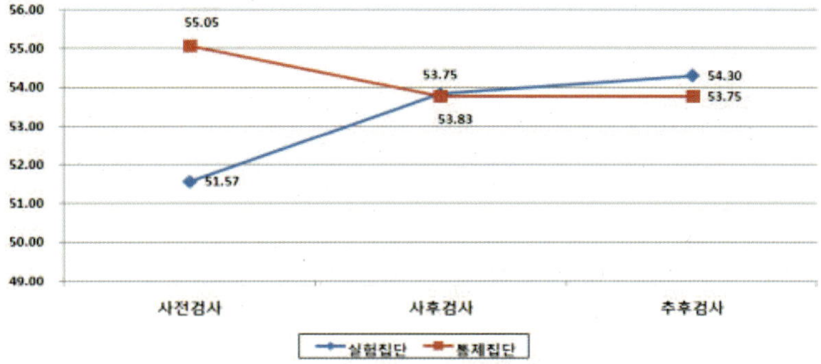

〈그림 2〉 현실적 자아가치관 중 정서안정성 변화그래프

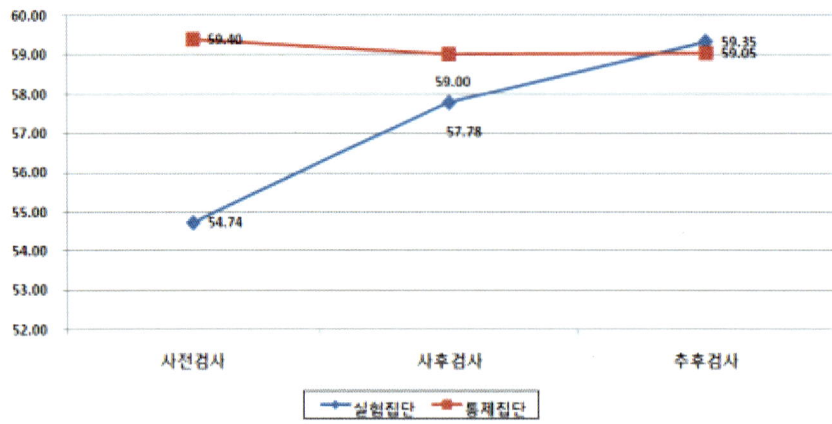

〈그림 3〉 현실적 자아가치관 중 대인관계능력 변화그래프

사전검사 점수의 효과를 통제한 상태에서 집단 간 현실적 자아가치관 하위요인 중 유의미한 차이가 나타난 '대인관계능력' 변화그래프는 〈그림 3〉에 제시하였다.

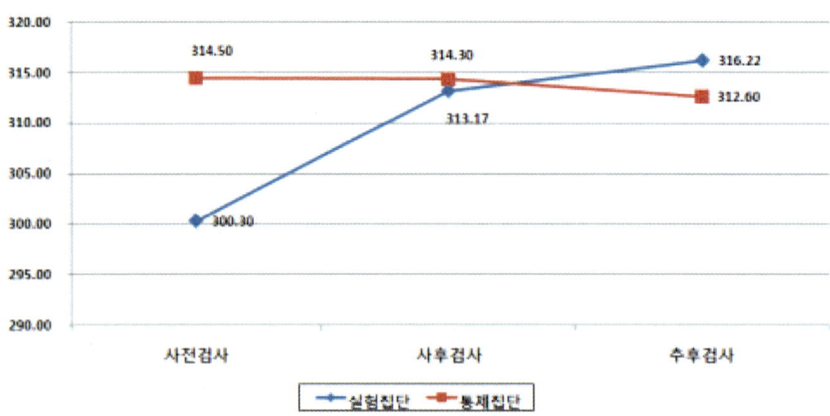

〈그림 4〉 현실적 자아가치관의 전체 변화그래프

사전검사 점수의 효과를 통제한 상태에서 집단 간 현실적 자아가치관 하위요인 중 유의미한 차이가 나타난 '현실적 자아가치관 전체' 변화그래프는 〈그림 4〉에 제시하였다.

3. 사회 심리적 건강에 미치는 효과 분석

표현예술치료 프로그램이 사회 심리적 건강에 미치는 효과를 알아보기 위하여 실험집단과 통제집단의 사전검사, 사후검사 및 추후검사에 대해서 분석 결과를 〈표 19〉에서 〈표 21〉에 제시하였다. 먼저 사전, 사후, 추후검사에서 얻어진 사회 심리적 건강측정의 평균과 표준편차는 다음 〈표 19〉에 제시하였으며, 함께 제시된 교정평균은 사전검사의 집단 간 차이를 감안하여 교정된 평균 수치이다.

〈표 19〉 사회 심리적 건강측정의 사전 · 사후 · 추후검사의 측정시기별 분석

구 분		사전검사	사후검사	교정평균	추후검사	교정평균
사회 심리적 건강측정	실험 집단	44.13(11.86)	38.91(9.22)	37.98	40.74(10.28)	39.55
	통제 집단	40.65(9.23)	41.95(9.11)	43.02	41.50(9.60)	43.27

표현예술치료 프로그램이 사회 심리적 건강에 미치는 효과를 알아보기 위하여 사전검사를 공변인으로 하고 사후검사를 종속변인으로 하여 공변량 분석(ANCOVA)을 실시한 결과는 다음 〈표 20〉에 제시하였다.

〈표 20〉 사회 심리적 건강측정 사후검사 점수 공변량 분석

구 분		자승화	자유도	평균자승화	F
사회 심리적 건강측정	사전(공변인)	1,559.26	1	1,559.26	33.08***
	집단	264.34	1	264.34	5.61*
	오차	1,885.52	40	47.14	
	합	73,468.00	43		

* p〈.01, *** p〈.001

〈표 20〉에 제시한 바와 같이 사전검사 점수의 효과를 통제한 상태에서 집단 간 '사회 심리적 건강측정' 점수를 비교하여 본 결과, 실험집단과 통제집단 간에 사후점수에서 통계적으로 유의한 차이가 나타났다(F(1.40)=5.61. p〈.05). 표현예술치료 프로그램이 사회 심리적

건강에 미치는 효과를 알아보기 위하여 사전검사를 공변인으로 하고 추후검사를 종속변인으로 하여 공변량 분석(ANCOVA)을 실시한 결과는 다음 〈표 21〉에 제시하였다.

〈표 21〉 사회 심리적 건강 측정 추후검사 점수 공변량 분석

구	분	자승화	자유도	평균자승화	F
사회 심리적 건강측정	사전(공변인)	2,553.39	1	2,553.39	51.20***
	집단	144.28	1	144.28	2.89
	오차	1,994.84	40	49.87	
	합	77,833.00	43		

*** p〈.001

〈표 21〉에 제시한 바와 같이 사전검사 점수의 효과를 통제한 상태에서 집단 간 사회 심리적 건강측정' 점수를 비교하여 본 결과, 실험집단과 통제집단 간에 추후점수의 차이가 나타나지 않았다.

사전검사 점수의 효과를 통제한 상태에서 유의미한 차이가 난 집단 간 사회 심리적 건강측정 검사의 변화 그래프는 다음 〈그림 5〉에 제시하였다.

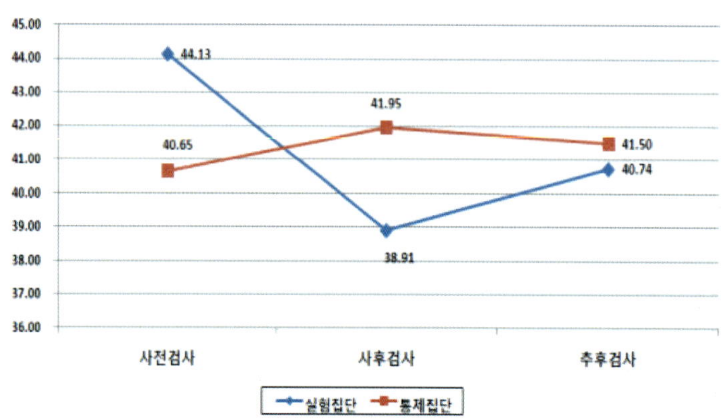

〈그림 5〉 사전 · 사후 · 추후 사회 심리적 건강측정 변화그래프

4. 정서 안정성에 미치는 효과 분석

표현예술치료 프로그램이 정서적 안정에 미치는 효과를 알아보기 위하여 실험집단 23명의 DAS 사전검사와 사후검사 간 차이를 분석하였다. 평정은 전문가 3명이 채점하였으며 최종 선택은 연구자가 하였다. 3명의 평정자간 Kendall 일치계수 W는 .217($p < .001$)로서 평정자간 평정이 일치하는 것으로 나타났다. 분석 결과는 다음 〈표 22〉에 제시하였다.

〈표 22〉 실험집단의 DAS 사전 · 사후 분석 결과

구 분	사전검사	사후검사	t
DAS	2.70(.82)	4.26(.75)	−11.333***

*** $p < .001$

DAS 사전 사후 분석결과 두 점수가 통계적으로 유의한 차이 ($t(22) = -11.333$, $p < .001$)가 있었다. DAS는 동일한 자극화에 각기 다른 지각을 하는 투사적 그림 검사로 정서적 안정성의 양적평가가 가능한 그림이야기 검사로서 이러한 결과는 자기보고식 검사(현실적 자아가치관 검사)를 통해 나타난 정서 안정성에 대한 프로그램의 효과를 반복 검증한 것으로 해석할 수 있다.

5-1. 치료요인 분석결과 - Q-Sort 분류검사

〈표 23〉 Q-Sort 분류의 치료요인 빈도표 ( )는 %

구 분	1차 선발	2차 선발	3차 선발	4차 선발	5차 선발	전 체
이타주의			3(13.04)	1(4.35)	2(8.70)	6(5.22)
집단 응집력		1(4.35)			3(13.04)	4(3.48)
보편성			2(8.70)	2(8.70)	2(8.70)	6(5.22)
대인관계 유형인식			1(4.35)	2(8.70)	1(4.35)	4(3.48)
사회적기술			3(13.04)	1(4.35)	2(8.70)	6(5.22)
생활방식에 대한 정보획득	1(4.35)		1(4.35)		2(8.70)	4(3.48)
정화	4(17.39)	2(8.70)	2(8.70)	7(30.43)	1(4.35)	16(13.91)
모방	2(8.70)	3(13.04)	1(4.35)	2(8.70)	1(4.35)	9(7.83)
자기이해	5(21.74)	10(43.48)			1(4.35)	16(13.91)
타인이해	3(13.04)	2(8.70)	1(4.35)	1(4.35)	1(4.35)	8(6.96)
희망의 고취	2(8.70)		1(4.35)	4(17.39)	4(17.39)	11(9.57)
장점의 발견	1(4.35)		4(17.39)			5(4.35)
실존적 요인	1(4.35)	1(4.35)			3(13.04)	5(4.35)
창조성 요인	4(17.39)	4(17.39)	4(17.39)	3(13.04)		15(13.04)
합 계	23(100.00)	23(100.00)	23(100.00)	23(100.00)	23(100.00)	115(100.00)

프로그램 참가자들이 경험한 치료요인을 분석하기 위한 직접 측정방법으로 표현예술치료 프로그램 총 16회기를 끝내고 Q-Sort를 실시하였다. 치료요인 카드 14장을 참여자들에게 제시한 후 가장 치료적인 요인이 되었다고 생각하는 요인의 카드를 순위대로 5장을 선택하도록 하였다. 그 결과를 〈표 23〉에 제시하였다. 참가자 23명이 5장씩 선택한 전체 115장 중 정화는 16장(13.91%), 자기이해는 16장(13.91%), 창조성요인은 15장(13.04%), 희망의

고취는 11장(9.57%), 모방은 9장(7.83%), 타인이해는 8장(6.96%), 보편성은 6장(5.22%), 이타주의는 6장(5.22%), 사회적 기술은 6장(5.22%), 장점의 발견은 5장(4.35%), 실존적요인은 5장(4.35%), 집단응집력은 4장(3.48%), 대인관계유형 인식은 4장(3.48%), 생활방식에 대한 정보획득은 4장(3.48%)순으로 나타났다.

다음 〈그림 6〉는 가장 치료적인 요인이 되었다고 생각하는 요인의 빈도를 표시한 것이다.

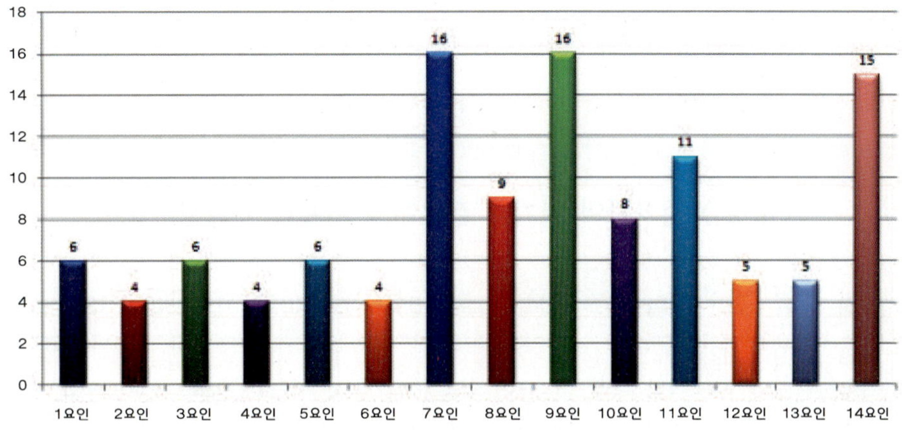

〈그림 6〉 Q-Sort 분류의 치료요인 빈도그래프

5-2. 치료요인 측정지 평정 결과

표현예술치료의 치료요인을 분석하기 위해 매회기에 '도움이 되는 경험'의 개방형 질문지를 실시하였다. 참가자 23명에게 수거한 318장의 자료를 4명의 전문가들이 먼저 각자 독립적으로 평정하였다. 다음으로 평정자들 간의 일치와 불일치를 확인하고 차이점을 논의한 다음 본 연구자가 수정 보완하여 전문가에게 감수를 받은 Yalom의 '치료요인 범주표' 에 따라 각각 해당하는 내용으로 분류하였다. 4명의 평정자간 Kendall 일치계수 W는 .070(p〈.001)에서 유의미한 차이를 보여 평정자간 평정이 일치하는 것으로 나타났다. 참가자의 회기별 분석결과와 종합 분석결과는 〈표 24〉과〈표 25〉에 제시하였다.

16회기의 회기별 치료요인 평정 분석결과를 보면 참가자 23명을 기준으로 1회기에는 자기이해(13명) 창조성요인(2명), 2회기에는 자기이해(12명) 창조성요인(6명), 3회기에는 자기이해(10명) 희망의 고취(5명), 4회기에는 자기이해(6명) 정화(4명), 5회기에는 자기이해(7명) 창조성요인(5명), 6회기에 희망의 고취(9명) 자기이해(5명), 7회기에는 자기이해(5명) 이타주의(4명), 8회기에는 자기이해(10명) 창조성요인(5명), 9회기에는 창조성요인(9명) 자기이해(5명), 10회기에는 창조성요인(8명) 자기이해(8명), 11회기에는 창조성요인(9명) 자기이해(5명) 집단응집력(5명), 12회기에는 창조성요인(9명) 자기이해(6명), 13회기에는 창조성요인(10명) 자기이해(5명), 14회기에는 창조성요인(11명) 자기이해(9명), 15,16회기에는 자기이해(10명) 창조성요인(5명) 순위로 나타났다.

회기별 치료요인을 평정 분석한 결과는 다음 〈표 24〉에 제시하였다.

〈표 24〉 참가자의 회기별 질문지의 치료요인 평정분석표

집단원	1회	2회	3회	4회	5회	6회	7회	8회	9회	10회	11회	12회	13회	14회	15 · 16회
A	9	9	12		14	?	1		14	14		10	14	9	
B	10	10	9	13	10	14	1	14	10	14	14	14	14	9	9
C	9	9	11	14	9	11	9	14	14		8	14	9	14	9
D	9	14	9	10	14	11	9	9	7	3	9	9	7	9	10
E	7	9	7	7	1	2	2	9	2	9	14	7	7	9	
F	9	14	9	9	9	8		9	14	7	14	14	9	9	9
G	9	11	11	11	9	11	9	9	11	9	2	14	14	14	14
H	9	9	11	7	6	11		13	9	7	9	9	9		9
I	9	14	3	10	12	9		9	14	14	14	14		9	14
J	9	9	9	9	9	7	7	7	14	9		5		14	14
K	9	9	10	9		9	1	9	14	9	14	14	11	14	9
L	9	5	11	8	14	11	5	9	2	11		14	14	14	
M	9	14	9	13	14	11	9	9	14	9	14	7	9	14	9
N	11	9	9	2	9	8	2	5	7	9	14	9	14	14	11
O	9	9	11	9	1	11	3	9	7	11	2	11	10	14	9
P	14	9	9	11	9	?	1		2	14	2	14	14	9	
Q	3	9		2	2		10	14	14	14	2	11	14	14	11
R	?	14	9	9	11	9	9		14	9	9	11	9	9	9
S	14	14		7	9	9	11	14	9	14	14	9	14	9	14
T	2	9	6	7	11	11	12	7	9	9	14	9	11	13	11
U	9	11	13	8	11	11	10	9	5	5	2	11	14	14	9
V		10	9	9		9	5	14	9	14	9	14	14	4	14
W		9	9	14	14		14	1	9	14	9	9		14	9

참가자 23명에게서 수거한 총 16회기의 '도움이 되는 경험'의 개방형 질문지의 치료요인을 종합 분석한 결과는 다음 〈표 25〉와 〈그림 7〉에 제시하였다.

〈표 25〉 질문지의 치료요인 종합 평정분석표 ( )는 %

내 용	n
1요인. 이타주의	7(2.2)
2요인. 집단응집력	15(4.7)
3요인. 보편성	4(1.3)
4요인. 대인관계유형	1(.3)
5요인. 사회적 기술	7(2.2)
6요인. 생활방식에 대한 정보의 획득	2(.6)
7요인. 정화	19(6.0)
8요인. 모방	5(1.6)
9요인. 자기이해	116(36.5)
10요인. 타인이해	13(4.1)
11요인. 희망의 고취	35(11.0)
12요인. 장점의 발견	3(.9)
13요인. 실존적 요인	5(1.6)
14요인. 창조성 요인	83(26.1)
분류못함	3(.9)
합 계	318(100.0)

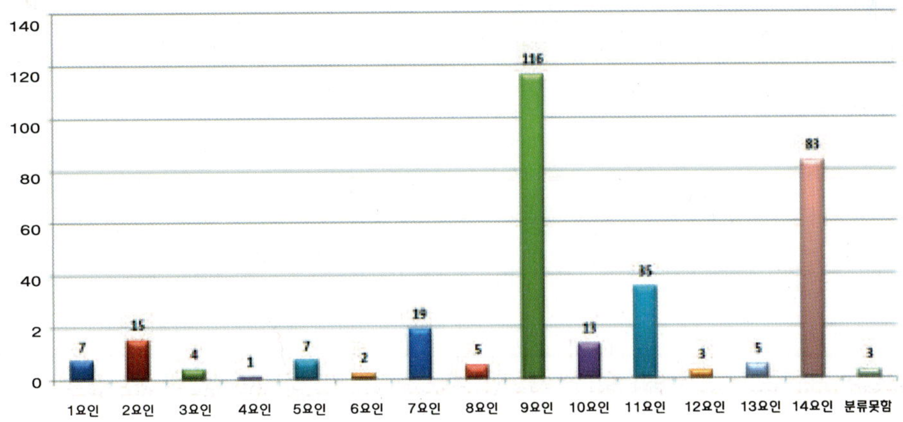

〈그림 7〉 질문지의 치료요인 종합 평정그래프

23명의 참가자에게서 수거한 '도움이 되는 경험'의 개방형 질문지 318장에서 얻은 치료요인을 종합 평정한 것을 살펴본 결과는 전체 318장의 기술문 중에서 9요인 '자기이해'는 116장(36.5%), 14요인 '창조성 요인'은 83장(26.1%), 11요인 '희망의 고취'는 35장(11.0%), 7요인 '정화'는 19장(6.0%), 2요인 '집단응집력'은 15장(4.7%), 10요인 '타인이해'는 13장(4.1%), 5요인 '사회적 기술'은 7장(2.2%), 1요인 '이타주의'는 7장(2.2%), 8요인 '모방'은 5장(1.6%), 13요인 '실존적 요인'은 5장(1.6%), 3요인 '보편성'은 4장(1.3%), '분류 못함'은 3장(.9%), 12요인 '장점의 발견'은 3장(.9%), 6요인 '생활방식에 대한 정보의 획득'은 2장(.6%), 4요인 '대인관계유형'은 1장(.3%) 순으로 나타났다.

이 연구에서는 Q-Sort 분류 및 치료요인 측정지 기술문 분석을 통해 창조성 요인이 표현예술치료에서 중요한 치료요인으로 기능하는지 확인하고자 하였다. 두 가지 방식의 연구 결과에 따르면 프로그램 참가자들은 14개의 치료요인 중 창조성 요인을 표현예술치료의 가장 중요한 요소 중 하나로 지각하고 있었다.

6. 결론 및 논의

1) 연구 결과의 요약

본 연구에서는 표현예술치료의 심리치료 효과를 검증하고 창조성이 치료요인으로 작용하고 있는가를 밝히고자 하는데 있었다. Neumann의 원형적인 의식발달 이론을 바탕으로 총 16회기로 구성한 표현예술치료 프로그램으로 심리치료적인 효과와 창조성이 치료요인인가를 확인하였다.

먼저, 표현예술치료 프로그램을 아이의 분리와 개성화 과정은 개인의 의식성장을 향한 여로로서, 남아이건 여아이건 자신의 개성을 찾기 위하여 스스로의 삶을 여행하는 '영웅'으로 보는 Neumann의 의식성장 단계별로 프로그램 회기구성을 설정하였다. 실험집단(23명)과 통제집단(20명)은 표현예술치료 연구생들로 일반 대학(원)생, 교사, 간호사, 상담사, 수도자, 사회복지사들로 구성하였다. 실험집단 참가자들에게 주 1회 3시간씩 16주 동안 총 48시간 표현예술치료 프로그램을 실시하였다.

프로그램 처치 후에 실험집단은 현실적 자아가치관의 하위요인 중 정서 안정성은 프로그램 참여 중 향상되어서 추후 측정에서도 그 변화가 유지되는 것으로 나타났다. 현실적 자아가치관의 하위요인 중 대인관계능력과 현실적 자아가치관 전체는 프로그램 참여 이후에 향상되어 유지되는 것으로 나타났다. 또한 사회 심리적 건강 수준을 측정한 결과, 프로그램 처치 후에 스트레스 수준이 낮아져서 사회 심리적 건강 수준이 향상된 것으로 나타났다. 그리고 실험집단의 Draw A Story 검사결과, 프로그램 처치 후에 정서적 안정성이 향상된 것으로 나타났다. 치료요인 분석 결과로 Q-Sort 조사 결과, 치료요인으로 정화, 자기이해, 창조성 요인이 높은 빈도를 보였다. 또한 매 회기 개방형 질문지의 기술문을 분석한 결과, 자기이해, 창조성 요인, 희망의 고취, 정화 등이 높은 빈도를 보였다. 이는 창조성 요인이 표현예술치료의 가장 중요한 치료요인의 하나라는 것을 확인해 주는 결과이다.

7. 연구 결과의 논의

이상과 같은 연구결과를 통하여, 본 연구에서 표현예술치료가 심리치료 효과가 있다는 것과 표현예술치료 프로그램 참가자들은 14개의 치료요인 중 창조성 요인을 표현예술치료의 가장 중요한 요소 중 하나로 지각하고 있는 것이 확인이 되었다. 이는 표현예술치료가 정서 안정성과 대인관계능력을 촉진하고 사회 심리적 건강을 향상시켜서 삶의 질을 높이는데 효과가 있음이 검증이 된 것이다. 나아가 표현예술치료 프로그램의 치료과정에서 창조성 요인이 치료요인으로 중요하게 작용하고 있다는 것도 검증이 된 것이다. 전체적인 연구결과가 주는 시사점은 다음과 같다.

첫째, 표현예술치료가 정서 안정성에 효과가 있다는 것이 검증이 되었다. 정서 안정성 척도는 감정의 기복과 예민성을 측정하는 것인데 이 척도에서 높은 점수를 받는 사람은 정서가 안정되어 있어서 내적인 동기에 의해 자신의 일을 추진하는 사람들이다. 본 연구 결과는 표현예술치료가 내면세계의 외면화 과정에서 창작을 통하여 개인의 심리적, 정서적 갈등을 완화시키므로 원만하고 창조적으로 살아갈 수 있도록 도와주는 심리치료법이란 타당성을 지지해 주었다. Wallace(1987)는 내면의 이야기는 감수성을 통해서만 표명하고자 하는 내용이 이야기되어 질 수 있다고 하였다. 이것은 언어차원일 뿐만 아니라 이미지를 만드는 것에도 적용된다고 하였다. 말로 나타내는 것은 우리가 경청하지 않은 이상 보통 사용하는 피상적이고 상투적이기 쉽다는 것이 언어가 가지는 위험성이다. '제우스신의 머리에서 튀어나온 아테나 여신과 같이' 언어화해야 한다고 말하는데, 여기서 언어화란 무분별하게 거친 내용을 황당하게 쏟아놓으라는 것이 결코 아니다. 무의식으로부터 나오는 내용이 실현되는 것을 허용하기 위해서는 준비가 필요하고 이 과정에서 때로는 대단한 정동적인 경험이 수반되기도 하지만 이것은 결코 'acting out'과 같지는 않다고 했다. 상관하지 않고 놔두거나 허용하는 것은 재미나는 놀이를 통해서 달성할 수 있고 이렇게 함으로써 재미있게 노는 즐거움을 느낄 수 있다. '모든 미술은 명상이다' 라는 금언처럼 모든 창조에 대한 소신을 가지고 예술매체를 통한 놀이 즉 쓰고, 긋고, 만들고, 칠하고, 동작하면서 비로소 집중이 이루어지고 마음의 평화가 찾아오고 경청이 이루어진다고 할 수 있다. 논다고 하는 것은 비목적적인 상태인데 한 개인이 성인기에 이르게 되면 이미 관념적으로 조건화되어 있어서 스스로 개방된 상태로 들어가는 것이 자유롭지 않다. 여기에 대한 대처방안이 노는 것이라고 할 수 있다. 이것은 아주 진지하게 놀고 재미있게 작업하는 것을 말한다. 더 깊은 상태, 조건화되지 않은 상태가 우리에게 메시지를 전달할 수 있도록 잠시 옆에 비켜서 있어야 한다. Jung(1966)은 '창의적인 마음은 그가 사랑하는 대상과 노는 것이다.' 라고 하였다. 치료라는 의미에서 다양한 예술매체를 활용하는 표현예술치료가 조건화된 모든 지식들을 허공 속으로 던지고 어린아이처럼 되는 비움의 도구가 되는 것을 볼 수 있었고 방해자 없이 예술매체를 잡고 조용히 긋고, 만들고, 칠하고, 놀면서 마음의 평화를 찾아가는 것을 볼 수 있었다. 이와 같이 본 연구의 결과는 표현예술치료가 정서 안정성에 효과가 있다는 것이 검증되었으며, 정서적인 문제를 가진 모든 내담자들에게 광범위하게 효과적으로 활용될 수 있음을 시사하고 있다. 집단표현예술치료 프로그램이 정서적인 문제를 중심으로 효과가 검증된 것으로 아동과 청소년 집단 사례(옥금자, 1999; 김미애, 2004; 이귀연, 2007; 윤경미, 2010)가 있다. 본 연구는 Neumann의 의식성장 단계별로 회기를 구성하였고 남녀 성인을 대상으로 한 집단 표현예술치료 프로그램으로서 그

효과가 검증되었다는 점에서 의의가 있다. 참가자들은 본 연구에서 구성한 표현예술치료 프로그램의 회기별에 따라 의식성장의 발달이 점진적으로 이루어졌고 집단상담 형식의 나눔의 장에서 집단원들의 지지와 피드백이 치료의 상승효과를 가져옴으로서, 자연스러운 자기개방과 자아의 안정으로 정서의 회복이 이루어졌다고 본다. 본 연구결과의 개방형 질문지에서 정서안정성 향상의 예를 살펴보면 "긍정적으로 자신을 돌아보게 되고" "내 자신이 편안함을 느꼈다." "심리적으로 안정되어 감을 느끼며" "편안함을 찾아가는 느낌" "자신감도 생긴 것 같고" "서로 등대는 것도 좋았고" "주변이 아름답고 정답게 다가온다."에서 잘 나타나 있었다.

둘째, 대인관계능력의 향상에 효과가 있다는 것이 검증이 되었다. 대인관계의 장애는 사회구성원들과 더불어 생활해 나가는데 상당한 고통을 준다. 신 프로이드 학파(Fromm, Sullivan)는 사회심리적인 측면에서 인격형성에 영향을 주는 외부요인으로서 대인관계에 큰 관심을 두었으며 신경증을 대인관계의 불안에 의해 야기된 것으로 보았다. 상징적 상호주의 학파(Cooley, Deuey)는 대인관계를 사회적 소산으로 보았으며 경험적이고 사회적인 자아에 초점을 두고 자아의 형성이 개인과 상호작용을 통하여 이루어진다고 강조 하였다. 인본주의 학파(Rogers, Maslow)는 개인의 지각의 차이가 대인관계 양상을 결정짓는다는 전제하에 대인관계의 적절성 및 효율성에 관하여 언급하고 있다. 대인관계에서는 초기경험을 중요시하며 집단의 역동성을 사용하여 인간관계를 특징짓고 비교적 안정된 에너지의 변형형태로 인간이 뚜렷하게 존재하게 된다. 개인은 만족스러운 대인관계를 통하여 보다 풍부하고 완성된 인간으로 성장, 발달하게 되며 경험하게 되는 인간관계의 질과 양에 따라 개인은 자기성장뿐만 아니라 대인관계에 지대한 영향을 받게 된다. 나아가 대인관계가 누적되어 생기는 일종의 공항상태가 정신분열병이라고 주장하는 만큼 개인에게 있어 대인관계능력은 사회구성원으로서 매우 중요하다. 표현예술치료가 정서변화의 조건이 되어 대인관계에 변화를 가져온다는 정영희(2004)연구는 정신분열증 환자가 대상이라는 점에서 본 연구와 인적사항이 다르지만 표현예술치료가 대인관계에 효과가 있음을 보고하였다. 본 연구의 참가자들은 정상의 남녀 성인들로 프로그램이 진행되었으며, 참가자들은 프로그램 회기가 진행됨에 따라 회기 중 획득한 자율적인 자아의 발달을 사용하게 되면서 대인관계능력의 향상을 보였다. 나아가 치료자 및 집단원들과의 지지적이고 만족스러운 관계를 통하여 부적절한 초기경험을 회복시켰다고 보았다. 본 연구결과의 개방형 질문지에서 대인관계능력의 향상의 예를 살펴보면 "모나지 않고 원만한 대화를 이끌어 갈 수 있을 것 같아요." "화합하는 모습" "다른 사람의 이야기를 들어주는 방법을 배운 것 같습니다." "처음 만나는 사람들과 어색하지만 말해주는 방법을 익혔던 시간" "다른 사람 앞에서 나를 내놓고 표현하는" "다른 선생님의 이야기를 들어줄 수 있어서 좋았습니다." "타인을 내가 위로해줄 수 있고 마음으로 공감할 수 있어서" "관계지향, 나눔, 세상 속에서 함께하기 등으로 마음이 편안해지고 따뜻해진다."에서 잘 알 수 있었다.

셋째, 현실적 자아가치관 전체의 향상이 검증이 되었다. 다섯 개의 소척도를 종합하는 현실적 자아가치관 전체가 향상된 것에는 소척도 중에서 각각으로는 유의미한 차이가 나지 않는 자기존중감, 문제해결능력, 대인신뢰감의 점수가 포함이 되어서 총 자아가치관 점수가 향상이 되었다. 현실적 자아가치관 전체는 프로그램 참여 이후에 향상되어 지속적으로 유지되는 것으로 나타났다. 총 자아가치관 척도에서 높은 점수를 받은 사람은 대인관계가 편안하며, 문제에 부딪혀도 합리적으로 침착하게 잘 처리하며, 삶이 대체로 행복하고 만족스럽다고 느낀다. 본 연구결과의 개방형 질문지에서 자아가치관 전체의 향상의 예를 살펴보면 "목표도 확실해져서 하루하루 즐겁습니다." "남편에게 적극적으로 애정표현을 하고 싶다." "다시 한번 정성들여 살려보고 싶다." "나를 변화해 보고 싶다." "내적인 면을 새로이 채우고 싶다."에서 잘 알 수 있었다.

넷째, 사회 심리적 건강 수준의 향상이 검증이 되었다. 사회 심리학자인 Fromm (1950)은 건강한 정신은 건강한 사회에만 있을 수 있으므로 개인의 정신 건강은 사회의 건강과 떼어놓고 생각할 수 없다고 주장하였다. 또한 현대에 와서 일반화 되어가는 신경증상이나 정신적 불안은 개인적인 정신분석으로 해결될 수 없다고 피력하였다. 스트레스 장애를 위한 표현예술치료가 직접적인 표현인 언어보다는 이미지 차원인 비언어적인 작업으로 덜 위협적이라는 것이 관련학자들에 의해 추천되어 연구되어지고 추세이다. 표현예술치료에서 예술은 치료자의 현실과 내면세계 혹은 과거의 경험을 잇는 다리 역할과 더불어 치료자와 내담자를 연결하는 중간대상이다. 또한 예술은 유아시절의 상태로 안전한 퇴행을 가능하게 하고 창작을 통하여 이러한 상태에서 요구되는 전면적으로 신뢰할 수 있는 양육자, 즉 상징적인 어머니 역할을 치료자가 해 줌으로서 병리적인 정신 상태로부터 분리하게 되는 것이다. 그리하여 자신이 삶의 주인공으로서 다시 새롭게 살아간다는 것을 느낄 수 있게 되면서 사회 심리적 건강 수준이 향상되는 것이라고 본다. 나아가 집단상담 형식의 나눔에서 집단원들이 동질성을 가진 목격자로서 한 강한 지지와 피드백이 주요한 영향을 끼쳤다는 것은 각 치료요인들이 상호 작용하여 치료의 과정 요인들을 상승적으로 촉진시킴으로써 표현예술치료의 효과를 증대 시켰다고 생각되었다. 스트레스를 경험하고 있는 개인은 약한 지지를 받는 것 보다 강한지지를 받을 경우에 심리적 및 신체적 증상을 적게 나타낸다는 연구(Dunkel-Schetter외, 1999)는 사회적 지지가 얼마나 중요한 치료기제인가를 밝힌 연구였다. 본 연구결과의 개방형 질문지에서 사회 심리적 건강 수준이 향상된 예를 살펴보면 "상대방이 뭔가 힘을 얻을 지지를 해주는 것은" "활기차고 희망찬 이야기를 많이 들었다." "머릿속을 가득 메우지 않아" "좀더 자신 있게 살면 되겠다." "더 이상 그 추운 시절에 유령처럼 배회하지 말기를" "살아보자는 생각을" "새로운 좋은 감정을 싹 띄울 수 있어서" "날 사랑해 줘야지" "내안에 있는 따뜻함의 기억" "드디어 바보 같은 나도 사랑하고 싶은 생각이 들었구나!" "외로움과 쓸쓸함을 털어버리는 시간" "공감적인 한 마디의 힘이 크다는 것을 느꼈습니다." "얼마나 힘들었겠냐는 말이 가장 강하게 다가왔습니다."에서 잘 나타나 있었다.

다섯째, Draw A Story 검사에서 정서적 안정성의 향상이 검증이 되었다. Draw A Story의 한 사례를 살펴보면 사전 Story는 "여자는 죽고... 여자의 의식은 무로 돌아간다. 몸은 그냥 점점 옅어지더니 공기가 하나가 되고... 침대 위의 이불은 천천히 여자가 차지했던 자리만큼 내려앉는다" 였는데 (1점), 사후 Story가 "고양이가 한껏 털을 곤두세우고 위협하는 듯한 포즈를 취하고 있다. 하지만 표정은 장난스럽다. 그리 심각하지 않고 장난을 치고 있는 것이다. 두려움보다는 흥미로움을 갖고 올려다보고 있다."로(4점) 강한부정에서 중간긍정으로 정서적 안정감의 향상을 알 수 있었다. 인용된 예와 같이 예술매체는 개인이 알지 못하는 정신세계를 적절하게 일깨울 뿐만 아니라 그 내용을 의식적인 삶속으로 가져올 수 있는 적절한 도구가 된다. 이런 과정을 통하여 개인은 역사적인 진실까지도 포함하는 자신의 진면목을 대면하게 되는 정신적인 경험을 하게 되며 동시에 치료적인 경험을 하게 된다. 그러나 적극적 상상을 통하여 무의식의 내용물을 개방시키는 것에는 긍정적인 보상 이외에 위험도 따른다. 그럼에도 불구하고 Jung(1931)은 무의식으로부터 나온 심상을 탐구하면서 발견했던 심리학적 가치를 피력하였고, 궁극적으로 창작활동이 문제적인 상황에 대한 성찰을 주는 것에 있어서 더 이상 이차적인 것이 아닌 중심적인 활동이라는 것을 주장하였다. 치료 상황에서 물감과 붓으로 여러 시간 씨름해서 어떤 것을 그려내는 작업은 심리치료사와 함께 대화를 함으로써 문제적인 부분이 이야기되어지고 떠나보내는 것과 같은 의미를 지닌다고 할 수 있다. 인용된 예와 같이 Draw A Story 점수가 강한부정에서 중간긍정으로 정서가 안정 되었다는 것은 문제적인 부분을 떠나보냈다는 것을 시사하고 있었다. Draw A Story 검사를 사전, 사후로 실시하여 표현예술치료의 효과를 검증 한 사례(김진숙, 2008; 성효숙, 2010)로 PTSD 아동과 부상자를 대상으로 한 것이 있다. 이 연구들은 표현예술치료가 PTSD 내담자에게 치료적인 효과가 매우 높다고 보고 하였다. 본 연구결과는 양적평가로 효과를 검증한 것이어서 분석방법이 다르고 자기 보고식 검사(현실적 자아가치관 검사)와 함께 정서 안정성에 대한 프로그램의 효과를 반복 확인했다는 것에 가치를 둔다. Silver의 Draw A Story 검사는 미국에서 1028명의 아동, 청소년, 성인에게 실시한 결과에 기초하여 신뢰할 수 있는 것으로 평가되고 있다.

여섯째, 표현예술치료 프로그램 참가자들은 14개의 치료요인 중 창조성 요인을 표현예술치료의 가장 중요한 요소 중 하나로 지각하고 있는 것으로 확인이 되었다. 본 연구결과의 개방형 질문지에서 창조성 요인의 예를 살펴보면 "처음엔 검은색으로 죽은 이를 표현하려고 했는데 생각이 바뀌어서 노랑색으로 칠했다. 노랑은 언제나 내가 추구하는 빛의 이미지다." "내 안의 생각을 꺼내어 만들어 본 것에 만족!" "나의 모습을 솔직하게 표현해보고 객관적으로 들여다 볼 수 있는 시간이었으며 나의 창의력에 놀라는 순간이었다." "영혼의 울림을 들을 수 있도록 오픈해야 한다." "내가 태양이 되어서 태양에서 뿜어져 나오는 강한 기운을 나도 가져보면서" "새로운 출발을 표현했네요. 힘과 용기가 있는 모습이어서 기운이 나요, 파이팅!"에서 잘 알 수 있었다. 인용된 예를 살펴보면 표현예술치료의 창조성 요인이 우리의 내면의 괴물들을 창조적이고 긍정적인 행동을 할 수 있는 에너지로 변화시킨 것을 볼 수 있다. 이것은 Jung(1956)이 언급한 연금술사의 아타노르(Athanor), 헤르메스의 용기(Vas Hermeticus)로서 표현예술치료의 창조성 요인은 긍정적인 에너지로 변하게 하는 리비도의 변환과정의 모체가 된다고 할 수 있다. 즉 죽음에 들어갔다 나오는 영웅들, 물고기 뱃속으로 들어갔다 나오는 요나, 무덤에 들어갔다가 살아 나오는 예수님처럼 희생을 통한 변화, 또는 모성원형으로의 회귀를 통한 리비도의 변환은 새로운 세상의 창조로 이어지게 되는 것이다. Freud의 정신분석은 어떻게 자아가 위험한 무의식의 충동을 승화시키는가를 강조하였지만 Jung은 어떻게 자아가 무의식의 창조성을 받아들이느냐에 집중하였다. 왜냐하면 무의식의 심상이 지적, 정서적으로 이해되고 의식적으로 통합되어서 윤리적으로 동화되고 감지되어지는 그 무엇으로 실제로 연결되어야 치료가 되기 때문이다. 즉 Jung(1959)은 원형은 상징을 통하여 의식세계 속의 경험으로 체험되어야만 원형이 가지는 긍정적인 에너지가 풀려나온다는 것이다. Wallace(1987)는 이러한 원형적인 차원의 정신내면을 창조의 근원(Creative Source)이라고 부르고, 이 내용을 자연스럽게 외면화시키는 과정은 언어차원으로는 불가능하고 이미지나 신체를 통한 다양한 창작활동으로서만 가능하다고 주장하면서 "내면세계를 알면 그 앎이 당신을 구제해 줄 것이고 당신이 알려고 노력하지 않은 내면세계가 당신을 파괴할 것이다"라는 도마서에 나오는 구절로 예술매체의 창조성의 치료성을 집약하였다. Whitehouse(류분순, 2000)는 활동적인 상상력의 한 형태로 신체의 경험을 풍부하게 사용하게 되는데 그렇게 함으로써 신체동작이 무의식을 평가하고 의식 속으로 통합해 주는 강력한 도구임을 강조하면서 신체동작을 생성해내는 창의적인 과정이 핵심적인 치료과정이라는 생각을 강조해준다고 하였다. 이와 같은 다양한 예술매체가 주는 치료의 요인으로 본 연구결과에서 창조성 요인을 확인한 것은 표현예술치료 프로그램을 활용하는 모든 치료자에게, 내담자들에 대한 이해와 치료목표를 위해 시사하는 바가 매우 크다고 하겠다. 집단미술치료의 치료요인 척도를 개발한 남정현(2008)은 치료요인 척도의 확인적 요인분석 결과 '자기이해와 통찰', '긍정적인 관계경험', '상호작용을 통한 경험', '미술매체'의 4개의 구성개념으로 이루어졌다고 밝혔는데 이 중 미술매체가 가지는 특성이 하나의 중요한 치료요인으로 작용하며 집단원들을 이해하고 집단미술치료의 방향을 잡아나가는데 도움을 줄 수 있을 것이라고 밝혔다. 본 연구는 미술매체뿐 아니라 다양한 예술매체를 활용한다는 것에 의의가 있으며 치료성이 더 크다고 하겠다.

일곱째, 각각의 치료요인 분석결과, 공통으로 나타나고 빈도가 가장 높은 것으로 대표적인 것은 자기이해와 창조성 요인이었다. Yalom(1995)의 집단 치료요인 분류체계에 비추어보면 자기이해는 지적인 요소, 통찰에 해당한다. 정서적 경험이 치료적이기 위해서는 그 경험을 되돌아보는 것, 인지적인 이해, 통찰의 경험이 필수적이라는 연구(Yalom & Miles, 1973)가 있다. 이는 언어로 하는 집단 상담이기에 본 연구의 비언어적인 표현예술 치료와는 다르다. 그러나 표현예술치료도 이미지 차원 다음에는 언어 차원이기 때문에 집단상담의 치료요인이 집단표현예술치료에도 작용한다는 사실이 치료현장에서 드러나고 있다. 언어집단과 예술집단의 치료 요인으로 집단 응집력, 정화, 사회기술을 밝혀냈고 예술집단만의 치료요인으로 자기 이해를 밝힌 연구(Scechtman, Ofraperl-Dekel, 2000)가 있다. 본 연구 결과의 개방형 질문지에서 자기이해 요인을 살펴보면 "나의 고통의 일부이자, 고통의 뿌리를 내가 토해내고 싶은 거구나." "아직도 파랑새만 쫓고 있는 현실에 발 디디지 못한 내 자신의 모습이 보였다." "나도 모르는 습관에 대해 알게 되었다." "내 안에 들어있는 여러 가지 달란트, 욕망을 표출하고 싶은 욕구가 있다." "화려하게 살고 싶은 나의 또 다른 자아 같았다." "욕심 부리고 있었다는 생각이 든다." "내 속에 이런 면이 있었나 하는 생각이 들어 의아했던" "놀랍기도 하고 신기하고 남다른 느낌" "자신의 모습을 최대한 긍정적으로 보고 있는 모습" "나도 모르는 잠재 되어있는 것이 그림과 대화를 통해서 나타나는 것이 신기했다." 에서 잘 나타나고 있었다. 표현예술치료에서 활용하는 적극적 상상은 무의식의 내용을 자발적으로 현시화 하게 하는 분석심리학적인 치료의 방법으로써 시각적 이미지뿐만 아니라 신체-동작, 음악, 또는 시 등을 효율적으로 사용한다. 여기서 Jung은 예술 활동을 통한 적극적 상상에 관여하는 과정에서 나타나는 작품을 '예술'이라고 부르지 말아야 한다고 했다. 그 이유가 적극적 상상의 관심은 깊은 자기이해와 치유에 두고 있지 예술의 심미적 측면이 아니라는 점 때문이라고 하였다. Wallace(1987)는 'Healing throuugh the Visual Arts' 라는 논문에서 자기 내면의 앎은 언어 차원으로는 불가능하고 여러 가지 창작활동으로서만 가능하다고 강조하였다. 인간 정신의 정동적인 느낌은 주로 비이성적인 표현으로 통제할 수 없을 정도로 강하게 표현된다. 이러한 느낌은 우리 마음 깊은 곳에서 전달되어 오는 첫 번째 신호이다. 우리가 예술작업을 통하여 감정에 휩쓸리지 않고 거리를 둘 수만 있다면, 이것은 무의식과 의식사이의 대화로 이어질 수 있는 자기이해의 자료가 될 수 있다. 이러한 작업이 가능하게 하기 위해서는 먼저 정서적인 내용을 특정한 형태를 갖춘 상징이나 이미지로 표현하게 하여 격렬한 느낌을 감소시켜야 한다. 나아가 무의식의 메시지를 이해할 수 있는 언어차원으로 표현되도록 해야 한다. 즉 치료적인 변화를 위해서 무의식을 이해하는 상태에 머무는 것이 아니라 이해한 것을 실제의 삶 속으로 가지고 와야만 하는 것이 필요한 과제이다. 이러한 자기이해에 대한 탐구는 진정한 변화의 힘인 '관계'와 같은 무언가 다른 것이 발달하는 동안의 회반죽 같은 역할이다. 자기에 대한 지식은 우리 자신의 모든 부분을 통합하게 하고 모호함을 줄여주며 효능과 숙달감을 갖도록 해주면서, 우리 자신에 대하여 최고의 이익이 되게끔 행동할 수 있도록 한다. 끝으로 이러한 자기이해는 표현예술치료의 창조성 요인과 떨어질 수 없는 상호작용을 하면서, 의식적인 알아차림을 하게하고, 확장시키고, 내적인 양극단을 통합하게 하고, 자신의 독특한 특성들을 인정함으로써, 자기역량의 강화단계로 인도하고 있다. 결과적으로 Creative Source의 내용이 자기이해를 가능하게 하는데, 이러한 내용들을 자연스럽게 외면화하게 하는 표현예술치료의 창조성 요인은 매우 중요한 치료요인이 되고 있는 것이다. 그래서 두 요인은 표현예술치료의 치료요인으로서 가장 높은 빈도로 나타나지 않을 수 없으며, 이로 인해 본 연구 결과가 시사하는 바는 매우 크다고 하겠다.

8. 연구의 의의와 제한점

1) 연구의 의의

첫째, 표현예술치료 프로그램을 Neumann의 의식성장 단계별로 프로그램 회기를 구성한 것에 의의를 둔다. 아이의 분리와 개성화과정은 자신의 의식성장을 향한 여로로서 우로보로스-낙원단계, 일차적 모성단계, 이차적 모성단계, 토양적-내외생식기단계, 마술적-창조적 단계, 달-순환적 단계, 달-직관적 단계, 영웅의 여로-신성한 결혼, 영웅의 여로-자아, 자기의 축 단계로 구성하였다. 프로그램의 회기가 진행됨에 따라 집단원들은 자신들의 삶의 주인공으로서 자신의 노력을 다해 의식성장을 향해 가는 것을 볼 수 있었다. 이와 같이 분석심리학적 개성화 과정의 표현예술치료 프로그램이 의식성장을 위한 치료현장에서 널리 활용이 되기를 기대한다.

둘째, 정상인인 남녀성인을 대상으로 16주의 표현예술치료 프로그램을 진행하여서 사전, 사후, 추후검사를 실시하여 심리치료 효과를 검증한 것에 의의를 둔다. 정서 안정성과 대인관계능력과 현실적 자아가치관 전체의 향상과 그리고 사회 심리적 건강 수준의 향상에 효과가 있다는 것이 검증이 되었다. 이는 내담자의 심리적 건강과 삶의 질을 향상하기 위해서 매우 중요한 심리치료 기제가 된다. 이러한 시사점은 예방적인 차원에서도 활용될 수 있을 것이다. 예컨대, 남녀 대학생 집단, 결혼을 앞둔 남녀, 부부 및 다양한 가족치료에서도 변형하여 활용되기를 기대한다.

셋째, 창조성 요인이 표현예술치료의 가장 중요한 치료요인의 하나로 확인한 것에 의의를 둔다. 집단상담의 치료요인에 연구자가 창조성 요인을 보완하여 전문가의 객관적인 평정을 거쳐 확인하였다. 이전까지 표현예술치료의 치료요인을 밝힌 연구가 전무하다는 것에 큰 의의를 둔다. 이는 표현예술치료의 효과를 높이는데 매우 중요한 자료가 되며 내담자에게 긍정적인 촉진을 시켜 내담자와 함께 치료목표를 달성하는데 매우 중요한 영향을 미친다고 생각된다. 향후 표현예술치료의 프로그램을 진행하는데 집단치료자가 활용하기를 기대한다.

2) 연구의 제한점 및 앞으로의 과제

첫째, 본 연구에서는 실험집단과 통제집단을 연구생들로 구성하여서 프로그램 진행자와 연구자가 동일하다는 한계점이 있다. 총 16회기로 매주 1회 3시간씩 장기간 진행되었고 추후검사까지 실시하는 조건이었기 때문에 실험연구를 할 집단을 찾기 어렵다는 실제적인 문제가 있기 때문에 연구생들로 진행하였으나, 그로 인해 진행자의 변인이 효과에 미친 영향을 배제하지 못하였다. 개방형 질문지의 기술문을 살펴보면 진행자에게 시선을 맞춘 내용들이 있었다. 본 프로그램 효과에 진행자 요인이 크든 작든 영향을 미쳤을 것으로 보인다. 향후 후속연구에서는 연구생들이 아닌 실제 치료집단으로 연구가 수행되어야 할 것이며, 진행자의 태도 변인이 치료현장에 미치는 영향을 검토하면 중요한 시사점을 얻게 될 것으로 생각한다.

둘째, 본 연구에서는 현실적 자아가치관의 다섯 개 소척도 중에 자기존중감, 문제해결능력, 대인신뢰감에 유의한 차이를 얻지 못하였다. 세 척도는 사후, 추후검사의 공변량 분석에서 효과는 나타났지만 유의하지는 못하였다. 그 중에서도 대인신뢰감 점수는 미미하였다. 이를 보면 프로그램 중 창조성 요인과 자기이해 요인과 집단원들의 지지와 피드백은 정서 안정성과 자기개방에 따른 대인관계능력에 치료효과를 주었지만 대인신뢰감에는 크게 역부족이었다는 생각이 든다. 이점에 대해서 향후 연구에서 검토해볼 필요가 있다.

셋째, 본 연구에서는 남녀 집단을 따로 구성하지 못하는 실제적인 문제 때문에 성차에 따른 비교연구를 할 수 없었다. 표현예술치료 프로그램을 남성만의 집단을 구성해서 16주를 진행한다는 것이 실제적으로 어려움이 있었다. 의식발달과정이 아동기부터 남녀가 다르게 나타나는데 본 프로그램으로 성차에 따른 비교연구를 하여 남녀 차이의 변화여부를 확인하면 중요한 시사점을 얻게 될 것으로 생각한다.

넷째, 본 연구에서는 실험집단에 추후검사로 DAS 그림검사를 실시하지 못하였다. 프로그램 종료 후 모든 추후검사는 이메일을 사용하였기 때문에 이메일을 통한 그림검사는 신뢰도가 떨어지므로 연구자의 판단으로 제외시켰다. 향후 후속연구에서는 추후검사까지 DAS 그림검사를 실시하여 양적평가로 비교해 보기를 제언한다.

•부 록•

치료요인 분석사례

치료요인 분석 사례

회기	도움이 된 경험 내용	평정
1	혼란스러운 상황이 정리됨을 볼 수 있었으며 아직 분노가 남아 남아있고 좀더 안정된 상태를 원함.	자기이해
2	나의 삶의 어떤 문제: 아쉬움이 있는가? 아마도 진한 연애에 대한 동경은 아닐까? 한번 생각해 본다.	자기이해
3	이름을 통하여 누구의 아픔이나 성격, 꿈, 가정 환경 등을 알 수 있는 시간, 특히 가족 경험을 나누기에 좋은 시간이었다.	타인이해
4	평소 남편에 대해 깊게 생각해 보지 못했는데 얼마나 크게 남편을 생각하는지 알게 되었고...	자기이해
5	옛날만큼 사고 싶은 물건이 머릿속을 가득 메우지 않아 스스로 나아지고 있구나 하는 생각이 든다.	희망의 고취
6	긍정적으로 자신을 돌아보게 되고 미래를 희망하는 삶이 즐겁습니다.	희망의 고취
7	서로 등대는 것도 좋았지만 옆 팀과 마주보는 느낌도 좋았다. 서로의 생활을 안다는 것도 좋다.	집단응집력
8	최근 1-2년은 사랑을 포기했다. 다시한번 정성들여 살려보고 싶다. 어머니 사랑하고 싶어요.	정화
9	하나의 또 다른 작품이 경이롭고 나의 분노가 누그러지고 새로운 좋은 감정을 싹 틔울 수 있어서 좋았다.	창조성요인
10	나 자신에게 휴식을 주며 지금 현재 나를 좀 더 사랑해주고 격려해줘야겠다.	자기이해
11	너무 집중하느라 시간가는 줄 모르고 사람들과 어울려 작업하는 건 넘 즐거워요.	집단응집력
12	꽃이 가득한 꽃밭에 누워있는 모습을 표현해 주고 싶었는데 꽃 표현이 부족해서 아쉽다.	창조성요인
13	여자는 언제 어디든 꾸며야 아름답고 사랑받으며 관리를 열심히 해야겠다고 다짐하게 되었다.	사회적기술
14	항상 시간에 쫓기며 살며 일탈을 꿈꾸는 내 모습을 본다.	자기이해
15, 16	표현예술치료를 통해 내 자신의 길을 찾은 것 같고 목표도 확실해져서 하루하루 즐겁습니다.	희망의 고취

회기	도움이 된 경험 내용	평정
1	나의 생각을 다시 한번 생각하는 시간이 된 것 같다.	자기이해
2	내가 힘들어서 휴식이 필요하다고 생각하고 만든 찻잔 안에서 편안함을 찾아가는 느낌이다.	창조성요인
3	가슴에 묻어두었던 이름 석 자, 다시 거론하면서 내 속에 알 수 없는 찐한 기분이 들었다.	자기이해
4	영혼의 울림을 들을 수 있도록 오픈해야 한다. 각자 본인이 감추고 있었던 아픔을 털어놓을 수 있는 이 시간이 너무 소중하고 감사합니다.	정화
5	나도 모르는 잠재되어있는 것이 그림과 대화를 통해서 나타나는 것이 신기했습니다.	자기이해
6	예전보다 나아지고 있다고 생각했는데 아직까지 나 자신을 남들에게 보여주고 싶지 않은 마음이 있다는 것을 확인.	자기이해
7	살아가면서 원치 않는 상황에 처했을 때 모나지 않고 원만한 대화를 이끌어나갈 수 있을 것 같아요.	사회적 기술
8	다각적으로 나를 이해하고 표현함으로써 내 마음을 한번 어루만져 줄 수 있었던 것 같다.	창조성요인
9	커다란 종이에 여러 명이 각각의 생각을 채워가면서 또 자연스레 화합하는 모습이 좋았습니다.	타인이해
10	붓의 부드러움, 자제하기 힘든 역동감, 한번 긋기 시작하는 붓은 멈추기 힘듦. 복잡했던 마음이 먹 향으로 정리되는 느낌. 편안함을 느낄 수 있었던 시간이었다.	창조성요인
11	생명, 감정, 만남, 자아.....그래서 탄생 .생명의 탄생. 감정의 탄생. 자아의 찾음으로 새로움. 올챙이 알을 통한 가장 약함에서 탄생을 표현. 새로운 경험. 느낌. 기분이...	창조성요인
12	새삼 내 몸이 이렇게 생겼구나. 놀랍기도 하고 신기하고 뭔가 남다른 느낌도 들었다.	자기이해
13	나에게는 외형도 중요하지만 내면의 평화가 더욱 가치 있다는 생각이 들었다.	자기이해
14	나의 모습을 솔직하게 표현해보고 객관적으로 들여다 볼 수 있는 시간이었으며 나의 있는 창의력(?)에 놀라는 순간이었다.	창조성요인
15,16	가져온 가면은 여성스럽고 조금은 화려한 느낌이라면 표현한 가면은 남성적이고 힘이 넘친다. 표현된 가면이 더 마음에 들었어요.	창조성요인

회기	도움이 된 경험 내용	평정
1	나를 알고 있었지만 확인이 되었다. 친구들이 나에게 갖는 불만을 이해할 수 있었다.	자기이해
2	평소에 생각해오던 것들이 자연스럽게 표현이 되었다.	창조성요인
3	내 자신을 한층 더 업그레이드 될 수 있게 자신 있는 나로 발전해야겠다.	희망의 고취
4	사람의 생각은 모두 다르다는 사실과 나와 다르다는 것을 받아들어야 한다는 것을 생각했다.	실존적요인
5	타인을 내가 위로해줄 수 있고, 마음으로 공감할 수 있어 앞으로 시간이 더 기대됩니다.	이타주의
6	다른 사람들의 인생의 계획들을 들으면서 각자의 인생에서 많은 계획은 내게는 도움이 되었다.	모방
7	누군가에게 무엇인가를 해줄 수 있는 것이 있다는 것이 나에게도 있었다는 것이 새롭게 느껴졌던 기회였다.	이타주의
8	내 자신이 무엇에 대해 깊이 생각하는 모습이 부족한 것 같다. 너무 쉽게 생각하는 것은 아닌지, 쉽게 돌멩이도 가져오고, 어찌보면 상상력에 문제가 있는 것 같구, 너무 단순한 것 같구...	자기이해
9	그래도 각자가 가지고 있는 생각을 모두 표현하고 난 후의 작품이 모두 잘 어울려서 신기하기도 하고 자기만족도 됐습니다.	창조성 요인
10	요즘하는 고민들과 나의 정신세계, 심정이 나오면서 그것들을 보면서 스토리를 만들었다.	자기이해
11	소재에서 주는 귀함, 값비쌈이 느껴졌으며 보물, 소중한 것이 떠오르게 되었고 쇼핑백 속에 담긴 소중한 보물을 그렸다.	창조성요인
12	가벼운 몸, 공중위로 날고 있는 모습, 하하 상상을 하다 보니 무리인 듯 해요. 푸른 풀밭에 편히 누워있는 모습, 자연의 소리, 바람을 느끼며... ... . 아~~ 행복해	창조성요인
13	시간이 갈수록 맘이 편해짐을 느낄 수 있었고 천국에 대한 만다라가 그려졌다.	창조성요인
14	내 자신에게 화가 난다. 하지만 날 사랑해줘야 내면에서 힘이 나리라는 걸 알기에 그럼에도 불구하고 날 이해해줘야지...	자기이해
15,16	핑크빛 얼굴에 화려하게 보석이 있고 반짝거리게 꾸몄는데 화려하게 살고 싶은 나의 또 다른 자아 같았다.	자기이해

회기	도움이 된 경험 내용	평정
1	여러 사람을 알아볼 수 있어서 좋았음. 저마다 생각과 그리는 방법이 여러 가지 임을 알았다.	타인이해
2	나의 고통의 일부이자 고통의 뿌리를 내가 토해내고 싶은 거구나 란 생각을 했다. 표현해 내고 토해내고 뱉어냄으로써...	자기이해
3	어린 시절부터 성인까지 내가 자신 없어 했던 이름이 지금은 나에게 어떤 의미인지 다시 생각해보는 계기가 되었다.	자기이해
4	아버지 오빠들에 대한 감정을 많이 생각하게 됐으며 나도 모르는 습관에 대해 알게 되었다.	자기이해
5	미술매체의 경험에 따라, 내 안에 들어있는 생각해 보지 않았던 새로운 기쁨을 만나고 있는 것 같다.	창조성요인
6	많이 나눔을 생각하시는 분들의 모습에서 나 자신을 돌아보고	모방
7	말이 많지 않은 나인데 상대에 따라서 내가 대화를 주도하는 역할을 할 수 도 있다는 경험을 했고...	장점의 발견
8	감정표현을 통해 마음속 응어리가 조금씩 풀리는 것을 느끼며 그림의 위력을 느낍니다.	창조성요인
9	단체로 작업을 하면서 서로 같이 하나의 주제를 향해 가는 작업에서 편안함을 느꼈어요.	창조성요인
10	혼란스러운 느낌이었는데 색을 칠하고 나니 교회 창문 같아서 편안하고 고요한 느낌에 아주 만족했습니다.	창조성요인
11	더불어 사는 세상 속에서 함께하기 등으로 마음이 편안해지고 따뜻해진다.	집단응집력
12	표현예술은 신기하다. 준비하지 않아도 알게 모르게 내 심리를 전달하게 하는 힘을 가졌다. 난 새로운 탄생 비상을 꿈꾸며 또 다른 나를 완성했다.	창조성요인
13	생각을 표현하는 재미가 있습니다. 나의 소망을 표현하면서 그리될 거라 믿습니다. 조화 속에 하나 되는 세상이 되길 바래요.	창조성요인
14	나에 대해 알 수 있는 활동이었다. 외면보다 내면에 더 많은 신경을 기울이는 것 같다.	자기이해
15,16	가면을 만들며 내 자신을 돌아보며 많이 혼란스러웠다. 아직도 파랑새만 쫓고 있는 현실에 발 디디지 못한 내 자신의 모습이 보였다.	자기이해

회기	도움이 된 경험 내용	평정
1	나 자신을 더 잘 알게 되었고, 또 그런 나의 이야기를 나누면서 그런 나 자신에 대해 담백하게 바라볼 수 있었다.	자기이해
2	지점토를 이용해 사물을 만들고 배경그림을 그렸는데 평소에 생각해오던 것들이 자연스럽게 표현이 되었다. 잠재 되어있는 생각들을 꺼내어 볼 수 있어서 참 좋았다.	창조성요인
3	어렸을 때의 사건으로 지금은 나도 모르게 누가 내 이름을 강하게 소리 내어 부르는 걸 싫어 한다는 걸 알게 되었다.	자기이해
4	나비의 의미가 새롭게 다가왔고 좀 더 자신 있게 살면 되겠다는 마음이 듭니다.	희망의 고취
5	내안에 있는 따뜻함의 기억을 발견할 수 있었다.	자기이해
6	활기차고 희망적인 이야기를 많이 들었다. 그림자체가 많이 밝아진 것 같다.	희망의 고취
7	상대의 표정이 변하는 것을 느낄 때 나도 힘이 나고 뿌듯해지는 것을 느꼈다.	이타주의
8	공무원으로서의 여러 가지 규제와 제약이 때때로 갑갑하다. 내안에 들어있는 여러 가지 달란트, 욕망을 표출하고 싶은 욕구가 있다.	자기이해
9	한 사람 한 사람의 작품들이 모여서 조화를 이루는 것을 보고 처음과 다르게 변화할 수 있다는 것을 보았다, 느꼈다.	창조성요인
10	줏대없는 모습을 수정해야함을 느끼게 됩니다. 저의 확실한 길을 보게 되며 그 길을 가기 위해 정리, 준비를 해야겠어요.	자기이해
11	사랑은 나에게 있어 설레임과 기쁨 동시에 슬픔이고 아픔이기도하다. 지금 너무 아프기 때문에 슬프기만 하다.	자기이해
12	명상과 함께 해서 너무 좋았다. 앉아있는 곳에서 공간제약에서 벗어나서 더 편안하고 좀 더 솔직할 수 있었던 회기였습니다.	정화
13	몸이 불편해서 집중하기 힘든 회기였습니다. 집중할수록 편안하였던 것 같아요.	창조성요인
14	어수선한 마음으로 겉 상자를 하고 나니 내면에 모든 것을 사랑으로 바꿀 수 있는 마음이 표현됐다.	창조성요인
15,16	나의 얼굴을 본떠서 가면을 만든다는 것... ... . 재미있다. 흥분도 되구 웃기기도 하구~!	창조성요인

회기	도움이 된 경험 내용	평정
1	내가 지금 가장 원하는 것이 무엇인지를 알게 되었다.	자기이해
2	다른 사람의 이야기를 들어주는 방법을 배운 것 같습니다. 처음 만나는 사람들과 어색하지만 이야기를 들어주고 말해줄 수 있는 방법을 익혔던 시간입니다.	사회적 기술
3	소심하구 어두운 내가 딱 기억나는 결정적인 무엇이 뭔지를 잘 몰랐는데...	자기이해
4	나만의 외로움과 쓸쓸함을 털어버리는 시간이었습니다.	정화
5	한지를 구기며 만진 느낌은 따끔하고 나뭇가지, 낙엽을 만지는 느낌이었다. 어렸을 때 산에서 놀던 느낌이 나서 산을 꾸몄다.	창조성요인
6	많이 나눔을 생각하시는 분들의 모습에서 나 자신을 다시 돌아보고...	모방
7	짝과 함께 1:1로 진행하니 친구, 조언자가 생긴 것 같아 더 긴밀해졌습니다.	집단응집력
8	무의식적인 그림에서 이미지를 찾아내고 찾아낸 이미지에서 내가 느끼는 감정을 표현해보고 과거 현재 미래를 돌아보는 시간이 되었다.	창조성요인
9	자연스럽게 전체적인 주제와 그림에 관심을 갖게 되었고, 그 마음은 다른 사람의 빈 영역에 큰 아름드리 나무를 그리는 것으로 시작되었다.	창조성요인
10	편안하게 세상을 살아야겠다. 자유롭게 내어놓는 삶을 살아야겠다. 주변이 아름답고 정답게 다가온다.	희망의 고취
11	광목천에 다양한 오브제와 소재를 가지고 무엇을 표현하는 작업이 어렵기도 하고 생각지 않게 완성되어지는 것이 새롭기도 하다.	창조성요인
12	다른 분들 작품 보니 멋지고 편안해 보인다. 자기가 평소에 어떤 행동을 많이 하는지 알 수 있을 것 같다.	타인이해
13	나의 몸을 본뜬다. 어색했지만 재미있는 경험. 나의 몸을 느낄 수 있던 시간. 새롭다.	창조성요인
14	내가 가진 기본적인 분위기가 '외로움' 에 기초한 것도 있다.	자기이해
15,16	밝은 마음을 가지고 있다는 건 알았지만 이중적인 마음이라는 생각이 들었다. 하얀 백지장처럼 마음을 비우고 내적인 면을 새로이 채우고 싶다.	자기이해

회기	도움이 된 경험 내용	평정
1	옛날 기억을 새롭게 샘솟게 해준 경험이었습니다. 내 안에 갇혀 있는 것을 조금 생각해 봐야할 듯싶다.	자기이해
2	창작이란 경험을 통하여 새로운 기쁨을 느꼈습니다.	창조성요인
3	내 이름의 의미가 가장 (the best) 좋은 것 같아서 자신감까지 생기는 느낌이다.	장점의 발견
4	이미지 중에 마지막에 의자 하나가 느껴졌다. 마지막에 돌아갈 곳인가. 무슨 의미인지 잘 모르겠다.	실존적요인
5	지금 어려운 일이 있더라도 지나고 나면 아무것도 아닌 게 될 수 있다는 걸 잊지 않으려구요.	희망의 고취
6	내가 간절히 원하는 아빠를 보고 싶고, 만지고 싶고 얘기하고 싶고 같이 있고 싶어 하는 마음이 정말 크다는 걸 느꼈고,	자기이해
7	심리적으로 안정되어 감을 느끼며 색채에 대한 거부를 인정하는 날이었다.	자기이해
8	가면속의 삶보다 드러낸 솔직함이 더 많은 것을 추구하고 얻을 수 있다는 것. 내 마음속에 진솔함을 드러낸다는 것으로 용기도 생기고 더 발전도 준다는 것을 깨달은 나.	사회적기술
9	생명이 잘 자랄 수 있는 곳에 뿌리내려 여러 홀씨를 품은 민들레꽃을 피우고 싶어요.	희망의 고취
10	무의식적으로 나오는 그림들 하나하나를 보면서 내 자신이 그 힘든 것에 대해 연연해하지 않았으면 하는 바람이 있었다. 피드백도 그렇게 받았고...	정화
11	힘을 합쳐 시작하는 순간엔 너무 흥미진진했고 너무 즐거웠고 의미 있는 기회였습니다.	집단응집력
12	현재 내 상태가 너무 안 좋은 것 같다. 감추려 하지만 무의식적 내 마음이 이렇게 힘들구나.	자기이해
13	도형을 태양으로 상징화하면서 태양이 내가 되어서 태양에서 뿜어져 나오는 강한 기운을 나도 가져보면서 살아보자는 생각을 하게 되었습니다.	창조성요인
14	평화로운 이미지. 그걸 한지로 표현했는데, 그 위에 또 흰색을 붙였다. 그런 감정들이 전부가 아닌 것을 알기 때문이다.	창조성요인
15,16	명상할 때 내가 가져온 가면과 작업하면서 만들어지는 가면이 다르다. 왜 바꿨을까 생각해보니 원래의 나 자신을 남들에게 보이지 않고 다르게 포장해 보이는 거 같다.	자기이해

회기	도움이 된 경험 내용	평정
1	내안에 하루에 대한 긴장이 얼마나 많이 차지하고 있는지를 알게 되었고...	자기이해
2	다른 분들의 마음을 조금이나마 느낄 수 있어서 좋았다.	타인이해
3	아! 나를 사랑하고 싶은 마음이 조금은 있었구나. 드디어 바보 같은 나도 사랑하고 싶은 생각이 들었구나.	자기이해
4	내가 고드름에서 물방울이 되어 새봄을 기다리고 있었구나! 이것이 내 마음인가 생각해 본다.	자기이해
5	미래를 생각하기 보단 자꾸 과거에 집착하는 나 자신을 보게 되는 것 같아 한편으로 두렵기도 하다.	자기이해
6	'열정과 평화' 함께 하는 삶이 되고 싶고, 노력하고 그렇게 이룰 수 있을 거라 믿음이 들어요.	희망의 고취
7	생활하는 자세나 마음가짐이 비슷하고 얘기가 통해서 나눔 시간이 즐거웠습니다.	보편성
8	내 자신이 찬바람 속에 홀로 있는 느낌이 든다. 난 동굴 속에서 편안히 쉬고 돌아오는데 옆에서 볼 때는 외롭게 보이는 모양이다.	자기이해
9	다른 팀원이 나의 것을 가져가거나 더 보태 줄 때에는 내가 모자란 부분이 풍족해지고 화려해지는 것 같았다.	자기이해
10	힘든 하루를 보내고 화가 난 상태에서 왔는데 먹으로 그린 그림을 그리며 내 자신이 편안함을 느꼈다.	정화
11	여러 재료를 다루어서 새로운 감정과 쾌락도 느껴지는 시간이었다. 보람됐다.	창조성요인
12	생각지도 못했던 그림과 제목이 나오는 걸 보니 이런 모습을, 상황을 원했던 걸까? 해놓고도 의아했다.	창조성요인
13	나는 시체처럼 누워 있었다. 생각이 바뀌어서 노랑색으로 칠했다. 노랑은 언제나 내가 추구하는 빛의 이미지다.	창조성요인
14	상자 안은 잠재적인 열정을 내뿜을 수 있기를 원하며 만들었는데 그런 내 안의 생각을 꺼내어 만들어 본 것에 만족!	창조성요인
15,16	창의성이 더해진 표현력과 내면에 마음 표현력이 발전하여 많은 유익을 얻었습니다.	창조성요인

회기	도움이 된 경험 내용	평정
1	현재 상황을 가장 잘 표현한 것 같고 많은 사람들 앞에 공개하니 마음이 편해진 기분이 들었으며 기대가 됩니다.	정화
2	아닌 척 하려했지만 어쩔 수 없이 드러나는 나의 내면... ... . 욕심 부리고 있었다는 생각이 든다.	자기이해
3	사람마다 자신의 향기가 있는 것 같다. 그 향기는 자신에 의해 만들어진다. 자신의 노력에 의해 아름다운 향기를 낼 수 있다. 화이팅!!	희망의 고취
4	많은 이야기를 들으면서 자연스레 내 자신에 대한 이야기를 나눌 수 있어 편안하고 좋았습니다. 이야기를 나눌 때마다 마음이 많이 편해지고 즐거웠다.	집단응집력
5	결혼 10년째인 나에게 신혼여행에서의 기억이 떠오르면서 다시금 새로운 마음가짐을 가지게 된다.	희망의 고취
6	공감적인 한마디의 힘이 크다는 것을 느꼈습니다. 얼마나 힘들었겠냐는 말이 가장 강하게 왔습니다.	집단응집력
7	표현예술치료를 통해서 내 마음의 심리상태를 알게 되었고 혼자서 생각하는 것보다 인생선배가 해주는 조언이 좋았다.	생활방식에 대한 정보
8	나의 고민의 현재 상태를 직면하게 된다. 내가 버리고 싶은 감정을 내 상담자가 먼저 짚어주었다.	자기이해
9	세상의 모든 것을 내려놓고 자유롭게 떠나는 여행, 자유를 향하여 평화롭게 지내고 싶다.	정화
10	이 느낌으로 한복을 곱게 입은 여인의 모습이 떠오르고 다음은 어릴 적 신은 고무신, 다음은 어린아이의 눈동자, 모닥불,	창조성요인
11	공동작품을 할 때마다 나를 타인에게 표현하고 서로의 공동 관심사를 찾는 게 너무 힘들다고 느꼈다.	자기이해
12	신체표현을 하고... ... . 음악을 듣고 편안하게 자연 속에서 쉬는 듯 한 기분이 계속 들었다. 녹색 푸르름이 주는 편안함.	창조성요인
13	신체 본뜨기를 통해서 쉬고 싶은 마음과 점점 퇴색해가는 신체에 대해 표현했습니다.	창조성요인
14	막상 시작하고 끝내고 나니 내 속에 이런 면이 있었나 하는 생각이 들어 의아했던 회기였다.	자기이해
15,16	마음의 동요 없이 움직이지 않는 나는 한 가지 소재로 끝까지 표현하고 있다. 소심한 자유, 일관성, 게으름도 있다.	자기이해

회기	도움이 된 경험 내용	평정
1	내가 가족 이외에 다른 사람에게 별 의미를 두지 않았나 하는 느낌이 들었다.	자기이해
2	목표가 확실한 내면을 볼 수 있어요. 희망, 자신을 갖고 한 걸음씩 나아갈래요.	희망의 고취
3	사람들에게 숲의 생명을 전하여 도움을 준다고 느끼니 삶의 가치를 미래 지향적으로 목표를 세우고 살게 됩니다.	희망의 고취
4	오늘 내 마음의 눈물을 표현했기에 앞으로 표현예술치료에 더 심취할 것 같다.	정화
5	자신을 돌아보고 반성하고 채찍질하며 거듭나서 훌륭한 아들로 키워야겠다는 생각이 든다.	자기이해
6	내 인생에서 마지막 나의 모습을 상상할 수 있어서 참 좋았습니다.	창조성요인
7	많은 이야기를 할 수 있어서 좋았습니다. 다른 선생님의 이야기를 들어 줄 수 있어서 좋았습니다. 내가 그린 그림으로 더욱 좋은 감정을 가지고 가셨으면 좋겠어요.	이타주의
8	요즘 저의 모습과 상황, 그리고 자신의 모습을 최대한 긍정적으로 보고 있는 모습을 볼 수 있었으며,	자기이해
9	각자 만든 작품이 하나가 되는 하나로 통일된 느낌을 나타낸 느낌. 의도하진 않았지만 의도한 것처럼 통한 느낌. 아주 의미 있는 회기였다.	집단응집력
10	나를 틀 안에 정형화 시키고 싶은, 안정되고 싶은 내적 욕구가 있다는 것을 깨달았다.	자기이해
11	힘을 합쳐 시작하는 순간엔 너무 흥미진진했고 넘 즐거웠고 의미있는 기회였습니다.	집단응집력
12	다른 사람 앞에서 나를 내놓고 표현을 해보는 것이 새로운 경험이었고 나를 그려 보고 나서 나의 이미지를 생각해 보는 계기가 되었다.	창조성요인
13	요즘은 용기가 없어 하지 못하는 것들이 많아서 제한되는 것이 있는데 더 늦기 전에 용기를 내야겠다.	희망의 고취
14	준비와 노력이 없는...그래서 나중에 서둘러 천정을 만들었다. 그러니 맘이 편해지고 안심이 된다.	창조성요인
15,16	가면 만들기를 통해 내면의 다른 것을 발견하는 듯하다. 가면은 나의 또 다른 모습이 아닐까 하는 생각이 든다.	자기이해

참 고 문 헌

강수경 (2002). 자화상의 왜곡된 표현에 관한 연구. 목원대학교 석사학위논문.

고기숙 (2003). 중년기 남성의 심리적 위기에 관한 연구. 성균관대학교 대학원 박사학위 논문.

고금자 (2007). 자기표현과 이해를 위한 자화상표현 프로그램개발 연구. 한국교원대학교 교육대학원 석사학위논문.

김명자 (1988). 중년기 위기감 및 그 관련변인에 관한 연구. 이화여자대학교 대학원 박사학위논문.

김미자 (2004). 중년기 위기극복을 위한 융의 개성화 연구. 상명대학교 정치경영대학원 석사학위논문.

김상래 (2005). 중년기 위기극복을 위한 영성훈련. 계명대학교 대학원 석사학위논문.

김 진 (2008). 무의식의 상징표현 연구. 가천의과대학교 보건대학교 석사학위논문.

김진숙 (1993). 예술심리치료의 이론과 실제. 서울: 중앙적성출판사.

_____ (2001). 표현예술심리치료 참고문헌. 서울: 한국표현예술심리치료협회.

_____ (2011). 한국분석심리학회 추계 학술대회 자료집.

_____ (2010). 한국민담 '목 도령'의 분석심리학적 해석.

김화경 (2010). 초현실주의 여성화가의 자화상에 나타나는 정체성 연구. 경희대학교 교육대학원 석사학위논문.

김현혜 (2002). 예술가의 작품에 나타난 미술치료적 표현 연구. 세종대학교 교육대학원 석사학위논문.

남진숙 (2011). 삶의 불완전성을 표현한 연극적 구성의 자화상 연구. 홍익대학교 미술대학원 석사학위논문.

노강욱 (2012). 중고등학생 학교폭력 가해학생과 피해학생의 그림검사 비교연구. 원광대학교 동서보완의학 대학원 석사학위논문.

박주분 (2008). 중년기 남성의 자아청체감과 중년기 위기감이 삶의 질에 미치는 영향에 관한 연구. 상명대학교 사회복지학과 경영대학원 석사학위논문.
백유경 (2010). 자화상의 해체와 조합을 통한 내면심리 표현연구. 중앙대학교 대학원석사학위논문.
송영미 (2007). 정신분열병과 조울병 환자의 성인자화상 비교연구. 원광대학교 예술치료학과 석사학위논문.
송원주 (2009). 에곤 실레 회화에서 나타나는 불안요소에 관한 연구. 전남대학교 대학원 석사학위논문.
신혜순 (2007). 여성의 모성원형 이론에 의한 프리다 칼로 자화상 해석. 원광대학교 대학원 박사학위논문.
심연경 (2012). 불안 경험의 의미탐구와 교육의 역할. 이화여자 대학교 대학원 석사학위논문.
원유선 (2006). 자아탐구를 통한 내면적 자화상. 이화여자대학교 대학원 석사학위 논문.
윤영숙 (2007). 자화상 표상활동이 유아의 자아존중감에 미치는 영향. 경성대학교 교육대학원 석사학위논문.
윤기덕 (2004). 중년기에 나타나는 가정의 위기와 극복을 위한 방안 연구. 목원대학교 신학대학원 석사학위논문.
이기언 (2008). 프랑스 어문교육 제 28집.
이무경 (2006). 레오노르 휘니의 작품에 나타난 지배적 여성이미지 연구. 이화여자 대학교 대학원 석사학위논문.
이부영 (2000). 한국 민담의 심층 분석. 서울; 집문당
이부영 (2001) 분석심리학. 서울: 도서출판 일조각.
_____ (2002). 그림자. 서울: 도서출판 한길사.
_____ (2002) 아니마와 아니무스. 서울; 도서출판 한길사.
_____ (2003). 자기와 자기실현. 서울: 한길사.
이경희 (2002). 청소년기 자아청체감 확립을 위한 자화상 지도방안. 국민대학교 석사학위 논문.
이선화 (2012). 자기치유 활동으로서 자화상그리기 수업. 이화여자대학교 교육대학원 석

사학위논문.

이수영 (2007). 자화상그리기 프로그램이 고등학교 1학년의 자기개념과 자아존중감에 미치는 영향. 이화여자대학교 교육대학원 석사학위논문.

장순영 (1991). 십우도. 서울: 도서출판 세계사.

장윤정 (2010). 자아존중감 향상을 위한 자화상 지도안 연구. 전남대 교육대학원 미술교육학과 석사학위논문.

조진주 (2008). 청소년의 애착과 완벽주의 성향이 특성불안에 미치는 영향. 서울여자 대학교 특수치료 전문대학원 석사학위논문.

최윤정 (2006). 자화상 중심의 집단미술치료가 저소득층 아동의 자아존중감에 미치는 효과. 원광대학교 석사학위논문.

최윤정 (2010). 미술치료적 관점에서 본 렘브란트의 자화상 분석. 영남대학교 환경보건대학원 석사학위논문.

최정윤, 박경, 서혜희 (2004). 이상심리학. 서울: 학지사.

한지석 (2002). 현대미술에서 표현된 자화상에 관한 연구, 홍익대학교 석사학위논문.

황인성 (1998). 중년기 남성의 스트레스 수준에 영향을 미치는 요인 연구. 연세대학교 행정대학원 석사학위논문.

Abt, T.(2005). *Introduction to Picture Interpretation.* 이유경역(2010). 융 심리학적 그림해석. 서울 : 분석심리학연구소.

Ackroyd, E.(1993). *A Diction of Dream Symbols.* 김병준역(1997). 꿈 상징사전. 서울 : 한국 심리치료연구소

Ammann, R.(1991). 융 심리학적 모래상자 치료. 이유경역(2009). 서울 : 분석심리연구소.

Atkins, S.(2003). *Expressive Arts Therapy.* 최애나.이병국역(2008) 통합적 표현예술치료. 서울 : 푸른 솔.

Bentov, I.(1981). *Stalking the Wild Pendulum.* 우주심과 정신물리학. 서울: 정신세계사.

Boa, F.(1988). *The Way of The Dream.* 박현순, 이창인공역(2004). 융 학파의 꿈 해석. 서울 : 학지사.

Csikszentmihalyi, M.(1990). *flow.* 최인수역(2004). 몰입, 서울: 한울림. (1990). 창의성의

즐거움. 혜숙역(2008). 서울 : 북로드.

Chodorow, J.(1991). *Dance Therapy & Depth Psychology.* 임용자. 나해숙역(2003). 춤. 동작 치료와 심층심리학. 서울 : 물병자리.

Chopra, D.(2009). *The Ultimate Happiness.* 이상춘역(2013). 완전한 행복. 서울 : 한문화

Clara E. H.(2004). *Dream Work in Therapy.* 주은선. 주은지역(2010). 꿈 치료. 서울 :학지사.

Coelho, P.(1988). *Alchemist.* 최성수역(2001). 연금술사. 서울 : 문학 동네.

Creswell, J. W.(2007). *Qualitative Inquiry & Research Design.* 조흥식. 정선욱. 김진숙. 권지성 공역(2010). 질적 연구방법론. 서울 : 학지사.

Dunne, C.(2013). *Wounded Healer of the Soul.* 영혼의 치유자. 서울 ; 지와 사랑.

Edinger, E.(1990). *The Living Psyche.* 김진숙 역(1996). 살아있는 심혼. 서울: 집문당.

_______ (1994). *Anatomy of the Psyche.* open court publishing company.

Edith, K.(2000). *Art as Therapy.* 김현희, 이동영(2007). 치료로서의 미술. 서울 : 시그마프레스

Estes, C.P.(1992). *Women Who Run With the Wolves.* 손영미역(2013). 늑대와 함께 달리는 여인들. 서울 : 이루.

Germer, C. K.(2005). 마음 챙김과 심리 치료. 서울 : 무수.

Greene, B.(1999). *The elegant universe.* 박병철역(2012). 엘러컨트 유니버스. 서울 : 승산.

Halprin, A.(2000). *Dance as a Healing Art.* 임용자 외 역 (2002). 치유 예술로서의 춤. 서울: 물병자리.

Halprin, D.(2003). *Expressive Body in Life and Therapy.* 김용량, 이정명, 오은영 역 (2006). 동작중심 표현예술치료. 서울: 시그마프레스.

Henzler, C . Riedel, I.(2003). *Malen um zu ubereben.* 정여주역(2006). 치유로서의 그림. 서울 : 학지사.

Howard & Dorothy Sun(1992). *Colour Your Life.* 나선숙역(2003). 내 삶에 색을 입히자. 서울 : 예경.

Jaffe, A.(1964). *Symbols in Visual Art.* 이부영 외 역(1983). 인간과 무의식의 상징. 서울:

집문당.

_______ (1962). C. G. Jung의 회상, 꿈 그리고 사상. 이부영역(1989). 서울 : 집문당.

Johnson, R. A.(1991). *Owning Your Own Shadow.* 고혜경 역(2006).당신의 그림자가 울고 있다: 융 심리학이 밝히는 내 안의 낯선 나. 서울: 에코의 서재.

Jung, C. G.(1976). *The Vision Seminars, Vol. I. II.*, Spring Publications, c/o Postfach 190,8024, Zurich, Switzland

_______ (1956). *Symbol of Transformation,* C. W. vol. 5, Princeton, N.J.

_______ (1959). *The Structure and Dynamics of the Psyche,* C.W.vol.8. Princeton. N.J.

_______ (2001). 융 기본 저작집 1. 정신요법의 기본문제. 서울 : 솔

_______ (2002). 융 기본 저작집 2. 원형과 무의식. 서울 : 솔

_______ (2002). 융 기본 저작집 3. 연금술에서 본 구원의 관념. 서울: 솔.

_______ (2005). 융 기본 저작집 4. 인간의 상과 신의 상. 서울 : 솔.

_______ (2005). 융 기본 저작집 7. 상징과 리비도. 서울 : 솔

_______ (1959). Red Book. 김세영역(2012) 서울 : 부글 books.

Jung, C. G. 외 지음.(1964). *Man and His Symbols.* 이윤기역(1996). 인간과 상징서울: 열린 책들.

Kornfied, J.(2000). *A Path with Heart.* 이균형역(2006). 깨달음 이후 빨랫감. 서울 : 학지사.

Liebmann, M.(2008). *Art Therapy And Anger.* 홍은주, 신지원역(2013). 미술치료와 분노. 서울 : 시그마프레스.

Mindel, A.(2000.) *Quantum Mind.* 양명숙, 이규환역(2011). 양자심리학. 서울: 학지사.

_______ (2011). *DREAMBODY.* D. D. X

Nathan,A & Mirviss,S.(1990).*Therapy Techniques Using the Creative.* 박희석,류정미,윤명희역(2011). 창조적 예술치료기법. 서울 : 학지사.

Neumann, E.(1949). *Ursprungsgeschichte des Bewusstseins.* 이유경역(1920) 의식의 기원사. 서울 : 분석심리학연구소.

_______ (1952). *The Great Mother.* 박선화역(2009). 위대한 어머니 여신. 서울 : 살림.

_______ (1973). *The Child. Shambala Press.*

_______ (1955). *The Great Mother:* Bollingen Serries XLVII, Princeton University, 1963

Riedel, I.(1999). *Farben.* 정여주역(2004). 색의 신비. 서울 : 학지사.

_______ (1992). 융 분석 심리학에 기초한 미술치료. 정여주역(2001). 서울 : 학지사.

Rogers, N.(1993). *The Creative Connection.* 이정명, 전미향, 전태옥역(2007). 인간중심 표현예술치료. 서울 : 시그마프레스

Rubin, J. A.(1984). *The Art of Art Therapy.* 김진숙역(2002). 예술로서의 미술치료. 서울: 시그마 프레스.

_______ (1999). *Art Therapy An Introduction.* 김진숙역(2006). 미술치료학 개론. 서울 : 학지사.

_______ (2006). 다양한 양식을 사용하는 집단예술치료. 한국표현예술심리치료협회 국제학술대회지, 17–31.

Schama, S.(2006). *Power of Art.* 김진실역(2007). 파워 오브 아트. 서울: 아트북스.

Sibylle Birkhauser–Oeri(1976). *Die Mutter im Marchen.* 이유경역(2012). 민담의 모성성. 서울 : 분석심리학연구소

Spiegelberg, H.(1994). *The phenomenological movement.* 최정호역(1991). 현상학적 운동. 서울: 이론과 실천.

Stein, M.(1998). *Transformation: Emergence of the self.* Texas A & M University Press

Taylor, J.(1983). *Techniques for Discovering the Creative Power in Dreams.* 고혜경역(2006). 꿈으로 들어가 다시 살아나다. 서울 :성 바오로

Talbot, M.(1999). *Holographic Universe.* 이균형역(2013). 홀로그램 우주. 서울 : 정신세계사.

Walsh, R.(1999). *Essential Spirituaity.* 김명권, 문일경, 백지연역(2007). 7가지 행복 명상법. 서울 ; 김영사.

Welwood, J.(2000). *Toward a psychology of awakening.* 김명권, 주혜명역(2008). 깨달음의 심리학. 서울 : 학지사.

Willber, K. (1998). *Daily Reflections on Integral spirituality*. 김명권, 민희준역(2010). 켄윌버의 일기. 서울 : 학지사.

________ (1991). *Grace and Grit*. 김재성, 조옥경역(2006). 세상에서 가장 아름다운 용기. 서울 : 한번

________ *A Brief History of Everything*. 조효남역(2004). 모든 것의 역사. 서울 : 대원출판

________ *The integra vision*. 정창영역(2008). 켄 윌버의 통합비젼. 서울 : 물병자리.

________ *Integral Psychlogy* 조옥경역(2008). 통합 심리학 : 의식, 영, 심리학, 심리치료의 통합. 서울 : 학지사.

William Amtz, Mark Vicents, Betsy Chasse(2004). *What the Bleep*. 박인재역(2010). 블립. 서울 : 지혜의 나무.

Williams, Y.B.(1999). *A Jungian View of Patient' Drawings*. 강차연, 장연집역(2006). 융 관점에서 본 임종 환자들의 그림. 서울 : 학지사.

저자 약력

김은숙

- 홍익대학교 미술대학 조소과 졸업
- 서울 불교대학원대학교 자아초월 상담학 석사졸업
- 동대학원 상담심리학과 미술치료학 박사수료
- 대한신학대학원대학교 상담심리치료학 박사과정
- 한국표현예술심리치료협회 전문예술심리(EATR)상담사 및 전문강사단
- 사단법인 아마키사 이사
- 한국아동미술치료연구학회 & 협회 교수위원, 수련감독미술치료전문가 역임
- 한국전문상담학회 & 한국학교폭력상담협회 지부장
- 강원대학교 미술심리상담사 전문가과정 책임교수
- 신촌대학교 미술치료학과장 역임
- ES(이리스) 통합심리상담연구소장

7人의 男子가 그림으로 말하다

– 표현예술치료의 '치유적 창조성' 현상들 1 –

초판인쇄일 : 2016년 3월 21일
초판발행일 : 2016년 3월 29일
지 은 이 : 김 은 숙
펴 낸 이 : 오 무 근
펴 낸 곳 : 도서출판 하나의학사
출판신고 : 제25100-2013-000061호(1988. 4. 1)
주 소 : 서울시 서대문구 거북골로 7-7 (홍은동) 하나빌딩 1층
전화번호 : 02)730-2555, 2556
팩 스 : 02)730-2557
홈페이지 : www.hanampc.co.kr
이 메 일 : hanampc1@naver.com

정가 27,000원

■ 저자의 합의로 인지 생략

■ 잘못된 책은 구입처에서 교환해드립니다.

ISBN 979-11-85696-25-6 93180